高职高专“十二五”规划教材

马克思主义基本原理

主　　编　张森林　孙　伟

副主编　马子孔　里光年
　　　　杨向东　王世伟

吉林大学出版社

内容提要

本教材以马克思主义对世界本质和人类社会发展的基本规律的探索为主要线索，以唯物史观和剩余价值理论为主要内容，全面阐明了马克思主义的基本理论、基本立场、基本观点和基本方法。本教材对高职院校学生树立正确的世界观、人生观和价值观，深刻认识人类社会发展的规律，正确把握历史发展进程，自觉投身到中国特色社会主义建设事业中，坚定共产主义的远大理想，具有重要的意义。

图书在版编目（CIP）数据

马克思主义基本原理．实训部分/张森林，孙伟主编．
长春：吉林大学出版社，2008.12
（高职高专“十二五”规划教材）
ISBN 978-7-5601-3983-8

Ⅰ．马…　Ⅱ．①张…②孙…　Ⅲ．马克思主义－理论－高等学校—教材　Ⅳ．A81

中国版本图书馆 CIP 数据核字（2008）第 173545 号

书　名：高职高专“十二五”规划教材
　　　　马克思主义基本原理
作　者：张森林　孙伟　主编

责任编辑、责任校对：邵宇彤　　封面设计：超视觉工作室
吉林大学出版社出版、发行　　北京市彩虹印刷有限责任公司　印刷
开本：787×1092 毫米　1/16　　2009 年 1 月　第 1 版
印张：13　　字数：315 千字　　2016 年 11 月　第 4 次印刷
ISBN 978-7-5601-3983-8　　定价：30.00 元

社址：长春市明德路 501 号　邮编：130021
发行部电话：0431-89580026/28/29
网址：http://www.jlup.com.cn
E-mail：jlup@mail.jlu.edu.cn

出版说明

作为高等教育的重要组成部分，高等职业教育是以培养具有一定理论知识和较强实践能力，面向生产、面向服务和管理第一线职业岗位的实用型、技能型专门人才为目的的职业技术教育，是职业技术教育的高等阶段。目前，高等职业教育教学改革已经从专业建设、课程建设延伸到了教材建设层面。根据国家教育部关于要求发展高等职业技术教育，培养职业技术人才的大纲要求，我们组织编写了这套《高职高专“十二五”规划教材》。本系列教材坚持以就业为导向，以能力为本位，以服务学生职业生涯发展为目标的指导思想，以与专业建设、课程建设、人才培养模式同步配套作为编写原则。

从专业建设角度，相对于普通高等教育的“学科性专业”，高等职业教育属于“技术性专业”。技术性专业的知识往往由与高新技术工作相关联的那些学科中的有关知识所构成，这种知识必须具有职业技术岗位的有效性、综合性和发展性。本套教材不但追求学科上的完整性、系统性和逻辑性，而且突出知识的实用性、综合性，把职业岗位所需要的知识和实践能力的培养融会于教材之中。

从课程建设角度，现有的高等职业教育教材从教育内容上需要改变“重理论轻实践”、“重原理轻案例”，教学方法上则需要改变“重传授轻参与”、“重课堂轻现场”，考核评价上则需改变“重知识的记忆轻能力的掌握”、“重终结性的考试轻形成性考核”的倾向。针对这些情况，本套教材力求在整体教材内容体系以及具体教学方法指导、练习与思考等栏目中融入足够的实训内容，加强实践性教学环节，注重案例教学，注重能力的培养，使职业能力的培养贯穿于教学的全过程。同时，使公共基础类教材突出职业化，强调通用能力、关键能力的培养，以推动学生综合素质的提高。

从人才培养模式角度，高等职业教育人才的培养模式的主要形式是产学结合、工学交替。因此，本教材为了满足有学就有练、学完就能练、边学边练的实际要求，纳入新技术引用、生产案例介绍等来满足师生教学需要。同时，为了适应学生将来因为岗位或职业的变动而需要不断学习的情况，教材的编写注重采用新知识、新工艺、新方法、新标准，同时注重对学生创造能力和自我学习能力的培养，力争实现学生毕业与就业上岗的零距离。

为了更好地落实指导思想和编写原则，本套教材的编写者既有一定的教学经验、懂得教学规律，又有较强的实践技能。同时，我们还聘请生产一线的技术专家来审稿，保证教材的实用性、先进性、技术性。总之，该套教材是所有参与编写者辛勤劳作和不懈努力的成果，希望本套教材能为职业教育的提高和发展作出贡献。

这就是我们编写这套教材的初衷。

出版说明

[illegible]

这就是我们编写这套教材的初衷。

前　言

《马克思主义基本原理》是高校政治理论课程体系的重要组成部分之一。按照中央宣传部、国家教育部2005年大学生思想政治理论课教学新方案要求，《马克思主义基本原理》是在原有马克思主义哲学、马克思主义政治经济学和科学社会主义三门课程基础上整合而成的。

《马克思主义基本原理》是对学生进行思想政治理论教育的重要课程。它在对学生进行科学的世界观、人生观和价值观教育，培养学生科学分析与解决问题的能力与思想方法等方面，发挥着其他课程无法替代的作用。具体来说，学习本门课程要求大学生从整体上把握马克思主义的理论体系，正确认识人类社会历史发展的规律，初步学会运用马克思主义世界观和方法论观察、分析和处理问题，提高理论思维水平。

与高职院校具体专业知识和技能的学习不同，马克思主义理论的学习，最终要求学生逐步树立马克思主义的世界观、社会历史观、人生观和价值观，学会运用马克思主义。要达到这样的要求，必须在把握马克思主义理论体系本身的全面性和整体性的基础上才是可能的。所以，本教材的阐述尤其注重马克思主义理论的全面性和整体性、逻辑性。

第一，本教材在概述马克思主义的产生、发展的基础上回答了什么是马克思主义以及怎样学习和自觉运用马克思主义的问题。本教材内容涵盖了马克思主义哲学原理、马克思主义政治经济学原理和科学社会主义的基本理论。本教材由绪论和七章构成，具体内容包括：马克思主义对世界本质和规律的探索，物质世界的联系、发展及其规律，认识的本质和规律，人类社会本质及其发展规律，资本主义社会的本质和运行规律，社会主义社会的建立和发展，人的本质、价值和人在社会历史中的作用。

第二，本教材突出了马克思主义是一个高度统一的有机整体。按照中央宣传部、国家教育部2005年大学生思想政治理论课教学新方案要求，本教材注重打破马克思主义组成部分之间学科分明的界限，从整体上阐述了马克思主义对世界本质和人类社会发展的基本规律的探索过程及其内容体系。

第三，本教材在体系安排上以马克思主义对世界本质和人类社会发展的基本规律的探索为主要线索，注重内容的逻辑性和连贯性。比如，教材第二章，从内容的量上来说，相比其他章节不是很多，但是从整体、宏观上论述马克思主义对世界本质和规律的探索，这对学生理解马克思主义基本理论，理解辩证唯物主义和历史唯物主义，理解资本主义社会的本质和运行规律，理解资本主义必然被社会主义代替的历史规律等，都有重要的引领和铺垫作用。

本书由东北师范大学博士生导师张森林编写绪论部分和第一章，并起草全书提纲，审定、修改全部书稿；伊犁职业技术学院杨红、伊犁职业技术学院许文艳、石家庄工商职业学院马子孔编写第二、三、四章；吉林大学里光年编写第六、七章；中国地质大学杨向东编写第五章。王世伟对全书书稿进行了校对工作，并修改部分章节内容。

本教材以高等教育出版社推出的面向普通高等院校的《马克思主义基本原理》为主要参照，并同时参照了其他同类优秀教材。当然，由于编者水平有限，难免有疏漏之处，恳请专家批评指正。

编　者

2008年5月

目　录

绪　论

1991年12月25日，当西方人沉浸在传统盛大的圣诞之夜时，社会主义苏联的国旗却在夜幕中徐徐降落。历史上第一个社会主义国家在存续了80年后宣告解体。苏联解体也把发端于20世纪80年代末的苏东社会主义国家剧变推向高潮。

苏东发生剧变后，社会主义国家数量减少，国际共产主义运动处于低潮发展。随之而来，马克思主义也遭遇了众多质疑，一时间“过时论”、“死亡论”、“终结论”甚嚣尘上。但是，仅过了几年，在西方国家，尤其在年轻人中间和校园中却出现了新一轮的马克思主义热。英国广播公司（BBC）在全球范围内举行过一次“千年思想家”网上评选，结果马克思位列榜首。

为什么社会主义会处于低潮发展？又是什么力量使低潮时期的马克思主义重新被关注？马克思主义在当代中国发展如何？马克思主义距离我们青年学生究竟有多远？

要回答这些重大问题，首先需要我们了解马克思主义的发展历程，从总体上把握马克思主义的理论特征。

一、马克思主义的产生

从阶级属性讲，马克思主义是无产阶级争取自身解放和整个人类解放的科学理论，是关于无产阶级斗争的性质、目的和解放条件的学说。从研究对象和主要内容讲，马克思主义是无产阶级的科学世界观和方法论，是关于自然、社会和思维发展的普遍规律的学说。马克思主义哲学、马克思主义政治经济和科学社会主义，在研究上述相应领域的普遍规律中产生而又为深化这种研究服务，是马克思主义理论体系不可分割的三个主要组成部分。

马克思、恩格斯创立的观点和学说体系是如何产生的？

（一）马克思主义产生的客观条件

1. 马克思主义的产生不是偶然的，它是时代的产物，有着深刻的经济社会根源

一方面，马克思、恩格斯生活的19世纪40年代，欧洲自由资本主义开始步入强盛的历史阶段，其作为取代封建社会的巨大的历史进步性已经越来越丧失，以生产资料私有制为基础的资本主义社会包含的不可克服的内在矛盾越来越极端发展。于是，对资本主义社会弊病的抨击，进而探求资本主义社会向何处去，成为这个时代普遍受到关注的问题。许多理论家从不同的阶级立场出发提出了各自的方案。马克思主义站在最广大无产阶级的立场上，在分析人类社会发展历史规律的基础上揭示了资本主义的本质，指出推翻资本主义的方向和实现社会主义的理想。

另一方面，随着资本主义基本矛盾的进一步激化和暴露，无产阶级和资产阶级的矛盾上升为社会的主要矛盾。19世纪30年代开始在欧洲先后爆发了三大工人运动，无产阶级作为独立的政治力量开始登上历史舞台。1831年至1834年，法国里昂工人因为要求提高工资遭到资产阶级政权拒绝举行罢工示众并进行了两次武装起义。起义者高举的红旗上写着："工作不能生活，毋宁战斗而死"、"推翻富人政权"、"建立共和国"等政治口号。虽然起义失败了，但法国里昂工人显示了无产阶级改造旧世界的巨大力量。马克思对此做出评价说："里昂的工人们以为自己追求的只是政治目的，以为自己只是共和国的战士，可是事实上他们却是社会主义的战士。"1806至1848年，在英国爆发了工人阶级为争取政治平等和政治权利，实现"人民宪章"的宪章运动。这是当时世界上第一次全国性的工人运动，它历时12年之久，先后掀起了三次高潮。在1838年第一次高潮中，在请愿书上签名的有150万人；在1841年第二次高潮中，在请愿书上签名的达300万人（占英国成年男子的一半以上），并成立了"全国宪章派协会"，提出了"进行普选"和"秘密投票"的口号；在1842年的第三次高潮中，工人阶级提出了建立共和国的要求。宪章运动最后虽然失败了，但它是英国无产阶级向资产阶级政权的一次大的冲击。列宁评价宪章运动是"世界上第一次广泛的、真正群众性的、政治性的无产阶级革命运动"。在德国，1844年西里西亚纺织工人为了反对降低工资举行了群众性的武装起义。起义者高唱着《血腥的屠杀》的革命歌曲，不仅同资产阶级的军警展开血战，而且提出了"反对私有制社会"这个涉及旧社会经济基础的口号。马克思指出："西里西亚起义一开始就恰好做到了法国和英国工人在起义结束时才做到的，那就是意识到无产阶级的本质。"

任何思考都缘于问题，产生于19世纪40年代欧洲的马克思主义也不例外。当时，整个社会对资本主义发展弊端的抨击同样吸引了马克思、恩格斯的关注。而与此同时，欧洲工人运动的壮阔的革命图景更令他们为之一震。他们通过考察欧洲三大工人运动深刻认识到，无产阶级已经历史地成为实现彻底解决资本主义矛盾、铲除一切剥削制度、建立社会主义和共产主义社会的伟大力量；同时，欧洲三大工人运动的失败也说明无产阶级迫切需要能够代表自己利益、指导自己运动的革命理论和世界观。那么，当时的社会理论怎样呢？一方面，曾经具有革命意义的资产阶级政治思想、社会理论，伴随着资产阶级经济、政治统治的巩固和加强，逐步转向保守甚至反动，开始丧失了时代的先导作用；另一方面，当时众多的社会主义学说又处于空想阶段。正是在这种情况下，马克思、恩格斯适应这一历史任务，创立了马克思主义。马克思主义不仅指出了推翻资本主义的现实力量——无产阶级是资本主义的掘墓人，指出了现实革命的路径——变革生产关系，而且揭示了世界和人类社会的一般性的方法——辩证唯物主义和历史唯物主义。可见，马克思主义的产生不是偶然的，它是时代的产物。

2. 马克思主义不是理论家突发奇想出来的，它有着深厚的思想渊源

列宁说："在马克思主义里绝没有与宗派主义相似的东西，它绝不是离开世界文明发展大道而产生的故步自封、僵化不变的学说。恰好相反，马克思的全部天才正在于他回答了人类先进思想已经提出的种种问题。他的学说的产生正是哲学、政治经济学和社会主义的最伟大代表的学说的直接继续。"德国古典哲学、英国政治经济学、英法空想社会主义是马克思主义的直接理论来源。

在哲学方面，德国黑格尔哲学是马克思主义哲学来源的一个方面。黑格尔哲学永远结束了人的思维和行动的一切结果具有最终性质的看法，这是黑格尔哲学辩证法真实意义和革命性质所在，恩格斯说："黑格尔第一次——这是他的巨大功绩——把整个自然的、历史的和精神的世界描写为一个过程，即把它描写为处在不断的运动、变化、转变和发展中，并企图揭示这种运动和发展的内在联系。"也就是说，黑格尔辩证法的"合理内核"就是运动、变化和发展的思想。但是，黑格尔只是在精神和概念的思辨之中猜测到了客观事物的辩证法，而且他把自己的哲学看做"绝对观念"发展的顶点，力图建立一个永恒不变、最终完成的绝对真理体系。这样，其合理的辩证法思想就被唯心主义体系窒息了。19 世纪 40 年代，德国唯物主义兴起，费尔巴哈更新并恢复了唯物主义的应有权威，提出"人本主义"的唯物主义，批判了宗教神学和黑格尔的唯心主义哲学，论证了唯物主义的自然观和唯物主义的认识论，从而成为马克思主义哲学来源的另一个方面。费尔巴哈坚持物质第一性、精神第二性的原理，否认物质世界之外存在独立的精神实体，这是费尔巴哈哲学的"基本内核"。但是，费尔巴哈的唯物主义哲学仍然是不彻底的，他的社会历史观也未能跳出唯心主义的巢穴。正因为费尔巴哈的哲学存在这样的严更缺陷，所以他在摒弃黑格尔唯心主义的同时也把黑格尔辩证法的合理内核简单地抛弃掉了。恩格斯形象地指出："他在倒洗澡水的时候，把澡盆里的婴儿也一同倒掉了。"

马克思主义哲学正是在批判地继承黑格尔哲学辩证法的"合理内核"和费尔巴哈哲学唯物主义的"基本内核"的基础上，创立了辩证唯物主义和历史唯物主义。马克思主义的创始人之所以能够把辩证法和唯物论有机地结合起来，并运用辩证的观点、唯物主义的观点观察社会历史，不仅有黑格尔的唯心辩证法和费尔巴哈的形而上学唯物主义提供了可直接批判继承的思想材料，而且借鉴了当时在社会历史领域占统治地位的唯心史观中考察社会历史的进步观点。

在政治经济学方面，马克思主义批判继承了英国古典政治经济学家亚当·斯密和大卫·李嘉图的思想。古典政治经济学在理论上最主要的贡献是它依据对资本主义生产关系内部联系的研究，提出了商品的价值取决于商品在生产中所耗费掉的劳动时间这个重要原理，从而奠定了劳动价值论的基础。同时，它还在地租、利润、利息等特殊形式上考察了剩余价值的具体形态。但是，古典经济学家是以资产阶级立场，从资产阶级的需要出发研究问题的。他们把资本主义制度视为社会生产的绝对形式，从而把资本主义生产方式看做永恒不变的；他们虽然论证了劳动决定商品价值，但是不理解形成商品价值的劳动所特有的社会性质，因而也就不理解商品的价值同它的价值形式，即交换价值之间的必然联系，从而把价值形式看成一种在商品本性之外存在的东西；他们没有提出剩余价值这一经济范畴，只是看到它的一些特殊形式，把工人出卖给资本家的劳动力商品看成劳动直接关系。这样一来，就掩盖了资本剥削的实质。马克思主义创始人批判了古典政治经济学的错误观点，克服了它的根本缺陷，继承了它的正确观点和科学成分。在这种基础上，运用唯物辩证主义和历史唯物主义的观点，对古典政治经济学进行了彻底改造和全面创新，又根据自己对资本主义经济的深入研究，创立了以科学的劳动价值论、剩余价值论为主要内容的马克思主义政治经济学。

在科学社会主义方面，空想社会主义是马克思主义的理论来源。马克思主义同样批判地继承了各国空想社会主义的合理思想。19 世纪以圣西门、傅立叶和欧文为代表的空想社会主义理论是空想社会主义思想发展的最高阶段。空想社会主义者揭露了资本主义制度当时已经暴露出来的种种弊病，揭示了资产阶级的腐败和残暴，诉说了无产阶级和劳动人民所遭受的政治压迫、经济剥削和思想奴役，论述了资本主义制度的不合理性。同时，他们认为应该有一个合理的美好的社会代替资本主义制度，并对未来社会提出了许多积极的天才的猜测。他们在历史观方面也有一些天才的思想，例如圣西门在对西欧历史的研究中，提出政府的形式不是本质，财产关系才是本质的重要思想，还看到了阶级斗争对历史发展的作用。恩格斯说："这在 1802 年是极为天才的发现。"虽然如此，三大空想社会主义对资本主义制度的批判、对未来理想社会的设想仍然是不成熟的，如恩格斯所指出的，在空想社会主义者那里，是从头脑中产生解决社会问题的办法，"社会所表现出来的只是弊病，消除这些弊病是思维着的理性的任务。于是就需要发明一套新的更完善的社会制度，并通过宣传，通过典型示范，把它从外面强加于社会。这种新的社会制度是一开始就注定要成为空想，它制定得愈详尽周到，就愈是要陷入纯粹的幻想"。马克思主义创始人深入研究了上述空想社会主义者的思想，摒弃了他们的唯心史观以及对未来社会的种种幻想，批判地吸取了他们批判资本主义制度和设想未来社会因素中的许多有价值的思想材料，依据唯物辩证的历史观和剩余价值学说，使社会主义理论置于现实的基础之上，由空想变为科学。

总之，马克思主义不是理论家突发奇想出来的，它有着深厚的思想渊源，是对人类思想文化一切优秀成果的继承和发展，是全人类精神文明的光辉不朽的伟大成果。

3. 自然科学的进步为马克思主义的产生提供了有力的前提

从 19 世纪初期开始，三大科学的发现推动着自然科学获得了一系列重要成果。1838 年和 1839 年德国生物学家施莱登和施旺发现了细胞，揭示了动植物结构的统一性和共同发展规律。1842 年至 1845 年，德国的迈尔、英国的焦耳等从不同的角度，用不同的方法，几乎同时发现了能量守恒和转化定律，证实了自然界中的一切运动都可以表现为一种形式向另一种形式不断转化的过程，而运动的总量保持不变。这就证明了物质世界的统一性和物质运动的永恒性和绝对性。1859 年达尔文发表《物种起源》，系统阐述了生物进化的规律，推翻了神创论和物种不变的形而上学观点，证明了现在有机界中的全部植物、动物和人都是由最简单的蛋白质、单细胞生物，经过漫长的历史，长期进化发展来的。这就进一步说明了有机界的统一性。正是由于上述三大发现和自然科学的发展，全面深刻地揭示自然界唯物辩证性质的条件才完全成熟。恩格斯说："由于这三大发现和自然科学的其他巨大进步，我们现在不仅能够指出自然界中各个领域内的过程之间的联系，而且总的说来也能指出各个领域之间的联系了。这样我们就能够依靠经验自然科学自身所提供的事实，以近乎系统的形式描绘出一幅自然界联系的清晰图画。"

另外，自然科学所提供的大量丰富可靠的科学事实和研究问题的方法，也为马克思主义的诞生奠定了必要的科学基础。

（二）马克思主义产生的主观条件

有了这样的客观条件，是不是所有人都能创出新的理论？当然不是。马克思和恩格斯之所以能成为马克思主义创始人，还有他们个人的主观因素。

首先，他们有崇高的理想和愿望。马克思（1818～1883）在中学时代，就立志选择"最能为人类而工作的职业"；1841 年大学毕业后，马克思在《莱茵报》上撰写和发表多篇论文，积极为政治上和社会上备受压迫的贫苦群众的利益进行辩护；而当他实现由激进的民主主义者向共产主义者的思想转变时，就自觉地站在工人阶级的立场上，对资本主义社会"劳动生产了宫殿，但是给工人生产了棚舍"的现状进行了有力的鞭挞。恩格斯（1820～1895）1842 年写作了《英国工人阶级状况》一书，揭露了资本家对工人群众的残酷剥削。1845 年在英国曼彻斯特时，他更是深情地告诉工人们："我愿意在你们的住宅中看到你们，观察你们的日常生活，同你们谈谈你们的状况和你们的疾苦，亲眼看看你们为反抗你们的压迫者的社会的和政治的统治而进行的斗争。"

其次，他们具有渊博的知识、严谨的科学态度。为了汲取前人优秀的文明成果，他们博览群书，深入钻研，掌握丰富的经济、哲学、历史知识以及自然科学知识。他们在《关于伊壁鸠鲁的笔记》、《波恩笔记》里，评述了自古希腊罗马以来许多著名哲学家（亚里士多德、德谟克里特、伊壁鸠鲁、斯宾诺沙、莱布尼兹等等），特别是对德国古典哲学、英国古典政治经济学和法国空想社会主义进行了深入的研究、深刻的分析。马克思有做读书笔记的习惯，晚年仍然坚持，他保存的摘录笔记就有 250 本之多。他所阅读和摘录的哲学著作远远超出德国古典哲学的范围。正是在继承前人的科学文化遗产的基础上，马克思、恩格斯创造性地发现了唯物史观和剩余价值学说。马克思主义创始人的主要著作有：马克思、恩格斯合著的《神圣家族》、《德意志意识形态》、《共产党宣言》，马克思的《关于费尔巴哈提纲》、《哲学的贫困》、《雇佣劳动与资本》，恩格斯的《英国工人阶级状况》、《共产主义原理》，等等。这些著作系统地阐述了关于唯物史观和剩余价值学说的初步原理，关于无产阶级历史使命和无产阶级政党的纲领和策略等。所有这些，标志着马克思主义思想体系已经形成。

第三，马克思、恩格斯积极参加了当时的阶级斗争等社会实践，这是其创立马克思主义的重要条件。

恩格斯在《在马克思墓前的讲话》中指出：因为马克思首先是一个革命家。他的毕生的真正使命，就是以这种或那种方式参加推翻资本主义社会及其所建立的国家设施的事业，参加现代无产阶级的解放事业，正是他第一次使现代无产阶级意识到本身的地位和需要，意识到自身解放的条件。斗争是他的生命要素。很少有人像他那样满腔热情、坚韧不拔和卓有成效地进行斗争。最早的《莱茵报》（1842 年），巴黎的《前进报》(1844 年)，《德意志—布鲁塞尔报》（1847 年），《新莱茵报》（1848～1849 年)，《纽约每日论坛报》(1852～1861 年)，以及许多富有战斗性的小册子，在巴黎、布鲁塞尔和伦敦各组织中的工作，最后，作为全部活动的顶峰，创立伟大的国际工人协会——老实说，协会的这位创始人即使别的什么也没有做，也可以为这一成果自豪。

毛泽东说："无产阶级的革命导师之所以能够创作出他们的理论，除了他们的天才条件之外，主要是他们亲自参加了当时的阶级斗争和科学实验的实战，没有这后一个条件任何天才也是不能成功的。"马克思、恩格斯也有这样的机会了解社会现实。马克思诞生在一个富裕的家庭，他的家乡莱茵省是当时德国经济和政治最发达的省份，他后来上大学的波恩和柏林也是当时普鲁士专制政府的经济、政治和文化中心。恩格斯出生于莱茵省的一个工厂主家庭，在 17 岁时，由于父亲的坚持，恩格斯弃学经商，这使他有更多的机会接触穷苦的工人群众。19 世纪 30 年代末 40 年代初，马克思、恩格斯和当时的革命青年知识分子一样，受无产阶级的革命运动所吸引，很快就投身到运动中。马克思在巴黎时期（1843.10～1845.2）和恩格斯在曼彻斯特时期(1842.11～1844.8)，他们参加工人组织的活动，研究工人阶级状况，总结工人运动的经验教训，回答现实斗争提出的种种问题。这一切都推动他们同劳动群众同呼吸共命运，站在历史和时代的前列，运用所掌握的渊博知识，以非凡的理论勇气和创造才能，同工人运动中的各种错误思潮进行斗争，创建了无产阶级的革命理论。1848 年 1 月，受共产主义者同盟第二次代表大会的委托，马克思和恩格斯合著的《共产党宣言》出版，标志着无产阶级革命理论——马克思主义诞生了。

二、马克思主义的发展

从狭义上说，马克思主义即是指马克思、恩格斯于 19 世纪 40 年代创立的关于揭示资本主义弊端的基本理论、基本观点和学说的体系。从广义上说，马克思主义不仅指马克思、恩格斯创立的基本理论、基本观点和学说的体系，也包括后人对它的运用和发展，即在实践中不断发展着的马克思主义。

（一）马克思主义的发展过程

首先，马克思、恩格斯个人在实践中丰富发展了马克思主义。1848年《共产党宣言》刚刚问世，欧洲就爆发了震撼世界的资产阶级民主革命，日益强大的无产阶级在革命中起了重要作用。马克思、恩格斯积极参加了革命时期的一系列重大活动，并从理论上做了深刻的总结，写下了《1848年至1850年的法兰西阶级斗争》、《路易·波拿巴的雾月十八日》、《德国的革命和反革命》、《法兰西内战》等重要著作，把马克思主义关于无产阶级革命和无产阶级专政的理论推进到一个新的阶段。同时，马克思继续进行了巨大的经济理论研究工作，写成了《政治经济学批判》及其《导言》、《序言》，并于1867年出版《资本论》第一卷并写成二、三卷初稿，建立起马克思主义经济学体系，奠定了科学社会主义的理论基础，也使马克思主义哲学得到重大发展。恩格斯阐发了马克思主义自然观。

接着，欧洲各国大批自觉的无产阶级理论战士结合本国实际宣传马克思主义，对马克思主义的传播和发展作出了重要贡献。在这些人中，魏德迈、左尔格、狄慈根、拉法格、李卜克内西、考茨基、梅林等较为突出。他们的理论活动无疑是马克思主义发展的一个组成部分。

列宁对马克思主义的丰富和发展，在马克思主义发展史上是最突出的。19世纪末20世纪初，自然科学特别是物理学获得了许多新发现，资本主义社会的政治经济结构也发生了许多新变化，资本主义完成了向垄断阶段的过渡，世界进入帝国主义和无产阶级革命时代。在新的时代里，列宁依据自然科学的新成果，科学地阐明了辩证唯物主义物质观，强调了实践在认识中的决定作用，提出并初步阐明了对立统一规律是唯物辩证法实质和核心，论述了辩证法也就是马克思主义的认识论，以及辩证法、认识论、逻辑学的一致性等。列宁还依据帝国主义经济、政治发展不平衡的规律，得出了社会主义可以在帝国主义薄弱环节的几国或一国首先胜利的新结论，丰富发展了无产阶级革命的理论，并以大无畏的革命气概，领导俄国取得了十月社会主义革命的伟大胜利。革命胜利后，列宁指出了无产阶级专政的多样性，苏维埃政权是俄国无产阶级专政的最好形式，丰富和发展了无产阶级专政的理论；制定了新的历史条件下无产阶级进行社会主义改造的理论和纲领，强调无产阶级在夺取政权并剥夺剥夺者之后的中心任务应转向经济建设，大力发展生产，丰富和发展了社会主义建设的理论，等等。由此，列宁把马克思主义推进到一个崭新的阶段。

中国共产党人运用马克思列宁主义的立场、观点、方法，分析、解决中国革命的实际问题，提出了夺取中国革命胜利的一整套理论（如关于实事求是、具体问题具体分析、群众路线、独立自主的理论；关于统一战线、武装斗争、党的建设的理论；关于农村包围城市、最后夺取城市的理论；关于革命军队的建设和军事战略的理论，等等），从而形成了马列主义同中国革命实践相结合的科学指导思想——毛泽东思想。毛泽东思想是马列主义在中国的运用和发展，是被实践证明了的中国革命的正确的理论原则，是马克思主义科学体系的重要组成部分。中国共产党的十一届三中全会以后，中国共产党在总结新中国成立30多年来正反两方面的经验的基础上，在研究国际经验和世界形势的基础上，开始找到一条建设有中国特色的社会主义的道路，开创了社会主义建设的新阶段。在新的实践中，我们党对社会主义进行再认识，在哲学、政治经济学、科学社会主义等方面，形成邓小平理论。邓小平理论丰富和发展了马列主义、毛泽东思想的理论宝库。

作为中国共产党和社会主义事业指导思想的马克思主义，既包括由马克思、恩格斯创立的马克思主义的基本理论、基本观点、基本方法，也包括经列宁对其继承和发展，推进到新的阶段，并由毛泽东、邓小平、江泽民等为主要代表的中国共产党人将其与中国具体实际相结合，进一步丰富和发展了的马克思主义，即中国化的马克思主义。

（二）马克思主义的发展过程表明马克思主义是开放的思想体系

马克思主义是一门开放的、生气勃勃的思想体系，而不是一个封闭的、僵化的思想体系，推动马克思主义不断发展的是实践。实践是马克思主义发展的动力。理论和实践是统一的，既没有脱离实践的理论，也没有不反映实践的理论。一般来说，二者是有机结合在一起的。马克思主义理论本身作为认识论是社会实践经验的理论概括，必然在与具体生活实践相结合中不断向前发展，使自己和生活一样永葆青春，充满无限的战斗生命力。所以，我们要在马克思主义同具体实践相结合的统一过程中，不断总结新的实践经验，用马克思主义基本原则和基本方法研究当代世界的新变化，研究社会主义实践的各种新情况、新经验、新问题，创造反映时代要求、指导时代前进的新理论，用马克思主义指导生活前进并使马克思主义随着生活前进。

马克思主义是一门开放的、生气勃勃的思想体系，而不是一个封闭的、僵化的思想体系，在任何情况下，都不能把马克思主义看做固定不变的教条。这是由社会实践的不断发展与马克思主义的实践性决定的。马克思主义认为，一切事物都处于变化发展的过程中，不存在任何一成不变的、绝对的东西，马克思主义本身也不过是这一过程在思维着的头脑中的反映而已。而人类的认识也是发展的，作为人类认识成果的科学也是发展的，因此马克思主义本身必然是发展的。马克思主义和社会主义的发展历史表明，什么时候把马克思主义当做教条，马克思主义就停滞不前，社会主义就低潮发展；什么时候把马克思主义基本原理不断同各国革命和建设具体实际相结合，创造性地解决各国革命和建设的新问题，马克思主义就生机勃勃。所以，要毫不犹豫地修正马克思主义理论体系中某些过时的、不科学的结论，从而使马克思主义理论体系得以补充和完善。

马克思主义是一门开放的、生气勃勃的思想体系，而不是一个封闭的、僵化的思想体系，当代自然科学和社会实践提出的新课题，不仅需要马克思主义的理论概括，而且为提炼新的结论、规律、范畴，提供了丰富的思想资料，有待于马克思主义者在做出科学分析的同时，丰富和发展马克思主义。分析研究历史和科学实践中出现的新情况、新问题，总结概括新经验，使之同各个时代、各个国家的具体实际相结合，是马克思主义能够作为时代的旗帜、永葆革命青春的根本保证。马克思主义必然随着时代的前进，实践的发展，科学的进步，不断丰富自己的内容，改变自己的形式。正如恩格斯所说："随着自然科学领域中每一划时代的发现，唯物主义也必然要改变自己的形式。"马克思主义政治经济学、科学社会主义及其与此相联结的马克思主义其他方面的理论成果也必然是不能落到科学发展的后面，不能落到革命实践尤其是社会主义实践的后面。列宁曾指出："自马克思主义出现以后，世界历史三大时代中的每一时代，都使它获得了新的证明和新的胜利。但是，即将来临的历史时代，定会使马克思主义这个无产阶级学说获得更大的胜利。"今天，尽管历史条件发生了深刻变化，但马克思主义所揭示的重大社会矛盾依然存在，它为解决这些矛盾所提供的理论和方法依然适用。马克思主义从来不自封为包罗万象，而是把自己看做一门创造性的科学，并为人们认识真理开阔道路。

三、马克思主义的生命力所在：实践基础上科学性与革命性的统一

（一）马克思主义理论是建立在实践基础上的科学性和革命性相统一的理论体系

马克思主义的科学性即指它是以科学发展为基础，通过实践，揭示自然、社会和思维发展的一般规律，并要求人们在实际生活中尊重事实，尊重客观规律，尊重科学。马克思主义的科学性，表现为它是科学的世界观和方法论。它不仅是对自然、社会和思维发展的一般规律的科学世界观，它也是我们认识和改造自然、社会和思维发展的科学方法论；它为人类提供科学认识世界的武器，也为人们提供改造规律的武器。以往各种学说只是用自己的方式来对世界给予各种说明，马克思主义理论则是科学的世界观和方法论的统一。

马克思主义的革命性即是指它不崇拜任何东西，按其本质来说，它是批判的、革命的，并把变革旧世界和变革现存事物作为自身的任务和目的。马克思主义理论的革命性，突出地表现为它的无产阶级的阶级性，公然表明自己是为无产阶级和其他劳动人民服务的。这是它区别于任何其他学说的显著特点。马克思主义理论的革命性也突出地表现在马克思主义的政治立场和社会理想中。

在马克思主义理论中，科学性是革命性的前提和保证，革命性则是科学性的必然结论和归宿。严格的科学性和高度的革命性的统一是马克思主义的本质特征。这种科学性和革命性又是和实践性和阶级性完全一致的，统一的基础是实践。总之，马克思主义是科学，既要以科学态度学习马克思主义，又要用科学态度对待马克思主义；既要坚持理论和实践相统一的原则，又要坚持科学性和革命性相统一的原则。坚持科学性与革命性的统一是马克思主义生命力的原因，不坚持科学性与革命性的统一也是马

克思主义失去生命力的原因。

科学性和革命性在实践基础上达到了高度的统一。马克思主义以实践为基础，它来自实践，又为实践服务，并在实践中不断丰富和发展。实践性既是马克思主义哲学原理的特点，又是其区别于其他哲学的根本标志。实践性不仅规定了它的科学性，同时也规定了它的革命性。

（二）以实践为基础的科学性与革命性的统一是马克思主义的生命力的根源

第一，以实践为基础的科学性与革命性的统一决定了马克思主义是无产阶级的根本世界观和方法论。这个世界观和方法论就是辩证唯物主义与历史唯物主义。作为世界观，它揭示了自然界、社会和思维发展的一般规律，得出了资本主义必然灭亡、社会主义必然胜利的结论；作为科学的方法论，它与革命实践以及各门科学紧密联系，给予无产阶级认识世界和改造世界锐利的思想武器。

第二，以实践为基础的科学性与革命性的统一决定了马克思主义最鲜明的政治立场。这个鲜明的政治立场就是马克思主义政党的一切理论和奋斗都应致力于实现以劳动人民为主体的最广大人民的根本利益。马克思主义正是在广大的无产阶级革命实践中产生、发展和壮大起来的。

第三，以实践为基础的科学性与革命性的统一决定了马克思主义最重要的理论品质。这个理论品质就是坚持一切从实际出发，理论联系实际，实事求是，在实践中检验真理和发展真理。这种与时俱进的理论品质，是150多年来马克思主义始终保持蓬勃生命力的关键所在。

第四，以实践为基础的科学性与革命性的统一决定了马克思主义最崇高的社会理想。这个最崇高的社会理想就是实现物质财富极大丰富、人民精神境界极大提高、每个人自由而全面发展的共产主义社会。马克思主义崇高社会理想的确立，为无产阶级和人类的解放指明了奋斗的道路和前进方向，激励着全世界无产阶级团结起来，推翻资本主义制度，建立无产阶级专政，实现生产资料公有制，大力发展社会生产力，建设社会主义社会，并在此基础上，逐步创造条件，最终实现共产主义社会。

四、自觉学习和运用马克思主义

（一）青年学生要自觉学习和运用马克思主义

马克思主义在整个世界仍享有很高的地位，在当代世界的影响与日俱增。特别是近年来，随着资本主义基本矛盾的发展，经济和政治危机加深，医治资本主义的药方纷纷失灵，人们又把期望和兴趣转向马克思、恩格斯和他们的学说，研究马克思主义已成为国际性的思潮，在西方出现了马克思主义热的新趋势。马克思主义在社会主义国家也日益显示出勃勃生机和活力，社会主义国家的革命和建设一度取得了重大成就。连西方资产阶级学者也不得不承认："即使把所有关于马克思列宁主义的书籍都烧毁，这些书籍中包含的思想仍然存在，而人们仍然会按照这种世界观来办事。"

马克思主义是中国共产党和社会主义事业的指导思想，由毛泽东、邓小平、江泽民等为主要代表的中国共产党人，继承和发展了马克思、恩格斯、列宁基本理论、基本观点、基本方法，并将其与中国具体实际相结合，形成了中国化的马克思主义。每个中国人都应顺应时代潮流，学习马克思主义的理论知识，了解马克思主义理论同中国革命和建设实际联系的历史，从而以马克思主义基本原理、立场和方法分析社会发展现状和新问题，肩负起发展马克思主义的重任，为社会主义现代化建设作出更大的贡献。

(二) 青年学生如何自觉学习马克思主义

首先，学习马克思主义的理论知识。马克思主义是一个完整而不可分割的科学理论体系。马克思主义哲学——辩证唯物主义和历史唯物主义，是马克思主义全部学说的理论基础；马克思主义政治经济学是运用马克思主义哲学理论去研究社会生产关系及其发展规律的科学，通过剖析资本主义社会的经济关系阐明了社会主义必然要代替资本主义的规律，论证了无产阶级革命和无产阶级专政的历史必然性。科学社会主义是依据马克思主义哲学和政治经济学的理论，研究关于无产阶级解放运动发展规律的科学，是马克思主义学说的出发点和落脚点。马克思主义是最完整严密的科学体系，同时马克思主义又涉及广泛领域，内容十分丰富，如马克思主义政治学、历史学、社会学、伦理学、军事学等等。青年学生不仅要认真研读马克思主义原著，同时要涉猎更广泛的领域，以系统、完整、准确地掌握马克思主义原理。

其次，学习马克思主义立场、观点和方法。马克思主义哲学的基本观点主要包括：主观和客观相统一的观点、实践的观点、联系和发展的观点、矛盾的观点、劳动生产的观点、阶级分析的观点、人民群众的观点等。学习马克思主义哲学的根本目的是树立共产主义的世界观和人生观。共产主义的世界观和人生观把建立共产主义的社会制度作为人类社会进步和人的全面发展的理想目标。马克思主义本身就是科学世界观和方法论的统一，是人们指导自己实践活动的指南。中国共产党人运用马克思主义的立场、观点和方法，结合中国的具体实际，找到了中国革命的正确通路，从而引导中国民主革命走向胜利；又把马克思主义的普遍原理同我国的具体实际相结合，走自己的路，建设有中国特色的社会主义。马克思主义是科学的世界观和方法论，没有它的指导就没有中国的解放和人民事业的胜利。马克思主义是科学的世界观和方法论，我们要在学习的基础上，运用马克思主义改造自己的主观世界，最终指导我们改造客观世界的实践活动。

最后，学习和运用马克思主义，要联系实际。毛泽东在《反对本本主义》中指出：

以为上了书的就是对的，文化落后的中国农民至今还存着这种心理。不谓共产党内讨论问题，也还有人开口闭口"拿本本来"。我们说上级领导机关的指示是正确的，决不单是因为它出于“上级领导机关”，而是因为它的内容是适合于斗争中客观和主观情势的，是斗争所需要的。不根据实际情况进行讨论和审察，一味盲目执行，这种单纯建立在“上级”观念上的形式主义的态度是很不对的。为什么党的策略路线总是不能深入群众，就是这种形式主义在那里作怪。盲目地表面上完全无异议地执行上级的指示，这不是真正在执行上级的指示，这是反对上级指示或者对上级指示怠工的最妙方法。

本本主义的社会科学研究法也同样是最危险的，甚至可能走上反革命的道路，中国有许多专门从书本上讨生活的从事社会科学研究的共产党员，不是一批一批地成了反革命吗？就是明显的证据。我们说马克思主义是对的，决不是因为马克思这个人是什么“先哲”，而是因为他的理论，在我们的实践中，在我们的斗争中，证明了是对的。我们的斗争需要马克思主义。我们欢迎这个理论，丝毫不存什么“先哲”一类的形式的甚至神秘的念头在里面。读过马克思主义“本本”的许多人，成了革命叛徒，那些不识字的工人常常能够很好地掌握马克思主义。马克思主义的“本本”是要学习的，但是必须同我国的实际情况相结合。我们需要“本本”，但是一定要纠正脱离实际情况的本本主义。

理论联系实际是最重要的，也是最难的。联系实际，一方面要联系各种社会思潮和个人思想实际，在同各种错误学说的斗争中自觉地捍卫马克思主义的科学理论体系，坚持和发展马克思主义。这是一个“信”的问题。另一方面要把学习理论同国内、国际的实际、具体工作和具体专业的实际等紧密结合起来，把马克思主义作为行动的指南，掌握马克思主义的立场、观点和方法，提高分析和解决问题的能力。这是一个“用”的问题，也就是学以致用的问题。否则，理论再好，只是束之高阁。

只有正确坚持理论联系实际，才能运用马克思主义的立场、观点和方法改造客观世界和主观世界。

复习思考题

1. 马克思主义产生的条件是什么？
2. 马克思主义经历了怎样的发展过程？
3. 通过对马克思主义的产生和发展过程的了解，你从中得到什么启示？

活动建议

1. 组织座谈：联系实际，谈谈青年学生如何学习和运用马克思主义。
2. 组织马克思主义学习小组。

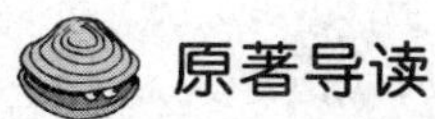

原著导读

《在马克思墓前的讲话》：马克思于1883年3月14日在英国伦敦逝世，安葬于伦敦城北的海格特公墓。恩格斯就用英语发表了这篇讲话，代表全世界无产阶级对于马克思的逝世表示了深切悼念，对于马克思一生为无产阶级所作的伟大贡献作了崇高的评价和热情的赞颂。恩格斯指出了马克思一生中的两个发现，一是发现了人类历史的发展规律，二是发现了现代资本主义生产方式和它所产生的资产阶级社会的特殊的运动规律。恩格斯认为，人的一生中能有这样两个发现，该是很够幸福的了，但是马克思在他所研究的每一个领域，甚至在数学领域，都有独到的发现，这样的领域是很多的，而且其中任何一个领域他都不是浅尝辄止的。

《反对本本主义》：原题为“调查工作”，是毛泽东为了反对当时党内和红军中的教条主义思想而写的。全文分为七个部分：没有调查，没有发言权；调查就是解决问题；反对本本主义；离开实际调查就要产生唯心的阶级估量和唯心的工作指导，那末，它的结果，不是机会主义，便是盲动主义；社会经济调查，是为了得到正确的阶级估量，接着定出正确的斗争策略；中国革命斗争的胜利要靠中国同志了解中国情况；调查的技术。1931年4月2日毛泽东在《总政治部关于调查人口和土地状况的通知》中，对“没有调查，没有发言权”的论断作了补充和发展，提出“我们的口号是：一，不做调查没有发言权。二，不做正确的调查同样没有发言权”。毛泽东历来重视调查工作，把进行社会调查作为领导工作的首要任务和决定政策的基础。在毛泽东的倡导下，红军第四军的调查工作逐渐地开展起来。毛泽东还把进行社会调查规定为工作制度，红军政治部制定了详细的调查表，包括群众斗争状况、反动派状况、经济生活情况和农村各阶级占有土地的情况等项目。红军每到一个地方，都首先要弄清当地的阶级关系状况，然后再提出切合群众需要的口号。

第一章 马克思主义对世界本质和规律的探索

自古以来，不同国家、不同文化背景、不同语言的人都会不由自主地追问：万物的基始是什么？我们生活的世界的本质是什么？世界是以什么为本原的？世界又是怎样存在和发展运行的？人能够认识和把握世界的发展运行吗？什么是真理？……

第一节 哲学基本问题及人类对世界本质和规律的探索

其实，生活世界的本质问题，世界是以什么为本原的问题，世界又是怎样存在和发展运行的问题，这些问题的指向属于世界观和方法论的范围。所谓世界观（也叫宇宙观），就是人们对于整个世界、整个宇宙（包括自然界、人类社会和人类思维）总的看法和根本的观点；所谓方法论，就是人们在一定的世界观指导下认识世界、改造世界的根本方法的理论。世界观和方法论是紧密联系、相互依赖的。世界观决定方法论，方法论体现世界观。一般说来，世界观和方法论是统一的，有什么样的世界观，就有什么样的方法论，而一定的方法论也体现着一定的世界观，脱离世界观的方法论和不表现为一定方法论的世界观，都是不存在的。世界观形成以后，人们必然会自觉或不自觉地以它作为观察、思考和处理各种问题的基本原则和根据，并用以指导自己的活动，从而使之成为一种观察、处理问题的方法。人们在认识和实践中所使用的不同方法，不但体现了不同的世界观，也要借助于一定的方法论。因此，世界观和方法论是同一个问题的两个方面，两者是相互依赖的。哲学是理论化、系统化的世界观和方法论。也即是说，世界观和方法论属于哲学的研究范畴。

哲学产生于古代东方、希腊、罗马的奴隶制社会。从哲学的词源来看，它的古希腊文是由“爱（philos）”和“智慧（sophos）”两词组成；在汉语中，“哲”字释为“智慧”、“聪明”、“贤明”等等，中国哲学则称为道学、理学、玄学。从哲学的字面上讲，它含有爱智慧、通晓事理之意，是给人以智慧、使人聪明的学问。

那么，哲学意义上的世界观和方法论是以何为起点的？也就是说，人们探求世界本质是从何入手的呢？

恩格斯说："全部哲学，特别是近代哲学的重大的基本问题，是思维和存在的关系问题。"[①]哲学基本问题是任何探求世界本质的人和学派，都要首先面对和回答的问题。

一、哲学基本问题：思维和存在的关系问题

思维和存在的关系作为哲学基本问题具体指的是什么呢？

（一）思维和存在的关系作为哲学基本问题的具体含义

第一方面，思维和存在何者为第一性，这是哲学基本问题的最重要方面，即要回答世界的本原"是什么"的问题。凡是断定世界的本原是精神，属于唯心主义的各种学派；凡是认为自然界是世界本原的，则属于唯物主义的各种学派。在回答世界的本原"是什么"的基础上，还要进一步回答世界是"怎么样"的。在对这个问题的回答上，有辩证法与形而上学两种不同认识。辩证法主张用联系、发展、全面的观点看世界，把矛盾视为事物发展源泉；形而上学则以孤立的、静止的、片面的观点看世界，否认事物发展原因在于自身的矛盾性。

第二方面，即思维能否把握存在，世界能否被认识的问题，也就是思维和存在是否有同一性。这在哲学认识论上存在着可知论与不可知论两种不同的认识，在人类认识的本质问题上，存在着唯物主义的反映论和唯心主义先验论两种对立的观点。

哲学基本问题的两个方面是不可分割的，其中第一方面更为根本，第二方面取决于第一方面。也就是说，探求世界能否被我们人类真正认识，思维和存在是否有同一性，是在回答世界本原基础上的。

哲学基本问题是思维和存在问题，但在不同的历史时期，这个基本问题也有不同的表现形式和具体内容。如在中国哲学史上，围绕思维和存在的关系，先秦时期有"天人"之辩和"名实"之争，两汉时期表现为"形神"关系的论争，魏晋时期表现为"有无（动静）"问题的论争并伴以"言意"之争，隋唐时期表现为"心物（知行)"问题的论争，宋明时期表现为"理气（道器)"之辩，近代表现为"体用"之争。

（二）为什么思维与存在的关系问题成为哲学基本问题

第一，从现实的角度讲，这个问题是人们一切实际活动中的普遍问题。思维和存在虽然属于哲学范畴，但我们经常说的主观和客观，其实就是思维与存在的关系问题在日常生活和工作中的反映。只有科学解决思维和存在或意识和物质的关系问题，才能够理解世界的本质，进一步决定人们思想和行动的出发点和方向，也就是进一步把握世界的联系和发展，认识世界的发展规律，进而按照世界的发展规律改造世界。没有思维和存在关系的发生，任何认识和改造世界的活动都是不可能实现的。所以，哲

---

① 马克思恩格斯选集（第4卷）．北京：人民出版社，1972：219

学基本问题是一对植根于人类社会实践中的基本矛盾，在实践中普遍存在，是处理人与世界关系的一个首要问题。

第二，从理论的角度讲，这个问题是区分哲学派别的唯一标准。哲学史上的任何派别，学说各异，但都不可避免地由于对思维和存在关系问题的不同回答，或者被划分为唯物主义，或者被划分为唯心主义，没有一个哲学派别能越过这个问题而成为其他。同时，这个问题也是解决一切哲学问题的根本前提，各种哲学派别对哲学问题的解决无一不是以对思维和存在的关系的回答为出发点和基础的。有的流派如实证主义，拒绝回答世界的本原问题，声称它是研究“实证的事实”和“实证的知识”的学问，声称如此纯粹，也只是一种主观希望，实际上是不能做到的。因为它是以主观感觉经验代替客观物质世界，结果仍然没有离开唯心主义对哲学基本问题问答的基本前提。

二、人类对世界本质和规律的探索

人类探索世界本质和规律的历程中，首先是围绕着哲学的基本问题，即物质和精神的关系——物质和精神何为第一性、物质和精神有无同一性问题而展开的。在这个历程中一直存在两种不同的认识角度。

（一）两种不同的世界观

对哲学基本问题的第一方面，即何者为第一性、谁是本原问题的不同回答，形成了两种不同的世界观，即唯物主义和唯心主义。这两种世界观一直争论不休。可以说，人类认识的全部哲学史始终贯穿着唯物主义和唯心主义的对立和斗争。与此相应，在社会历史观领域，凡是认为社会存在决定社会意识的，属于历史唯物主义，凡是认为社会意识决定社会存在的，属于历史唯心主义。

1. 唯物主义的主要形态

朴素唯物主义，又称自发的唯物主义。朴素唯物主义产生发展于古代的奴隶社会和封建社会。朴素唯物主义把自然现象看做无限多样性的统一，并且在某种具有固定形体的东西中寻找世界统一的本原。朴素唯物主义往往和朴素辩证法结合在一起。因为朴素唯物主义是依据直观经验和比较粗浅的自然知识而进行理论概括的，所以缺乏一定的科学论证和严密的逻辑体系，带有一些猜测的成分。

形而上学唯物主义，又称机械唯物主义。在由封建社会向资本主义社会的转变中，经过中世纪长期冬眠之后，哲学出现了唯物主义兴盛的时期。由于资产阶级作为一个新兴的革命阶级迫切需要革命理论的指导，同时自然科学的重大突破，特别是18世纪力学、物理学、数学、医学等自然科学的成功，为唯物主义对世界本质的探索提供了自然科学基础。由于机械力学在处于形成和发展的初期的近代自然科学领域占有首要地位，这就使得近代初期的唯物主义思想普遍带有机械性的特点。后来这种情况有所改变，即到了18世纪，法国唯物主义既有一定的机械性，又有一些辩证法思想。19世纪40年代，德国产生了费尔巴哈人本学唯物主义。费尔巴哈在批判宗教神学与唯心主义哲学中，明确地阐述了物质第一性、意识第二性的唯物主义基本原理，从而推翻了唯心主义在德国的长期统治，恢复了唯物主义的权威，大大地解放了人们的思想。马克思、恩格斯也深受其影响。从英国唯物主义到法国唯物主义，再到19世纪德国费尔巴哈唯物主义，唯物主义者以自然科学的研究成果捍卫了唯物主义，反对了宗教迷信，有力地驳斥了唯心主义，这是他们进步的一面。如培根提出了“知识就是力量”的著名论断。狄德罗否定上帝的存在，他说：“您如果想要我相信神的话，一定得让我摸得到他。”但整体说来，它们都带有形而上学性、机械性、不彻底性的局限。

辩证唯物主义与历史唯物主义。辩证唯物主义与历史唯物主义的产生是哲学上的伟大变革。它克服了机械唯物主义的机械性、形而上学性，实现了唯物主义与辩证法的有机统一；同时，它又克服了机械唯物主义在历史领域仍然坚持唯心主义立场的不彻底性，用唯物主义观察社会历史，建立了历史唯物主义的理论体系，实现了辩证唯物主义与历史唯物主义的有机统一。辩证唯物主义与历史唯物主义是关于自然界、人类社会和思维发展的最一般规律的科学，是马克思主义全部学说的理论基础，是无产阶级的世界观和方法论。

2. 唯心主义的主要形态

唯心主义有客观唯心主义和主观唯心主义之分。

客观唯心主义认为世界的本原是某种独立于人的意识之外的客观精神。如宗教把世界看成神、上帝创造的，神是万物的本原。古希腊哲学家柏拉图认为，“理念”世界是现实世界的本质，现实世界是“理念”世界的影子。近代德国哲学家黑格尔认为“绝对精神”是先于自然界、人类社会而独立存在的精神实体，世界本质在于“绝对精神”，自然界和人类社会是“绝对精神”的转化和表现。我国古代哲学家老子把现实世界的本原归结为“道”，明代朱熹把现实世界的本原归结为“理”。所有这些都是典型的客观唯心主义。

主观唯心主义认为世界的本原是人的主观感觉、经验、“心”等等。如英国贝克莱认为，“存在就是被感知”。他举例说，苹果并不是真实存在的东西，而是人们看到一定的形状和颜色，闻到某种香气，尝到某种滋味，把这些感觉组合在一起，而后给这个感觉的组合起一个名字，叫苹果。奥地利哲学家马赫认为“物质是感觉的复合”。中国明代的王守仁认为，“心者，天地万物之王”，“心即是天”，“心外无物，心外无事，心外无理”。这些观点都是典型的主观唯心主义。他们的共同特点是认为主观意识为万物的决定者，世界是主观精神的产物。

从哲学发展史看，唯心主义经历了古代唯心主义与形而上学结合、近代唯心主义与辩证法结合、现代唯心主义日益新形而上学化这三个基本历史形态。

3. 唯物主义和唯心主义的斗争

在古代，唯物主义和唯心主义的斗争表现为古代唯心主义与古代朴素唯物主义的对立。具体来说，体现为两种哲学派别的论争。在古希腊，有以柏拉图为代表的唯心主义与以德谟克利特为代表的唯物主义的论争。在古代中国，有宣扬“天命”、“鬼神主宰一切”、“万物皆备于我”的唯心主义，同主张“五行是万物本原”、“人定胜天”的唯物主义的论争。

在中世纪，唯物主义和唯心主义的斗争，在欧洲表现为唯心主义的唯实论和具有唯物主义倾向的唯名论的论争；在中国，表现为神学、理学唯心主义和“元气一元论”、“神灭论”唯物主义的论争，等等。

近代以来，新兴资产阶级为了反对封建地主阶级的神权统治，分别使用过唯物主义和辩证法的思想武器。相应地，唯物主义首先在资本主义发展较早的英国存在和兴盛了几个世纪，待到18世纪英国资产阶级掌握政权之后，就抛弃了唯物主义，转而宣扬唯心主义和宗教。于是，贝克莱主观唯心主义向培根、洛克的形而上学唯物主义“大举反攻”。而此时，唯物主义在法国再一次崛起，成了法国资产阶级革命的思想武器，用以批判封建旧势力和唯心主义。18世纪末19世纪初，德国资产阶级革命表现出一定的软弱性，哲学上的表现就是唯心主义和辩证法相结合。辩证唯心主义与形而上学唯物主义便形成了尖锐的对立和斗争。

到了现代，19世纪中叶产生了马克思主义哲学，从而使唯物主义发展到一个崭新的阶段，即现代唯物主义。唯心主义也发展到了现代形式，主要特征是利用和借助现代科技成就，以新科技代表者的外衣宣扬唯心主义，特别是否认社会发展的客观规律，宣扬历史唯心主义，日益脱离辩证法，走向形而上学和诡辩论。唯物主义和唯心主义的斗争表现为现代唯物主义与现代唯心主义的论争。

以上两个哲学基本路线的斗争过程中，都交织着辩证法和形而上学的对立和斗争。

（二）两种不同的联系和发展观

在哲学发展史上，不仅围绕着物质和精神何者为第一性的问题，形成了唯物主义和唯心主义的对立和斗争；同时，在世界是“怎样的”这个问题上，形成了辩证法和形而上学的对立和斗争。

1. 形而上学的联系和发展观

“形而上学”一词在古希腊文中为“Ta mara ta physika”，意为“物理学之后”。因为，亚里士多德关于研究经验以外对象的著作，在后人的编纂过程中被安排在《物理学》之后，故定名为“物理学之后”。《物理学之后》传入我国后，有人根据《易·系辞》中“形而上者谓为道，形而下者谓之器”的说法，将此书名译为《形而上学》。形而上学一般意义上是作为反辩证法的同义语。它用孤立的、静止的、片面的和否认矛盾的观点看待事物和现象，这种意义上的用法是从黑格尔开始的。

形而上学在不同的领域有不同的具体表现。形而上学的联系和发展观是指形而上学在对待联系和发展的问题上与辩证法根本对立的观点。具体表现为用孤立、片面的思维方式看待世界上的一切事物和现象。形而上学看不到事物的普遍联系，而把事物看成彼此孤立、互不相关的。它只见树木，不见森林；只见局部，不见整体；只看见孤立的个别事物，看不见事物之间的相互联系。形而上学用静止不变的思维方式看待世界上的一切事物和现象。形而上学看不到事物的过去、现在和未来的历史的客观联系，因而必然导致把世界看成根本上是静止不变的。“刻舟求剑”、“守株待兔”说的就是形而上学。在形而上学看来，一切事物的形态和种类都是永远孤立和永远不变的。形而上学用根本否定矛盾存在的思维方式看世界上的一切事物和现象，否认事物发展的原因在于事物自身的矛盾性。

2. 辩证法的联系和发展观

辩证法是与形而上学相互对立的。辩证法认为世界是普遍联系和永恒发展的，发展的根源在于事物自身具有的矛盾。形而上学则把世界上的一切事物看成孤立的、静止的，即使有发展，也只是数量的增减或位置的移动和简单的重复，从而否认事物自身具有的矛盾是事物发展的动力。

辩证法和形而上学是两种对立的发展观，它们之间的对立和斗争总是同唯物主义与唯心主义之间的对立和斗争这条主线交织在一起，但辩证法不等于唯物主义，形而上学也不等于唯心主义。唯物主义和唯心主义在各自哲学基本问题的前提下，既可以和辩证法结合，也可以同形而上学结合，因而便形成了形而上学的唯物主义和辩证法的唯物主义、唯心主义的辩证法和唯物主义的辩证法。总的倾向是，朴素唯物主义与朴素辩证法相结合，古代唯心主义与古代形而上学相结合。概括地讲，辩证法和形而上学的对立斗争从属于唯物主义和唯心主义的对立和斗争，同时辩证法和形而上学的对立斗争又制约着唯物主义和唯心主义的对立和斗争，唯物主义如果没有辩证法就不可能把唯物主义贯彻到底，形而上学的唯物主义之所以有严重缺陷，根本原因就在于它离开了辩证法。

（三）两种不同的认识论

关于哲学基本问题的第二方面内容，即思维能否把握存在的问题，世界能否被认识的问题，思维和存在有无同一性的问题，存在着可知论与不可知论的对立和斗争。在人类认识的本质问题上，存在着唯物主义的反映论和唯心主义先验论的对立和斗争。

唯物主义反映论，从物质决定意识的唯物主义基本前提出发，认为认识是人脑对客观世界的反映，认识的内容来源于客观世界，认识的本质是反映。一切唯物主义反映论都承认思维和存在具有同一性，肯定人们的认识能够正确反映客观世界；承认在人的意识之外，有不依赖于意识而存在着的客观物质世界，它是认识内容的唯一来源，离开了客观世界，也就无所谓反映；承认认识是对客观物质世界的反映，意识是客观世界的主观映象。

唯心主义先验论，从意识第一性、物质第二性的前提出发，认为物质世界是主观精神的产物，认识先于物质，先于实践经验，是先天就有的，从而否认了人脑对客观世界的反映。唯物主义反映论认为，认识能力是先验的或独立于一切经验的，它把感性知识形式（时间和空间）和知性知识形式（因果性、可能性、必然性等）都看做先天固有的。

唯物主义反映论与唯心主义先验论是两条根本对立的认识路线。唯物主义反映论从物质第一性、意识第二性的前提出发，坚持“从物到感觉和思想”的认识路线；而唯心主义先验论则从意识第一性、物质第二性的前提出发，坚持“从感觉和思想到物”的认识路线。

可知论是唯物主义反映论的一个基本观点。可知论从物质第一性、意识第二性的基本前提出发，认为认识的本质是对世界的反映，认识能够同它所反映的对象相符合，肯定世界是可以认识的。不可知论是唯心主义先验论的一个基本观点。不可知论把主体和客体绝对地对立起来，认为人对客观物质世界是不能或者不能彻底认识的；或者把人的认识局限在感觉经验的范围，认为人们只能认识事物的现象，而感觉经验以外的东西、事物的本质是无法认识的；或者以人生命的有限性和感官认识的局限性为理由，认为人们只能部分地认识世界，而否认人类有彻底认识世界的能力。还有一种特殊的情况，就是彻底的唯心主义者，由于他们否认物质世界的客观存在，因此从根本上说是取消了对客观世界是否可知的问题。但是，在他们的心目中其实也有一个“世界”，这个“世界”就是他们精神的产物。所以，唯心主义不可知论实质上就是“精神的自我认识”。

第二节　马克思主义的探求和回答

面对人们对于世界本质和规律的追问，马克思主义是如何看待的？它又对于世界本质和规律给予什么样的回答呢？这就是我们这本书稍后各章节要详细展开介绍的主要内容。在这里，我们先宏观概要叙述一下，以利于我们更好地总体把握马克思主义世界观和方法论体系。

如前所述，哲学的基本问题是思维和存在的关系问题。马克思主义哲学是研究自然界、社会和人类思维最一般规律的科学，其作为科学的世界观和方法论的探求起点，也是哲学基本问题“思维与存在的关系”问题。

对于哲学基本问题，一切唯物主义哲学都肯定世界是物质的。马克思主义哲学发展了唯物主义这个优良传统，认可物质第一性、意识第二性，并认为物质决定意识，意识反作用于物质；同时，马克思主义以科学的实践观为基础，创立了辩证唯物主义和历史唯物主义，是唯物主义和辩证法发展的最高阶段。

一、唯物主义自然观和唯物主义历史观的高度统一

马克思主义唯物主义观，首先体现在自然领域。在这方面，它有着与以往唯物主义共同的立场。而之所以说马克思主义把唯物主义发展到了最高阶段，最重要的在于，它克服了以往唯物主义在自然领域坚持唯物主义立场而在历史领域仍然坚持唯心主义立场的不彻底性，创立了历史唯物主义的理论体系，即用唯物主义观察社会历史，把唯物主义贯彻到社会历史领域，从而实现了唯物主义自然观和唯物主义历史观的高度统一。

马克思以前的许多杰出的唯物主义哲学家，也提出过一些进步的社会历史理论和观点。但是，由于在本质上都坚持社会意识决定社会存在的观点，不可避免地有两个主要缺陷："第一，以往的历史理论，至多是考察了人们历史活动的思想动机，而没有考究产生这些动机的原因，没有摸到社会关系体系发展的客观规律性，没有看出物质生产发展程度是这种关系的根源；第二，过去的历史理论恰恰没有说明人民群众的活动，只有历史唯物主义才第一次使我们能以自然史的精确性去考察群众生活的社会条件以及这些条件的变更。"[①] 马克思主义哲学是从自然观到社会观的彻底的唯物论，这个哲学上的伟大变革，始于科学实践观的确立。马克思主义从分析人类最基本的实践活动——生产劳动入手，结果"在劳动发展史中找到了理解全部社会历史的锁钥"。生产劳动把人类从动物世界中区分出来，并且在劳动的推动下逐渐产生语言和思维，从而推动着人类的进步和发展。物质生活资料的生产是社会存在的基础，因为人们首先必须要吃、穿、住、行，只有在这个基础上才能进行精神产品的创造。物质资料生产过程所需要的地理环境、人口因素和生产方式是构成社会运动的基本物质要素，这些要素的总和就是人类社会的物质生活条件。同时，这些条件都不是可以由着人们的主观而任意选择的，人们只能在既定的条件下创造自己的历史，所以社会物质生活条件是独立于人们的意识而客观存在的物质现象，而人们的社会意识只能是对社会存在的反映。社会存在决定社会意识，这正是马克思主义唯物史观的最基本原理。

"正像达尔文发现有机界的发展规律一样，马克思发现了人类历史的发展规律，即历来为纷繁芜杂的意识形态所掩盖着的一个简单事实：人们首先必须吃、喝、住、穿，然后才能从事政治、科学、艺术、宗教等等；所以，直接的物质的生活资料的生产，从而一个民族或一个时代的一定的经济发展阶段，便构成基础，人们的国家制度、法的观点、艺术以至宗教观念，就是从这个基础上发展起来的，因而，也必须由这个基础来解释，而不是像过去那样做得相反。"[②]

历史唯物主义的形成，把唯心主义从社会历史领域赶出去。历史唯物主义论证了

---

① 列宁选集（第2卷）. 北京：人民出版社，1995：425

② 马克思恩格斯选集（第3卷）. 北京：人民出版社，1995：776

社会发展的一般过程，即由于社会基本矛盾运动，任何社会形态都是历史的产生、发展和灭亡，资本主义社会和以往任何社会形态一样，不能逃脱必然灭亡的命运，而要为更高级的社会形态即社会主义、共产主义的社会形态所代替。历史唯物主义不仅科学地论证了社会主义、共产主义代替资本主义的历史必然性，而且从理论上解决了实现社会主义和共产主义的根本途径，指出了现代资本主义社会两大对抗的阶级——无产阶级和资产阶级的斗争，是推动社会历史从资本主义向社会主义、共产主义发展的直接动力，这个斗争必然导致无产阶级专政，而这个专政不过是向无阶级社会的过渡。历史唯物主义论证了人民群众是历史的创造者，是代表先进生产力的革命阶级，他们代表社会历史发展的前进方向，从而也就从理论上指明了无产阶级是现代资本主义社会的掘墓人，指明了无产阶级只有解放全人类才能解放自己的伟大历史使命。这样，历史唯物主义把社会主义由空想变为科学，成为了无产阶级认识世界和改造世界的强大理论武器。

历史唯物主义是马克思主义的基石和核心，也是马克思主义哲学的实质和核心。所以，要掌握马克思主义的基本原理，必须了解历史唯物主义。历史唯物主义是关于人类社会历史的唯物主义哲学，它研究社会历史活动和发展的普遍规律和动力，研究社会历史一切方面和一切领域的内部联系和矛盾，也就是说，历史唯物主义是解释人类社会历史，并揭示人类社会发展一般规律的学说。

二、唯物主义和辩证法的高度统一

唯物主义自然观与唯物主义历史观的结合，使马克思主义哲学成为完备的唯物主义；辩证法与唯物主义的结合，使马克思主义哲学成为科学的唯物主义。

唯物主义和辩证法的结合经历了三个基本的历史形态。

古代朴素唯物主义与朴素辩证法的自发结合。古代朴素唯物主义和朴素辩证法是唯物主义和辩证法关系发展的第一个历史形态。一般说来，古代朴素唯物主义和朴素辩证法是自发地结合在一起的。如古希腊哲学家泰勒斯认为水是万物的基始，同时认为，万物产于水又复归于水；赫拉克利特认为“火”是世界的本质，同时认为，世界的过去、现在和未来永远是一团永恒的活火，而且这团活火无时无刻不在运动变化之中；中国古代的“五行说”认为金、木、水、火、土相生相克生成万物。这些都具有朴素的辩证法思想。德谟克利特的“原子论”是古代朴素唯物主义发展的最高成果。它把原子看做世界的本质，一切事物都是由原子构成，原子是构成事物的最小的、不能再分的单位，它们在空虚中急剧而凌乱地运动，互相冲击、碰撞，联结成各种物质。从总体上说，他们虽然承认世界是物质的，物质世界是普遍联系和发展的，但由于当时生产力水平低下，科学不发达，人们对世界本质和规律的探索往往带有直观、猜测的性质，因而无法对“一”与“多”这样的关系做出正确的说明，从而使辩证法往往带有循环论的色彩。

近代形而上学唯物主义与辩证法的分离。近代形而上学的唯物主义在当时自然科学成就的基础上丰富和发展了唯物主义，它把自然界看成物质的、永久存在的唯一实质并把自然界归结为各种元素的组合，认为物质是由不同的元素组成的，元素是组成各种化合物的基本单位，而各种元素的分子又可分解为原子，原子是物质结构的最小的物质单位。原子的属性是一切物质形态不变的属性，原子既不可分割，又不能相互转化，由此得出原子是世界本原的结论。与古代朴素唯物主义相比，这种物质观以自然科学的材料为依据，克服了自发的、直观的、猜测的性质，把人类对世界本原的认识又向前推进了一步。但是近代唯物主义的一个根本缺陷，就在于没有把唯物主义的世界观贯彻到底，在社会历史领域陷入了唯心主义，即仅仅把自然界的本质看成物质的，否认了社会本质的物质性。它的另一个根本缺陷是不懂得辩证法，即把原子的个性错误地归结为物质的共性，把物质的具体形态混同于物质的一般形态，不能把世界理解为由矛盾引起的不断发展的过程，不懂得人类对物质层次的认识是一个不断深化的过程，错误地把人类对原子这一层次的认识当做最终认识。正因为这些缺陷，它经不住自然科学发展的考验和唯心主义的进攻。近代唯心主义的集大成者、德国哲学家黑格尔，将唯心主义与辩证法结合，从运动中、从辩证发展中考察“绝对观念”。恩格斯指出：黑格尔第一次把整个自然的、历史的和精神的世界描绘为一个过程，即不断运动、变化、发展的过程，并指出矛盾是发展的动力，全面、系统地阐述了唯心主义辩证法。但是，他的辩证法是头足倒置的唯心主义辩证法，因而是不彻底的。

现代唯物主义与辩证法的自觉结合。马克思主义哲学吸取了以往唯物主义和辩证法各个形态的精华，也提取了唯心主义某些合理的因素和有价值的成果，在革命实践的基础上，彻底否定了形而上学，把辩证法从唯心主义体系的束缚下解放出来，使唯物主义和辩证法有机地结合起来，创立了唯物辩证法，开拓了唯物主义和辩证法发展的崭新阶段。辩证法用普遍联系的思维方式来看世界上的一切事物和现象；用永恒发展的思维方式看待世界上的一切事物和现象；用矛盾即对立统一的思维方式来看世界上的一切事物和现象。是否承认事物内部的矛盾，是唯物辩证法和形而上学的根本分歧和斗争焦点。

唯物辩证法就是揭示自然、社会和思维的普遍联系和发展的最一般规律，是最全面、深刻的关于发展的学说。唯物辩证法认为世界上既没有孤立存在的事物，也没有绝对静止不变的东西，一切事物都与周围其他事物纵横交错地联系着，都在不断地变化、发展着。普遍联系和发展的观点是唯物辩证法的总特征，事物普遍联系和发展的本质是唯物辩证法的规律和范畴，即对立统一规律、质量互变规律和否定之否定规律。

总之，在唯物主义与唯心主义、辩证法与形而上学的斗争中，马克思主义哲学创立了。以前没有哪一种哲学既能同唯心主义彻底划清界限，又能同形而上学作彻底决裂。只有马克思主义哲学把唯物主义和辩证法彻底地统一起来，创立了科学的世界观——辩证唯物主义，同时把辩证唯物主义观点推广到社会历史领域，创立了科学的社会历史观——历史唯物主义，从而形成辩证唯物主义和历史唯物主义完整的马克思主义哲学体系。唯物史观和唯物辩证法的创立，结束了自然观、历史观、唯物主义、辩证法分离的局面，实现了它们的统一。正是在这个基础上，揭示自然、社会和人类思维运动发展的普遍规律，才真正具有科学世界观的性质。

三、辩证唯物主义认识论

马克思主义的唯物论和辩证法说明世界是物质的世界，物质世界是按其固有的规律运动、发展的。但是，关于人们能不能认识客观物质世界和怎样去认识客观物质世界，则是认识论所要研究和解决的问题。马克思主义的认识论是辩证唯物主义认识论。

辩证唯物主义认识论继承和发扬了哲学史上唯物主义反映论，但同旧唯物主义认识论却是有本质区别的。形而上学唯物主义认识论虽然也认为物质世界是认识的源泉，人的认识是主体对客体的反映，但是这种认识论的根本缺陷在于对事物只是从客体的或凭直观的形式去理解，而不是把它当做人的感性活动，当做实践去理解，不能把辩证法用于反映论。

马克思在《马克思关于费尔巴哈的提纲》中指出，从前的一切唯物主义——包括费尔巴哈的唯物主义——的主要缺点是：对对象、现实、感性，只是从客体的或者直观的形式去理解，而不是把它们当做人的感性活动，当做实践去理解，不是从主体方面去理解。因此，结果竟是这样，和唯物主义相反，唯心主义却发展了能动的方面，但只是抽象地发展了，因为唯心主义当然是不知道现实的、感性的活动本身的。费尔巴哈想要研究跟思想客体确实不同的感性客体，但是他没有把人的活动本身理解为对象性的活动。因此，他在《基督教的本质》中仅仅把理论的活动看做是真正人的活动，而对于实践则只是从犹太人活动的表现形式去理解和确定。因此，他不了解“革命的”、“实践批判的”活动的意义。

其一，他们离开社会实践抽象地考察人的认识，如费尔巴哈把人仅仅看做抽象的生物学上的人，而不是一定社会关系中从事改造世界实践活动的人，因而看不到主体是从事实践活动的主体，客体是人们实践中改造的对象，主体对客体的反映是在人们改造客观世界中实现的。其二，他们不能把辩证法应用于反映论，不了解主体和客体的辩证关系，只看到客体对主体的影响，而看不到主体对客体的能动作用；不了解人的认识的历史发展，把人的认识看做一次完成的简单的机械过程。所以，旧唯物主义在认识论上虽然坚持了认识是客观世界的反映这一原则，但不能正确地解释认识的复杂过程，因而是不可能把唯心主义先验论彻底批倒的。

马克思主义把实践的观点引入认识论，把辩证法应用于认识论，从而克服了旧唯物主义认识论的两大缺陷，创立了马克思主义认识论，即革命的、能动的反映论，实现了认识上的变革。也正因为如此，马克思主义才克服了旧唯物论的缺陷，彻底驳斥了唯心主义认识论和不可知论，从而成为无产阶级和劳动人民正确地认识世界和改造世界的强大的思想武器。

第一，马克思主义把科学的实践观引入认识论，把实践看做认识论的基础，正确地阐明了认识是主体通过实践对客体的能动的反映。作为主体的人是社会的人，是从事实践活动的人。主体和客体的关系首先是改造和被改造的关系，在此基础上才有主体和客体的反映与被反映的关系。离开实践，主体和客体就失去了相互联系的桥梁。因此，实践的观点是辩证唯物主义认识论首要的和基本的观点。

第二，马克思主义把辩证法贯穿于反映论，不仅指出物质决定意识，而且肯定意识对物质的反作用，指出人的认识是在实践的基础上由现象到本质，由感性到理性，由不知到知，由不确切的知到比较确切的知，由知之不多到知之较多，由低级到高级的不断深化的辩证发展过程。人们获得正确认识后，又在正确认识指导下能动地改造客观世界。社会实践是不断发展的，人的认识也是不断深化的。从这个角度讲，世界上的一切事物都是可以认识的，人类的认识能力是无限的。但在每一时代，由于历史条件的限制，人的认识又是有限的。辩证唯物主义认识论论证世界的可知，并不是说人们现在已经知道一切、认识一切了，而是认为世界上只有尚未认识的事物，没有不可认识的事物。这就宣告了不可知论的破产，从而也克服了形而上学唯物主义认识论的直观性、机械性和被动性。

第三，马克思主义坚持了从客观到主观、从物质到精神的唯物主义认识路线，与不可知论划清了界限；同时又把反映论贯彻到社会历史领域，把社会存在作为认识论的出发点，认为人们的社会意识是对社会存在的反映，对一切社会现象作了唯物主义的解释。

复习思考题

1. 什么是哲学基本问题？

2. 人类探求世界本质和规律的过程中形成的两种不同的世界观、两种不同的发展观、两种不同的认识论具体指什么？

活动建议

组织学生查找和阅读相关文献，了解世界哲学历史上的不同流派的思想家。

原著导读

《关于费尔巴哈的提纲》原题为“关于费尔巴哈”，写在1844～1847年的笔记中，马克思生前没有公开发表。恩格斯在整理马克思的遗稿时发现了这篇手稿，1888年恩格斯《路德维希·费尔巴哈和德国古典哲学的终结》一书出版时以“马克思论费尔巴哈”为标题作为其著作附录发表。《提纲》首次提出科学的实践范畴。实践观点是马克思主义哲学与从前的一切旧唯物主义哲学相区别的根本点。

在《资本论》第一卷第二版的“跋”中，马克思以浅显、鲜活的语言介绍了唯物主义辩证法，今天读来也没有沉闷之感。以下是一段节选：

我的辩证方法，从根本上来说，不仅和黑格尔的辩证方法不同，而且和它截然相反。在黑格尔看来，思维过程，即他称为观念而甚至把它变成独立主体的思维过程，是现实事物的创造主，而现实事物只是思维过程的外部表现。我的看法则相反，观念的东西不外是移入人的头脑并在人的头脑中改造过的物质的东西而已。

将近三十年以前，当黑格尔辩证法还很流行的时候，我就批判过黑格尔辩证法的神秘方面。但是，正当我写《资本论》第一卷时，愤懑的、自负的、平庸的、今天在德国知识界发号施令的模仿者们，却已高兴地像莱辛时代大胆的莫泽斯·门德尔森对待斯宾诺莎那样对待黑格尔，即把他当做一条“死狗”了。因此，我要公开承认我是这位大思想家的学生，并且在关于价值理论的一章中，有些地方我甚至卖弄起黑格尔特有的表达方式。辩证法在黑格尔手中神秘化了，但这决不妨碍他第一个全面地有意识地叙述了辩证法的一般运动形式。在他那里，辩证法是倒立着的。必须把它倒过来，以便发现神秘外壳中的合理内核。

第二章 物质世界的联系、发展及其规律

马克思主义哲学发展了唯物主义的传统，认为物质第一性，意识第二性，并进一步认为物质决定意识，意识反作用于物质。哲学的物质范畴是唯物主义理论体系建立的逻辑起点，是唯物主义世界观的基石。那么，何为“物质”？物质的特性是什么？

第一节 世界统一于物质

一、物质及其特性

（一）物质定义

这里的“物质”是哲学意义上的概念，是一般性的，而我们看得见、摸得着的桌子、椅子等事物都是这个物质的不同表现形态。这个物质概念只有到马克思主义阶段才被从具体物质中抽象出来。

古代朴素唯物主义也认为世界是物质的，但是把世界归结为某一种或某几种具体的物质形态，混淆了特殊和一般、个性和共性的辩证统一。如中国古代的“五行说”认为，宇宙万物是由金、木、水、火、土五种东西构成的。这种物质观带有朴素的直观性、经验性。近代唯物主义发扬了古代朴素唯物主义的优良传统，但由于对科学材料缺乏辩证的哲学概括，因而把特定历史条件下关于物质结构的自然科学学说同哲学上的物质概念混为一谈。如近代唯物主义认为，一切物质都是由原子构成的，原子就是组成万物的最小物质单位，原子的质量不变性、广延性、不可分性被看成一切物质形态的不变的特性。其实，原子也仍然是一种特殊的物质形态，原子的个性不能代表物质的共性。

旧唯物主义不能科学地说明世界的本质，最主要的原因，是没有从世界中最广泛、最基本的对立面——物质和意识的关系中理解物质。

马克思主义恰从物质和意识的关系出发，探求了物质的特性。列宁在人类对世界本质探索的基础上，总结了自然科学发展的新成果，对哲学物质范畴作了科学的规定。他指出：“物质是标志客观实在的哲学范畴，这种客观实在是人通过感觉感知的，它不依赖于我们的感觉而存在，为我们的感觉所复写、摄影、反映。”① 列宁是从人

① 列宁选集（第2卷）．北京：人民出版社，1995：80

类在实践和认识中所遇到的最普遍的、最基本的矛盾，即物质和意识的相互关系中把握物质的，这对于确立辩证唯物主义和历史唯物主义的物质观具有十分重大的意义。

首先，列宁的物质定义把哲学物质范畴同具体的物质形态及结构区别开来，指出物质是标志客观实在的哲学范畴，作为哲学世界观的物质定义，是从具体中抽象出它们的共性。从这个意义上说，“客观实在性”是一切物质的共性，它是不变的、绝对的。而自然科学的物质结构理论所讲的是物质的个性，是可变的、相对的。列宁的物质定义既对物质世界的多样性作了最高的哲学概括，肯定了哲学的物质范畴同自然科学物质结构理论的联系，同时又把它们区别开来，从而克服了旧唯物主义物质观的局限性。

其次，列宁的物质定义从人类认识和实践中所遇到的最广泛、最普通、最基本的矛盾——物质与意识的对立统一关系中来把握物质，这就坚持了唯物主义一元论的根本原则。列宁物质定义从物质与意识关系出发，不仅指明了物质对意识的独立性、根源性，意识对物质的依赖性、派生性，从而从根本上与唯心主义划清了界限，而且指明了意识不是与物质绝对对立的另一个本原，这就同主张物质与意识同是世界的两个相互平行、各自独立的本原的二元论划清了界限。

最后，列宁的物质定义指出了“物质是可以通过人们的感觉而被感知的，是被人的意识所反映的客观实在”，这就坚持了辩证唯物主义的世界可知论。物质是现实存在的、可以认识的对象，物质的这种可感知性并不意味着它的一切形态和属性都能够被人们的肉体感官直接感觉到，但我们可以通过一定的手段，最终使那些我们感官不能直接感觉到的转化为可以为我们直接感受到的。这就坚持了唯物主义的反映论和可知论，从而与不可知论区别开来。

列宁的这个定义经受了自然科学发展的考验，并为自然科学研究提供了科学的世界观和方法论。因为自然科学家在自己的科学研究过程中，都必须承认研究对象的客观实在性和可知性。如果离开了辩证唯物主义物质观的指导，自然科学的研究工作就会迷失方向，就会走弯路。

（二）物质的存在方式和根本属性

辩证唯物主义认为，运动是物质的根本属性和存在方式，时间、空间是物质存在的形式。

运动是物质的根本属性。世界是物质的，物质是不断运动和发展变化的。恩格斯说：“运动，就一定意义来说，就它被理解为存在的方式，被理解为物质的固有属性来说，它包括宇宙中发生的一切变化和过程，从单纯的位置移动起直到思维。”① 运动是标志一切事物和现象的变化及其过程的哲学范畴。物质和运动是不可分割的：一

① 马克思恩格斯选集（第4卷）. 北京：人民出版社，1995：346

方面，运动是物质的存在方式、根本属性，物质是运动着的物质，脱离运动的物质是不存在的，设想不运动的物质将导致形而上学。另一方面，物质是一切运动变化和发展过程的实在基础和承担者，世界上没有离开物质的运动，任何形式的运动都有它的物质主体，设想无物质的运动将导致唯心主义。

物质世界的运动是绝对的，而物质在运动过程中又有某种暂时的静止，静止是相对的。运动的绝对性体现了物质运动的变动性、无条件性，静止的相对性体现了物质运动的稳定性、有条件性。运动和静止相互依赖、相互渗透、相互包含，动中有静，静中有动。无条件的绝对运动和有条件的相对静止构成了事物的矛盾运动。只有把握了运动和静止的辩证关系，才能正确理解物质世界及其运动形式的多样性，才能理解认识和改造世界的可能性。

时间和空间是物质运动的存在形式。空间是指物质运动的广延性、伸张性，其特点是三维性；时间是指物质运动的持续性、顺序性，其特点是一维性，即一去不复返。

物质、运动、时间、空间具有内在的统一性。物质运动总是在一定的时间和空间中间进行的，没有离开物质运动的“纯粹”的时间和空间，也没有离开时间和空间的物质运动。具体物质形态的时空是有限的，而整个物质世界的时空是无限的；物质运动时间和空间的客观实在性是绝对的，物质运动时间和空间的具体特性是相对的。一切以时间、地点、条件为转移，具体问题具体分析，是马克思主义的活的灵魂。

二、世界统一性问题

马克思主义不仅从世界上最普遍、最基本的物质与意识的关系中，对物质做出了本质的规定，而且进一步指出了世界统一于物质。那么，马克思主义是如何认识世界统一于物质的？要掌握这个问题，首先要了解世界统一性这个问题。

关于世界的统一性问题，第一个方面的问题是世界是否具有统一性问题。在这方面，有一无论和二元论、多元论的不同回答。

一元论认为世界存在着统一的、普遍的本原，它是世界各种事物和现象的全部多样性的基础。也就是说，一元论认为世界是统一的，世界只有一个本原。一元论中又有唯心主义一元论和唯物主义一元论两个根本对立的派别。唯心主义一元论，无论是主观唯心主义一元论还是客观唯心主义一元论，都认为世界统一于精神，精神是世界的本原。唯物主义一元论认为，世界统一于物质，物质是世界的本原。因此，唯物主义一元论既反对否认世界统一性的二元论，又反对世界统一于精神的唯心主义一元论。但是，旧唯物主义由于受社会历史条件和自然科学发展状况的限制，不能对世界统一于物质的问题做出科学的解释。

二元论或多元论否定世界存在着统一性。也就是说，二元论认为世界有精神和物质两个各自独立的、平行的本原，既不是精神产生物质，也不是物质产生精神，世界是不统一的，世界没有一个共同的本原。哲学史上典型的二元论者迪卡尔认为，精神和物质是两种绝对不同的实体，二者彼此独立，不能由一个派生另一个。二元论把物质发展的产物——精神，当做脱离物质而独立的东西，因而也就不能科学地解决世界的本原问题，而最终实质地归为了客观唯心主义的一元论。在世界统一性问题上，多元论，如现代实证主义，反对研究世界的本质，认为这是没有必要的，认为世界由物质世界、主观精神世界、客观精神世界构成，三者都是客观实在，各自独立的。这就宣扬了多元论，根本否认了世界的物质统一性。

关于世界统一性问题的另一个方面问题是紧接着提出的，即如果世界万物存在着统一性，那么，它们统一于什么呢？对此方面的回答，有唯心主义和唯物主义之分。

唯心主义以精神、意识为世界统一的基础。其中，主观唯心主义认为外部世界的一切事物和现象都统一于人的主观意识，宣称整个世界都是由人的感觉产生的，提出“存在就是被感知”、“自我建立非我”等命题，认为世界统一于自我的精神。这种观点必然导致极端荒谬的唯我论，认为整个世界都是我的意识产生的，只有我才是唯一的存在。唯心主义的另一个分支客观唯心主义认为，整个世界统一于“观念”、“绝对精神”一类的精神实体。他们宣称精神实体是自身独立的存在，是世界的本原，物质世界不过是“精神的异在”。宗教神学家断言世界统一于“神”、“上帝”，神创造了世界，世界最终又复归于神。宗教神学家的观点和客观唯心主义观点的实质是一致的。

三、马克思主义的回答

马克思主义继承唯物主义传统，克服了旧唯物主义的缺陷，把唯物主义原则贯彻到历史领域，从而科学、全面地回答了世界的物质统一性问题。

（一）物质世界的客观实在性

世界本原的物质性是所有唯物主义共同的立场，但旧唯物论只是建立了世界物质性大厦的一半。古代朴素唯物主义者从具体物质形态中寻找事物和现象的共同本质，坚持物质第一性、意识第二性，坚持物质是世界统一性的基础；近代形而上学唯物主义者根据当时科学材料所提供的事实，批判唯心主义关于世界统一于“上帝”、“精神”，认为世界是物质的统一，生命和意识的来源和本质也要到物质世界本身中去寻找。可以说，他们的唯物主义立场是十分鲜明的。然而，由于当时科学水平的限制，以及阶级立场的局限，旧唯物主义没有被贯彻到社会历史领域，社会历史领域是被排除在唯物主义者的视野之外的。因而，旧唯物主义只构筑了世界物质性大厦的一半。马克思主义总结了哲学史上唯物主义和唯心主义斗争的成果，在继承唯物主义传统的基础上，以人类科学和实践的发展历史提供的材料为基础，将唯物主义贯彻到社会领域，坚持了彻底的唯物主义一元论。

马克思主义认为世界有一个本原，无论自然界还是人类社会都统一于物质，从而坚持了彻底的唯物主义一元论。

有机界和无机界统一于物质。自然世界统一于物质，这是所有唯物主义的立场，但近代形而上学唯物主义“以物质世界本身所具有的某种状态和属性来解释自然界甚至精神现象”，更加发扬了唯物主义的优良传统。马克思主义继承并发扬了形而上学唯物主义，认为有机界和无机界一样也是物质的，并不依赖于我们的意识而独立存在；有机界和无机界不是截然不同的两个性界，有机界生命并不是非物质的东西，而是物质长期发展的一种特殊产物，生命是从非生命、无机界长期发展而来的，有机物和无机物之间没有不可逾越的鸿沟，神秘的“生命力”是不存在的。总之，有机界和无机界一样也是物质的。生命现象曾经是唯心主义的一个避难所，因为人们很容易把生命这种特殊的现象看成某种“灵魂”、“活力”之类的神秘力量生在肉体之中的结果。宗教和唯心主义正是利用这一点，宣扬“上帝”创造了生命。但是，科学的发展终于击溃了谬论，揭示了生命是自然界长期发展的结果，是特殊蛋白体的存在形式，这种蛋白体是以核酸和蛋白质为主要成分的物质体系，是由已知的化学元素构成的，没有任何超自然的神秘东西。现代生物学发现了遗传物质和遗传密码，进一步揭示了核酸的性质决定蛋白质的性质、控制蛋白质合成的机制，这就更有力地证明，生命的产生和存在是不依赖于意识的，是物质发展的结果。

意识是物质世界长期发展的产物，是人脑的机能和属性，是物质世界的主观映象。其一，从其起源来看，意识是自然界长期发展的产物。意识的形成经历了三个发展阶段，即由一切物质所具有的反应特性到低等生物的刺激感应性，再到高等动物的感觉和心理，最终发展为人类的意识。意识不仅是自然界长期发展的产物，而且是社会历史的产物，社会实践特别是劳动在意识的产生和发展中起了决定性的作用。劳动为意识的产生和发展提供了客观需要和可能，在人们的劳动和交往中形成的语言促进了意识的发展。其二，从其本质来看，意识是物质世界的主观映象，是客观内容和主观形式的统一。意识是物质的产物，但又不是物质本身，意识是特殊的物质——人脑的机能。意识在内容上是客观的，在形式上是主观的。马克思指出：“观念的东西不外是移入人的头脑并在人的头脑中改造过的物质的东西而已。”[①] 这表明，物质决定意识，意识依赖于物质并反作用于物质。

人类社会是自然界长期发展的产物，是物质世界发展的高级阶段。社会的发展是通过有意识的人来起作用的，这就造成了一种假象，似乎一切社会过程都是由人的意识决定的。所以，在对人类社会的认识领域，唯心主义长期盘踞。其实，决定社会存在的并不是意识，而是人们在谋取物质生活资料过程中形成的生产力水平，以及由生产力水平决定的人与人之间的相互关系。生产力和生产关系同自然界的物质关系一样，都是不以人的意志为转移的物质关系。因此，人类社会是物质世界的重要组成部

① 马克思恩格斯选集（第2卷）. 北京：人民出版社，1995：112

分。只有唯物史观才真正揭示了历史发展的根本原因，说明了社会的发展是一个自然历史过程，人类社会是统一的物质世界中的一个特殊部分。

社会运动也是物质运动的一种特殊形式。既然人们从事历史活动的动机是由不以人们的意志为转移的客观物质动因所产生的，而且这种动机的实现程度也由独立于人们意识之外的社会物质活动条件所决定，那么历史活动及其发展，也就像自然界的过程一样，有了不以人们意志为转移的客观规律。承认和认识这种规律是唯物主义历史观的最基本思想。

总之，从宇宙天体到基本粒子，从无机界到有机界，从自然界到人类社会，都是不依赖于意识的客观实在。除了物质世界以外，再没有什么非物质世界，这就是辩证唯物主义关于世界物质统一性的原理。世界的物质统一性是马克思主义哲学的基石，一切从实际出发是唯物主义一元论的根本要求。

（二）社会生活本质上是实践的

马克思主义哲学吸取了哲学史上关于实践概念的合理因素，创立了科学的实践观。

1. 实践及其特性

实践是人改造客观世界的物质活动。马克思主义认为，实践是人类能动地改造世界的客观物质性活动。实践具有物质性、自觉能动性和社会历史性等基本特征。

首先，实践是物质性的活动，具有直接现实性。构成实践活动的诸要素，即实践的主体（人）、实践的对象（客体）和实践的手段（工具等），都是可感知的客观实在；实践的结果引起了客观世界的某种变化，给人们提供现实的成果，也是外在于人们的意识而客观存在的；实践的水平、广度、深度和发展过程，都受着客观条件的制约和客观规律的支配。所以，实践是同主观认识活动相区别的感性物质活动。

其次，实践是人类有意识的活动，体现了自觉的能动性。人具有理性思维，所从事的是不同于动物的本能活动的有目的、有意识的改造世界的活动，只有这种人的自觉的、能动的活动才具有真正的实践的意义。

最后，实践是社会的历史的活动，具有社会历史性的特点。实践从一开始就是社会地进行的，任何个人活动都不能离开社会的联系。作为实践主体的人总是社会的人，即处在一定社会关系中的人。实践的社会性决定了它的历史性。因为实践的内容、性质、范围、水平都是受一定的社会历史条件所制约的，都是随着一定的社会历史条件的变化而变化的，因而都是具体的、历史的。

2. 实践的形式

人类实践活动的具体形式是丰富多样的。随着人与世界关系的发展，特别是随着社会分工的进步，人类实践的具体形式越来越多样化。实践的基本形式包括物质生产劳动实践、处理社会关系的实践和科学实验等。

物质生产劳动是人类最基本的实践活动。它是以自然为对象，运用人们自身的力量，借助于物质工具和手段，改造自然界以获取人们生存、发展所需的物质生活资料、改善人们的生活环境及条件的活动。生产劳动进行着人与自然之间的物质、能量和信息的交换，解决人与自然的矛盾，同时生产和再生产着社会的基本经济关系，由此决定着社会的基本性质和面貌。

处理社会关系的实践是人们社会生活中的一个重要方面。在生产劳动基础上，人们形成了多种社会关系，调整和处理这些社会关系中的矛盾的活动，是人们在改造自然的同时所必须进行的实践活动。例如，人们所从事的政治活动、社会改革活动等，都属于这一类实践活动。在阶级社会中，阶级关系是主要的社会关系，由不同的阶级利益引起的阶级矛盾通常是社会的主要矛盾，处理社会关系的实践也就主要表现为阶级斗争。

科学实验是改造自然和社会的准备性和探索性的实践活动。科学实验是指科学上为阐明某一现象、揭示其客观规律而创造特定的条件，以便观察它的变化和结果的过程。科学实验是在生产实践的基础上产生的。科学实验不仅包括自然科学的实验活动，而且包括人文社会科学的实验活动。科学实验一经产生，就具有生产实践和变革社会的实践所不能代替的特点，即自觉地以科学理论为指导，以实验仪器和装备为手段（或通过社会调查），以探索和认识客观事物的本质和规律为目的。

在实践的三种基本形式中，物质生产劳动实践处于基础的地位，对其他实践形式起着主导的作用。无论何种形式的实践，都内在地包含着人与自然、人与社会、人与自我意识的关系，包含着物质变换、活动交换和观念的转换。

3. 实践是理解社会生活奥秘的锁钥

马克思在《马克思关于费尔巴哈的提纲》一文中，阐明了实践是感性的、对象性的物质活动，认为“全部社会生活在本质上是实践的”[①]。

实践是人的存在方式。人类的产生、生存和活动，是以实践为基本方式和标志的。首先，实践是人所独有的活动。作为实践主体的人并非是纯粹生物学意义上的人，而是社会的人。劳动实践不仅创造了人，形成了人类特有的本质，而且，只有在实践基础上，人类的本质力量才得以充分的体现和确证。其次，实践集中表现了人的本质的社会性。人不仅在实践活动中把自己从自然界中提升出来，使自然界成为自己的对象，而且在改造自然的过程中，发展着多方面的社会需要，也就有了丰富多彩的社会活动。人的一切社会关系都是在实践活动中产生的，实践创造出了人之为人的一切特征，决定着人的本质的社会性。最后，实践对物质世界的改造是对象性的活动。人类必须依赖于自然界才能生存和发展，但自然界的天然状态并不完全适合于人，人类是在改造自然的实践过程中，将自己的理想转化为现实的，即将其对象化，以满足人类的生存和发展的需要。实践改造的自然对象是人类赖以生存的前提，人类改造自

① 马克思恩格斯选集（第1卷）. 北京：人民出版社，1995：56

然对象的活动，构成了物质生活本身。人是在社会活动中改造自然的，社会状况直接制约着人对自然的改造，因此人在改造自然的同时也在改造着人类社会。

实践是使物质世界分化为自然界与人类社会的历史前提，又是使自然界与人类社会统一起来的现实基础。自然界和人类社会是物质世界存在的两种不同形态。自然界是独立于人的活动或未被纳入到人的活动范围内的客观世界，其运动变化是自发的；人类社会是人们在特定的物质资料生产基础上相互交往、共同活动形成的各种关系的有机系统，是在自然界发展到一定阶段随着人类的产生而出现的。人通过实践使自己从统一的自然界中分化出来后，如果离开了社会实践，抽去社会性这一环节，人与自然的关系就变成了动物与自然的关系。人通过实践活动创造了人类社会，自然界和人类社会通过人的实践活动相互影响、相互作用，构成了实践与物质世界的客观辩证的发展图景。

实践是人类社会的基础，一切社会现象只有在社会实践中才能找到最后的根源，才能得到最终的科学说明。社会生活是对人们各种社会活动的总称。社会生活的实践性主要体现为三个方面：第一，实践是社会关系形成的基础。实践，首先是物质生产实践，是人以自身的活动调整和控制人与自然之间物质变换的过程。在这个过程中，人们不仅同自然界发生联系，而且人与人之间也必然要结成一定的关系。人与自然的关系和人与人的关系相互制约，共生于物质生产实践中。实践结束时得到的结果，在这个过程开始时就已经在实践者头脑中作为目的以观念的形式存在着，而这个目的又决定了人们活动的方式和方法。可见，人与其意识的关系也生成于实践活动中。实践内在地包含着三重关系，即人与自然的关系、人与人的关系以及人与其意识的关系，而这些关系又构成了基本的社会关系，即物质的社会关系和思想的社会关系。实践以浓缩的形式包含着全部社会关系，成为社会关系的发源地。第二，实践形成了社会生活的基本领域。人们通过实践活动改造自然、改造社会和改造人自身，形成了社会生活的基本领域，即社会的物质生活、政治生活和精神生活领域。在整个社会生活过程中，物质生产实践具有基础和决定作用。物质生活的生产方式制约着整个社会生活、政治生活和精神生活的过程。第三，实践构成了社会发展的动力。人们自己创造自己的历史，社会发展不过是人的实践活动在时间和空间中展开的过程。人既是历史的“剧中人”，又是历史的“剧作者”。物质生产实践构成了社会发展的根本动力。改造社会的实践推动着社会历史的变迁和进步。在阶级社会里，阶级斗争构成了社会发展的直接动力。总之，全部社会生活在本质上是实践的。构成社会的人是从事实践活动的人，推动社会运动的力量是千百万人的社会实践活动，社会生活的全部内容就是不断进行的社会实践。

从实践出发去理解社会生活的本质，是马克思主义世界观的重要组成部分。唯物主义本身正是人类全部实践所提供的普遍的必然的结论，不以实践为基础确立的唯物主义，不可能是真正彻底的、科学的唯物主义。

（三）物质世界是多样性的统一

辩证唯物主义关于世界物质统一性原理，并不是说世界上的万物都是由某一种特定形态的物质组成的，而是说世界上的万物都是不依赖于意识而存在，又能为意识所反映的客观实在。物质世界是多样性的统一。

辩证唯物主义不仅承认世界的物质性，而且承认物质世界的不可穷尽性。也就是说，物质的形态无限多样，物质的结构无限庞杂，不同形态和结构的物质之间的转化变幻无穷。世界是统一的，又是多样的，因为，一般的物质表现为世界上形形色色、无限多样的事物和现象。世界的物质统一性，就是有差别的多样性的统一。

物质世界是多样性的统一，究其原因，就在于物质固有的运动属性。

四、世界物质统一性原理的意义

马克思主义的世界的物质统一性原理具有重大的理论意义和现实意义，是我们认识世界和改造世界的立足点，也是党的“实事求是，一切从实际出发，理论联系实际，在实践中发展和检验真理”的思想路线的理论基础。

（一）理论意义

物质统一性原理是马克思主义世界统一论的基石。这个原理的内容可以概括为两个方面：第一，整个世界（包括自然、社会、人类的认识和思维）是由丰富多彩的各种现象构成的统一体，统一体的基础是物质。这个原理是同唯心主义和二元论根本对立的。第二，这个物质世界所发生的一切现象和过程都是相互联系、彼此统一的。运动是物质的固有属性，时间和空间是运动着的物质的存在形式，在一定的时间和空间中有规律地运动着的物质，以其相互联系、相互转化的无穷形态，组成了千姿百态、绚丽多彩的物质世界。

马克思主义世界物质统一性原理，是对迄今为止的科学和哲学发展的概括和总结。正如恩格斯所说：“世界的真正的统一性是在于它的物质性，而这种物质性不是魔术师的三两句话所能证明的，而是由哲学和自然科学的长期的和持续的发展来证明的。”[①] 马克思主义明确提出了世界物质统一性的命题，并与这个问题上的错误观点划清界限。如恩格斯批判杜林的“世界统一于存在”，指出这一提法是含混不清的，因为“存在”这个概念缺乏明确的规定性，既可赋予物质存在的含义，也可赋予精神存在的含义，只有辩证唯物主义关于“世界的真正的统一性是在于它的物质性”才是确切的和科学的。马克思主义用理论思维的科学抽象论证世界的物质统一性，使这个问题具有最高和最广泛的意义。既不像古代唯物主义那样依靠对世界的直观和猜测，也不像近代唯物主义那样依靠某门具体科学材料做结论，马克思主义将世界统一性问题从科学证明深入到理论思维的领域，不是将世界的物质统一性理解为机械的、死板

① 马克思恩格斯选集（第3卷）. 北京：人民出版社，1972：842～843

的同一，而是理解为无限多样的事物和现象的统一；多样性事物和现象统一的基础也不是特殊的“原初”物质或不变的粒子，而是统一于一切具体物质形态所共同具有的客观实在性，即物质性。马克思主义认为，统一的物质世界是无限发展的，人类对物质世界的认识是不断深化的，因此对世界物质统一性的科学证明和哲学论证也是不断提高和发展的。

（二）方法论意义

世界的物质统一性，是马克思主义哲学的基石。统一的客观物质世界是人们的思想和行动的立足点。也就是说，世界的一切归根到底都统一于物质，而物质的根本特性在于客观实在性。因此，人们无论在任何时候、任何地方和任何条件下，也无论是从事任何工作，都必须毫无例外地、坚定不移地坚持一切从实际出发、实事求是的思想原则。从实际出发，实事求是，是唯物主义一元论原理的根本要求。

从实际出发，实事求是，是唯物主义一元论原理的根本要求，这是因为：第一，唯物主义一元论原理认为，物质是不依赖于人们的意识的客观实在，物质决定意识，意识是物质的反映。这就要求我们观察事物，想问题，办事情，制定路线、方针、政策等，必须从客观实际出发，以客观实际为根据。从主观愿望出发之所以是错误的，就是因为违背了这个原理。第二，唯物主义一元论原理认为，物质是运动、变化、发展的。这就要求人们不断研究新情况，解决新问题。因循守旧，墨守陈规，一切从定义、原则、本本和僵化的观念出发，思想和行动与客观实际不相符合，势必发生这样或那样的错误。第三，唯物主义一元论原理认为，时空是运动着的物质的存在形式，因此从实际出发就要考虑时间、地点等因素，善于把握“时机”，因地制宜。在实际工作中不能不顾条件，生搬硬套。第四，唯物主义一元论原理认为，物质的运动、变化和发展是有规律性的，客观规律是不以人们的主观意志为转移的。这就要求我们必须从实际出发，实事求是，发现和掌握客观事物本身固有的规律。只有这样，才能正确认识世界和改造世界。

世界的物质统一性原理是我们党的“实事求是，一切从实际出发，理论联系实际，在实践中发展和检验真理”的思想路线的理论基础。

是否坚持从实际出发，实事求是，是革命和建设事业成败的关键。历史经验证明：什么时候坚持从实际出发，实事求是，什么时候的革命和建设事业就前进、就胜利；什么时候背离从实际出发，实事求是，什么时候的革命和建设事业就受挫、遭失败。比如，在新民主主义革命时期，王明“左”倾路线脱离中国国情，从本本和教条出发，结果给革命事业造成严重的损失。毛泽东等老一辈无产阶级革命家坚持从中国半封建半殖民地的国情出发，开创了农村包围城市、武装夺取政权的正确道路，引导革命转危为安，取得了新民主主义革命的伟大胜利。在社会主义时期，“大跃进”，特别是“十年动乱”，在指导思想上脱离了实事求是的思想路线，脱离了中国的国情，使我国社会主义事业受到了严重挫折。党的十一届三中全会以来，我们在坚持四项基本原则的前提下，实行改革、开放、搞活的方针，恢复实事求是的思想路线，中国人民沿着这条正确道路使社会主义革命和建设更加充满生机和活力。

历史经验反复证明，必须坚定不移地坚持实事求是的思想路线。正如毛泽东指出的："按照实际情况决定工作方针，这是一切共产党员所必须牢牢记住的最基本的工作方法。我们所犯的错误，研究其发生的原因，都是由于我们离开了当时当地的实际情况，主观地决定自己的工作方针。这一点，应当引起全体同志的教训。"邓小平也强调指出："实事求是是无产阶级世界观的基础，是马克思主义的思想基础。过去我们搞革命所取得的一切胜利，是靠实事求是；现在我们要实现四个现代化，同样要靠实事求是。"

第二节　世界联系与发展的特征

辩证唯物主义不仅科学地回答了世界的本质"是什么"的问题，而且科学地揭示了物质世界的状况是"怎么样"的问题。唯物辩证法就是关于事物相互联系和无限发展的普遍规律的科学：对立统一、质量互变、否定之否定规律以及诸范畴，从不同方面进一步揭示了事物的普通联系和变化发展。

一、事物的普遍联系

（一）作为哲学范畴的联系

联系是普遍的。世界上一切事物的内部和外部都处在相互联系之中，整个世界是一个相互联系的统一整体，正如列宁所说的，事物的联系是"全面的活生生的联系"。所谓全面的联系是指事物联系的普遍性，是指世界上的一切事物都不能孤立地存在，总是与周围的其他事物有着某种联系或关系，整个世界是一个和谐的统一整体；世界上的一切事物都同其他事物联系着，每一个事物都以其他事物的存在为自己存在的前提，每一事物都必须有他事物来规定，一物的存在必须以他物为自己存在的条件；每一事物自身内部的各个部分、各个方面也是一个有机联系的整体。

联系是事物本身所固有的。联系是客观的，是客观事物本身所固有的，是不以人的意志为转移的。联系是物质的联系，物质是一切联系的主体，把联系和物质割裂开来或用主观臆想的联系强加于客观事物，去代替客观事物本身的固有联系，就会犯唯心主义和形而上学的错误。事物的联系是客观的。物质世界的这种普遍联系是客观事物本身所固有的本性和特征，是不以人的主观意志为转移的。这种普遍联系的深厚的客观基础，从根本上说，就在于客观世界是统一的物质世界。我们承认客观世界的物质统一性，也就要承认事物联系的客观性和普遍性。

联系的形式是多种多样的。事物联系形式的多样性，是由物质和运动形式及其关系的复杂性和多样性决定的，其中包括内部联系和外部联系、本质联系和非本质联系、必然联系和偶然联系、直接联系和间接联系等等。那种外部的、次要的、非本质的联系对事物的存在和发展不起决定作用，只有事物之间内部的、本质的、必然的联系才是对事物存在和发展起决定作用的联系。而事物内部的、本质的、必然的联系就是规律。事物之间以及事物内部诸要素之间的联系，具有一定的秩序、一定的结构，形成一定系统。

（二）方法论意义

客观世界的普遍联系，要求人们必须用联系的观点观察事物、分析问题。

把握联系形式的多样性是认识世界和改造世界的科学前提。认识世界，就是认识事物的各种联系；改造世界，就是科学地处理事物的各种关系或联系。在实践中，要求我们要根据实践的需要，揭示和分析联系环节在事物存在和发展过程中的地位和作用，从而把握某个或某些方面的联系。一般说来，在着重抓住事物内部的、直接的、主要的、本质的、必然的联系的同时，也不能忽视事物的外部的、间接的、次要的、非本质的、偶然的联系。也就是说，要坚持两点论和重点论的统一。

把握事物联系的多样性，就要把握事物联系的条件性。事物多种多样的联系都是有条件的。所谓条件，是指同某一事物相联系的、对它的存在和发展发生影响的诸要素的总和。每一具体事物只有在一定条件下才能产生、发展和灭亡。例如，生命维持的必要条件是水和适当的温度等，由于地球具备了这些必要条件，所以生物才能在地球上存在。因此，条件是十分重要的。斯大林说："一切以条件、地点和时间为转移。"这里说的地点和时间也是条件。同时，条件又是具体的、多样的，有必要条件和非必要条件、内部条件和外部条件、客观条件和主观条件、有利条件和不利条件等等。不同的条件对事物的存在和发展所起的作用是不同的。

研究和揭示事物间真实联系的实践，推动着科学的发展。许多边缘科学的出现，特别是横断科学的出现，都是以事物共同具有的联系——系统为其研究对象的。20世纪中叶，奥地利生物学家贝塔朗菲直接吸取黑格尔和马克思的辩证法思想，提出了一般系统论的理论。一般系统论的出发点是，认为事物以及它的要素之间有着相互影响、相互制约的关系。从这一点上看，其实，一般系统论的基本思想就是辩证法关于普遍联系的思想。一般系统论不仅证实普遍联系的基本原理，而且进一步丰富了唯物辩证法关于普遍联系的基本原理。一般系统论认为，事物各个部分的相互作用是不能忽视的，如技术系统、企业或事业单位系统、钢铁系统、电力系统、交通运输系统、环境保护系统等等，它们都具有一定结构和功能。除此之外，系统论还有其特殊的含义，即它不仅一般地承认联系，而且提出了"整体性"的新思想，即事物在总体上的功能不再是它各个部分功能的简单总和，而是出现了新的整体性。这个思想具有重大的理论和实践意义。按照这样的思想，我们要注重确定各个部分在整体中的地位和功能，并注重调节各个部分的关系，从而使整个系统具有最佳功能、最佳的经济效果、最佳的工作效率等等。因此，系统论相对来说，有更广泛的方法论的意义。

系统论的出现，说明人们对客观世界的普遍联系的认识更加全面、深入和具体了。

二、事物的永恒发展

（一）作为哲学范畴的发展

唯物辩证法通常用运动、变化、发展表述发展观。

运动的实质是发展。运动会引起变化，如最简单的机械运动会引起物体位置的变化，物理运动是物质分子状态的变化，化学运动是物质化学成分及其结构的变化，生物运动是生物机体的变化，社会运动会引起社会有机体的变化等。根本否认事物的运动，是形而上学的表现。一般的形而上学者大多数虽然并不完全否认运动，但是他们把运动的实质看成循环，即世界上一切事物的种类和性质，都只能在长短不等的循环过程中周而复始地重复。也就是说，一切事物按其种类和性质来说都是从来如此、永恒不变的，不同种类的事物就不可能有共同的渊源，只能彼此孤立。因此，任何事物的运动只能是数量的增减和位置的移动。而辩证法认为运动的实质不是循环而是发展。

发展是一个过程。过程就是指事物自身发生、发展和灭亡的历史。一切事物，只有经过一定的过程，才能实现自身的发展。自然界、人类社会和思维领域中的一切现象都是作为一个过程而向前发展的。恩格斯指出："一个伟大的基本思想，即认为世界不是既成事物的集合体，而是过程的集合体，其中各个似乎稳定的事物同它们在我们头脑中的思想映象即概念一样都处在生成和灭亡的不断变化中，在这种变化中，尽管有种种表面的偶然性，尽管有种种暂时的倒退，前进的发展终究会实现。"① 事物发展的过程，从形式上看，是事物在时间上的持续性和空间上的广延性的交替；从内容上看，是事物在运动形式、形态、结构、功能和关系上的更新。人类社会的发展也是一个过程，即从原始社会到奴隶社会，再从奴隶社会到封建社会、资本主义社会，必然进入社会主义社会并最终实现共产主义。同时，社会主义、共产主义社会也是作为过程的集合体，它自身也要经过长期的发展过程，这是不以人的意志为转移的历史潮流。

发展的实质是新事物的产生和旧事物的灭亡，是由量变到质变，由低级到高级的螺旋式上升和波浪式前进的过程。辩证法不仅认为事物的发展是一个过程，一切具体事物都有其盛衰兴亡的历史，而且进一步认为发展是无限的，世界总的发展过程是上升的。发展首先是指旧事物的消灭和新事物的产生即"新陈代谢"，其次是指运动是从低级到高级、从简单到复杂的前进和上升。唯物辩证法认为，事物发展的动力在于事物内部的矛盾性，因此它把主要注意力放在分析研究事物自身的运动、变化和发展上，从而科学地揭示了事物运动、变化、发展的动力、过程和趋势。

人类社会的发展也是一个过程。从原始社会发展到奴隶社会，再从奴隶社会发展到封建社会、资本主义社会、社会主义社会、共产主义社会。这是不以人的意志为转移的历史潮流。

---

① 马克思恩格斯选集（第4卷）．北京：人民出版社，1995：244

（二）方法论意义

辩证法关于事物永恒发展的观点说明，发展的实质是新事物的产生和旧事物的灭亡。由此，新生事物是不可战胜的。第一，新事物之所以新，是因为有新的结构和功能，它适应已经变化了的环境和条件；旧事物的各种要素和功能已不适应环境和客观条件的变化，走向灭亡就成为不可避免的。第二，新事物是在旧事物的“母体”中孕育成熟的，它既否定了旧事物中消极腐朽的东西，又保留了旧事物中合理的因素，并添加了旧事物所不能容纳的新内容。这就是新事物具有强大生命力的原因所在。在社会历史领域内，新事物是社会上先进的、富有创造力的人们创造性活动的产物，它从根本上符合人民群众的利益和要求，能够得到人民群众的拥护，因而必然战胜旧事物。尤其在社会急剧变革时期，新事物战胜旧事物表现得特别明显，把握这一规律对于我们在现代化进程中创新、发展具有重要的意义。

三、普遍联系和永恒发展是辩证统一的

普遍联系和永恒发展的观点是唯物辩证法两个基本特征。承认事物的普遍联系必然承认事物的无限发展，事物的相互联系、相互作用和事物的运动、变化和发展是密不可分的。

事物的普遍联系是事物变化发展的前提，正如恩格斯指出的：“物体是相互联系的，这就是说，它们是相互作用着的，并且正是这种相互作用构成了运动。”因为事物的相互联系包含事物的相互作用，事物之间相互作用的结果，使事物原有的状态和性质发生程度不同的变化。如地球和太阳的相互作用构成地球绕太阳的运动，并引起地球上其他事物和现象的变化。没有联系不仅不能构成运动，也不能显示运动。一定形式的运动都意味着一定的变化，变化的基本趋势是发展。离开联系和相互作用，就谈不上运动、变化和发展；离开运动、变化和发展，也就无法理解事物的相互联系、相互作用。由此，唯物辩证法从承认事物普遍联系这一前提出发，认为世界上一切事物都是运动、变化、发展的。世界上没有一成不变的事物，任何事物都有其产生、发展和灭亡的历史。

第三节　世界联系和发展的规律

关于普遍联系和发展的观点是马克思主义唯物辩证法的总特征，而进一步揭示事物普遍联系和发展本质的，是唯物辩证法的一些规律和范畴，即对立统一规律、质量互变规律和否定之否定规律。

一、对立统一规律揭示了事物发展的源泉和动力

对立统一规律，也就是事物的矛盾法则。马克思主义唯物辩证法也沿用黑格尔给矛盾下的定义："既对立而又统一，这就是矛盾。"对立统一规律是唯物辩证法的实质和核心。这一根本规律揭示了事物发展的源泉、动力和内在根据。所以，认识和把握了对立统一规律，也就从根本上把握住了唯物辩证法。

（一）矛盾、矛盾的普遍性与特殊性

1. 矛盾

日常生活中也有关于矛盾的说法，比如，说某人说话前后矛盾，两个人意见出现分歧，发生矛盾。这种矛盾说法不是辩证法意义上的矛盾。辩证法所理解的矛盾是反映事物内部或事物之间的对立和统一关系的哲学范畴，是指事物内部或事物之间既相互排斥又相互依存，既对立又统一的关系。它是客观的、普遍的，是不以人的意志为转移的。

2. 矛盾的普遍性

矛盾无处不在，无时不有，就是指矛盾的普遍性，即矛盾是普遍存在的。毛泽东在《矛盾论》中指出：

矛盾的普遍性或绝对性这个问题有两方面的意义。其一是说，矛盾存在于一切事物的发展过程中；其二是说，每一事物的发展过程中存在着自始至终的矛盾运动。

恩格斯这样说明过矛盾的普遍性："如果简单的机械的移动本身包含着矛盾，那末，物质的更高的运动形式，特别是有机生命及其发展，就更加包含着矛盾。……生命首先就在于：生物在每一个瞬间是它自身，但却又是别的什么。所以，生命也是存在于物体和过程本身中的不断地自行产生并自行解决的矛盾；这一矛盾一停止，生命亦即停止，于是死就来到。同样，我们看到了，在思维的范围以内我们也不能避免矛盾，并且我们看到了，例如，人的内部无限的认识能力与此种认识能力仅在外部被局限的而且认识上也被局限的个别人们身上的实际的实现二者之间的矛盾，是在人类世代的无穷的——至少对于我们，实际上是无穷的——连续系列之中，是在无穷的前进运动之中解决的。"

"高等数学的主要基础之一，就是矛盾……"

"就是初等数学，也充满着矛盾。……"

列宁也这样说明过矛盾的普遍性："在数学中，正和负，微分和积分。

在力学中，作用和反作用。

在物理学中，阳电和阴电。

在化学中，原子的化合和分解。

在社会科学中，阶级斗争。"

怎样来理解毛泽东的话呢？

其一，矛盾存在于一切事物的发展过程中，即处处有矛盾，无论在自然界、社会还是在人类思维中都存在着矛盾。如机械运动中的作用与反作用，物理运动中的正电与负电，化学运动中的化合与分解，生命运动中的遗传与变异，人类社会中的生产力与生产关系、经济基础与上层建筑，人类思维领域中的主观与客观、感性与理性，等等，都是它们固有的客观矛盾。总之，宇宙间的一切事物都是由矛盾构成的，没有矛盾就没有世界。

其二，每一事物的发展过程中存在着自始至终的矛盾运动，即时时有矛盾。矛盾不仅存在于一切事物的发展过程中，而且存在于每一事物发展过程的始终。任何一个事物，无论是它的过去、现在还是将来，其内部都存在着矛盾。旧事物被新事物所代替，这当然意味着旧矛盾的解决，但同时也意味着新矛盾的产生。如果认为在事物发展过程中的某个时刻会没有矛盾，那就如同说事物的运动和发展到了尽头，出现了绝对静止，这当然只能说是一种主观臆想。

唯物辩证法关于矛盾的客观性和普遍性的原理，具有重要的方法论意义。它揭示了事物发展的普遍根据和原因，给人们指出了科学地观察事物和解决问题的总方向。同时，这一原理还告诉我们，既然矛盾是客观、普遍存在的，就不要害怕矛盾，回避矛盾，而应当承认矛盾，正视矛盾，用矛盾的观点去观察问题、分析问题和解决问题。

3. 矛盾的特殊性

所谓矛盾的特殊性，指的是每一个矛盾以及矛盾的每一个侧面各有其特点。矛盾的特殊性主要有这样几种情形：

其一，任何具体的事物都属于一定的物质运动形式，都处于所属运动形式的一定发展过程和这个发展过程的一定发展阶段中。因此，具体事物的矛盾特殊性也就表现为各种不同的物质运动形式的矛盾的特殊性，各种运动形式在其各个发展过程上的矛盾的特殊性，以及各个发展过程在其各个发展阶段上的矛盾的特殊性。

其二，一般说来，任何具体事物都是具有多层次结构的复杂系统，从而任何具体事物的矛盾都处于一定的层次结构中，因此，具体事物的矛盾的特殊性必然会表现为事物的各个层次结构的矛盾的特殊性。

其三，任何具体事物的矛盾都是由各个不同的方面构成的，从而具体事物的矛盾的特殊性也就表现为各种物质运动形式、各个发展过程、各个发展阶段上矛盾的各方面的特殊性，以及各个层次结构的矛盾的各方面的特殊性。

其四，任何具体事物都是多样性的统一整体，是由多种矛盾所构成的复杂系统，在其发展过程中，各种矛盾之间、矛盾的各个方面之间，都存在着错综复杂的联系。故此，具体事物的矛盾的特殊性在总体上还表现为各种矛盾之间的相互联结的特殊性，以及各种矛盾的各个方面相互联结的特殊性。

这就要求我们具体问题具体分析：分析各种物质运动形式的矛盾的特殊性，分析各种运动形式在各个发展过程中矛盾的特殊性，分析各个发展过程中矛盾各方面的特殊性，分析各个发展过程在其各个发展阶段上的矛盾的特殊性，分析各个发展阶段矛盾各方面的特殊性。毛泽东在《矛盾论》中有精彩的论述：

一个大的事物，在其发展过程中，包含着许多的矛盾。例如，在中国资产阶级民主革命过程中，有中国社会各被压迫阶级和帝国主义的矛盾，有人民大众和封建制度的矛盾，有无产阶级和资产阶级的矛盾，有农民及城市小资产阶级和资产阶级的矛盾，有各个反动的统治集团之间的矛盾等等，情形是非常复杂的。这些矛盾，不但各各有其特殊性，不能一律看待，而且每一矛盾的两方面，又各各有其特点，也是不能一律看待的。我们从事中国革命的人，不但要在各个矛盾的总体上，即矛盾的相互联结上，了解其特殊性，而且只有从矛盾的各个方面着手研究，才有可能了解其总体。所谓了解矛盾的各个方面，就是了解它们每一方面各占何等特定的地位，各用何种具体形式和对方发生互相依存又互相矛盾的关系，在互相依存又互相矛盾中，以及依存破裂后，又各用何种具体的方法和对方作斗争。研究这些问题，是十分重要的事情。列宁说：马克思主义的最本质的东西，马克思主义的活的灵魂，就在于具体地分析具体的情况。就是说的这个意思。我们的教条主义者违背列宁的指示，从来不用脑筋具体地分析任何事物，做起文章或演说来，总是空洞无物的八股调，在我们党内造成了一种极坏的作风。

研究问题，忌带主观性、片面性和表面性。所谓主观性，就是不知道客观地看问题，也就是不知道用唯物的观点去看问题。这一点，我在《实践论》一文中已经说过了。所谓片面性，就是不知道全面地看问题。例如：只了解中国一方、不了解日本一方，只了解共产党一方、不了解国民党一方，只了解无产阶级一方、不了解资产阶级一方，只了解农民一方、不了解地主一方，只了解顺利情形一方、不了解困难情形一方，只了解过去一方、不了解将来一方，只了解个体一方、不了解总体一方，只了解缺点一方、不了解成绩一方，只了解原告一方、不了解被告一方，只了解革命的秘密工作一方、不了解革命的公开工作一方，如此等等。一句话，不了解矛盾各方的特点。这就叫做片面地看问题。或者叫做只看见局部，不看见全体，只看见树木，不看见森林。这样，是不能找出解决矛盾的方法的，是不能完成革命任务的，是不能做好所任工作的，是不能正确地发展党内的思想斗争的。

矛盾的普遍性和特殊性是区别和联系的。矛盾普遍性是无条件的、绝对的，矛盾无处不在，无时不在。否认了矛盾的普遍性，也就是否认了事物，否认了世界。另一方面，世界上的矛盾又各不相同，各自具有自己的特殊性，即任何特殊的矛盾都有它产生、发展和消亡的过程，其存在都是暂时的、相对的、有条件的。可见，矛盾的普遍性就是矛盾的共性和绝对性，矛盾的特殊性就是矛盾的个性和相对性。

（二）对立统一是事物发展的源泉和动力

辩证法所理解的矛盾，就是反映事物内部或事物之间的对立和统一关系的哲学范畴，就是指事物内部或事物之间既相互排斥又相互依存，既对立又统一的关系。矛盾的对立属性又叫斗争性，矛盾的统一属性又叫同一性。对立和统一是矛盾的两种基本属性。矛盾着的对立面又统一又斗争，由此推动事物的运动、变化和发展。

1. 矛盾的同一性和矛盾的斗争性

矛盾同一性是指矛盾双方联系的性质。矛盾同一性的含义：第一，矛盾双方相互依存，就是矛盾双方互为存在的前提，一方的存在以另一方的存在为条件，双方共处于一个统一体中，相互联结、互为贯通。矛盾双方是相辅相成的，任何一方都不能脱离另一方而孤立存在。例如，正确与错误、是与否、正和负、同化和异化等，双方都是依赖对方的存在而存在的。第二，矛盾双方相互贯通，是指矛盾双方存在着由此达彼的桥梁。它主要表现为以下两种情形：一是矛盾双方相互渗透，就是矛盾双方中都包含着对方因素。如敌中有我，我中有敌，感性认识中有理性认识因素，理性认识中有感性认识因素。二是矛盾双方均向自己的对立面转化，当然这种转化是在一定条件下进行的。如好事与坏事、胜利与失败等等，无不在一定条件下相互转化。

矛盾的斗争性是指矛盾双方相互排斥、相互对立的性质。也可以说，相互对立，相互否定，相互分化，相互反对，相互限制，相互分离，等等。对这个范畴不能单纯理解为你死我活的斗争，或者理解为阶级斗争、政治斗争。作为哲学范畴的“斗争”的外延是极其广泛的，它反映的是自然、社会和思维中普遍存在的事实，其形式多种多样，政治斗争、阶级斗争固然是斗争形式，但它仅仅是多种形式中的一种。斗争的形式和内容是丰富多彩的，如自然界中存在化学运动的结合和分解、生物运动的同化和异化，社会领域中存在的阶级斗争、政治斗争，思想文化领域中的百家争鸣、百花齐放等。

2. 矛盾的对立又统一的斗争构成了事物的发展过程

明确了统一性和斗争性是一切矛盾同时具有的两种基本属性，就要进一步考察矛盾的对立而又统一的斗争是怎样构成了事物的发展过程的？

事物的发展过程可以作这样的描述：在各种外部条件的影响下，事物内部矛盾的双方既同一又斗争，从而使双方力量处在此消彼长的不断变化中；一旦矛盾双方的力量对比发生了根本性变化，便引起双方地位的相互转化，新矛盾由此取代旧矛盾，新事物由此取代旧事物。这是一个由事物的内部矛盾引起的“自己”运动的过程。辩证法的主要注意力正是放在把握事物“自己”运动的源泉上。事物“自己”运动的源泉就在于事物的内部矛盾。而恰恰是事物的内部矛盾，即矛盾的同一性和斗争性，推动事物的发展。

（1）矛盾的同一性在事物发展中的作用主要表现为：矛盾双方联结起来，使事物处于相对稳定状态，给矛盾双方提供得以存在和发展的条件，从而也就孕育着扬弃旧矛盾的条件。

第一，矛盾的同一性使矛盾双方能在相互联系、相互依存中得到变化和发展。如在化学反应中，阴离子的极性越强，同它结合的阳离子的极性也就越强，这样才能形成稳定的化合；在人类社会中，进步势力总是在同落后势力的斗争中成长的，等等。

第二，矛盾的同一性使矛盾双方能够互相利用、互相吸取有利于自身的因素而得到发展。这不仅表现在那些对立面之间不存在根本利害关系的矛盾中，而且也表现在那些对立面之间存在着根本利害关系的矛盾中。如社会主义与资本主义，虽然是两种对立的社会形态，但社会主义并不排斥资本主义制度中的合理成分，在发展中积极吸收和借鉴包括资本主义发达国家在内的人类社会创造的一切文明成果。

第三，矛盾的同一性规定着事物发展的基本趋势。发展总是由一物转化为他物，但不是转化为任何别的他物，而是向自己的对立面发展。如生物进化的基本趋势就是由遗传和变异的同一性规定的。

可见，矛盾的同一性在促进事物发展中的积极作用是应当肯定的。承认它在事物发展中的积极作用，就是承认事物在自己的时间和条件下存在的历史正当性。人们不能不顾时间和条件轻率地否定尚有进一步发展余地的事物的存在；但另一方面，也应看到矛盾双方的同一不是无条件的、恒定不变的，矛盾对立面的斗争最终要打破矛盾双方的统一，促使旧矛盾统一体瓦解和产生新矛盾统一体。这正是辩证法的革命性之所在。因此，在认识了矛盾同一性作用的同时，还要理解矛盾斗争性的作用，特别是矛盾斗争性对矛盾同一性的具体制约作用。

(2) 矛盾的斗争性对事物发展的作用体现在两个方面：第一，矛盾斗争性在事物量变过程中的作用，就在于它使矛盾双方力量发生变化。矛盾双方的斗争就是矛盾的一方限制另一方的发展，并打破另一方对自己的限制。在这种斗争中，矛盾双方力量此消彼长，造成双方力量发展的不平衡，以及双方力量对比的不断变化，从而使矛盾得以展开。第二，矛盾的斗争性在事物质变过程中的作用更加明显。也就是说，只有通过矛盾的斗争才能突破特定事物存在的界限。当矛盾双方力量的发展达到对立的最高点，也就是由此矛盾规定的事物的发展达到了它存在的极限时，突破这个极限就是矛盾的转化，从而也就是事物根本性质的变化。在这时，矛盾的斗争性起决定性作用。只有把矛盾双方的斗争贯彻到底，才能使旧矛盾统一体分解，新矛盾统一体产生，从而使原有矛盾最终得以解决。

唯物辩证法充分肯定矛盾斗争在事物发展中的推动作用的同时，绝不认为斗争本身就是发展，也不认为任何斗争都能起到推动事物发展的作用，只有新事物反对旧事物的斗争才能推动事物的发展。

(3) 矛盾的同一和斗争各自都有其不可抹杀、不可代替的作用。事物就是在矛盾过程中发展的，把事物发展看做对立面的同一和斗争，才能理解辩证发展观的实质。

其一，在事物的发展中，只有矛盾的统一性和斗争性的相结合，才能构成事物发展的源泉和动力。二者是不可分的，否则就不成其矛盾。一方面，同一性依赖于斗争性，没有斗争性就没有同一性。只有矛盾的斗争性才能够引起矛盾双方力量的消长，才能造成对立面之间力量对比状况的变化，才能够引起矛盾双方的转化，促成旧的矛盾统一体的破裂和新的矛盾统一体的建立，从而推动事物的发展。另一方面，斗争性寓于同一性之中，没有同一性就没有斗争性。同一性规定着斗争性的方向和趋势，规定着斗争的范围和限度。矛盾的斗争性只有依赖于同一性，才能使矛盾的统一体处于相对稳定的状态之中，才能为事物创造得以存在和发展的条件，才能为矛盾双方的相互转化提供由此达彼的桥梁。任何事物都是这样，矛盾双方相互对立，相互斗争，从而使它们相互依存，又相互贯通。如果脱离斗争性单独考察同一性在事物发展中的作用，那是一种抽象的形而上学的绝对同一。也没有脱离同一性的斗争性，斗争是同一中的斗争。如果对立面之间不具有某种同一性，互不联系，对立面之间怎么可能互相斗争呢？唯物辩证法要求在同一中把握对立，在对立中把握同一，同中求异，异中求同。

其二，矛盾的统一性和斗争性的关系，从根本上说，就是相对和绝对的关系。列宁说："对立的统一（一致、同一、均势）是有条件的、暂时的、易逝的、相对的。相互排斥的对立面的斗争则是绝对的，正如发展、运动是绝对的一样。"[①] 矛盾统一的相对性是指它的有条件性。就是说，相互对立的双方能够处于一个统一体中以及它们能够相互转化，都需要一定的条件。同时，这种条件是可变的，因而矛盾的同一性是暂时的、易逝的、相对的。矛盾斗争的绝对性是指它的无条件性。无条件性，不是说不需要任何条件，而是说斗争性总是要打破一定条件的限制。所以，斗争性是无条件的、绝对的。斗争性不能离开同一性又不断地破坏着同一性，由此推动着事物的运动和变化。

其三，事物变化发展的根本原因在于事物的内部矛盾性。唯物辩证法认为，事物的运动、变化和发展主要是由事物的内部矛盾引起的。同时唯物辩证法也认为，每一事物的发展都不是孤立进行的，而是在同周围其他事物相互联系、相互作用中发展的。事物之间的对立统一是外部矛盾，一事物自身所包括的诸要素之间的对立统一是内部矛盾。在事物的发展过程中，内部矛盾和外部矛盾同时存在，缺一不可。但内部矛盾是根本的原因，外部矛盾是第二位的原因。正如毛泽东所指出的："唯物辩证法认为外因是变化的条件，内因是变化的根据，外因通过内因而起作用。"

3. 辩证法要求我们从统一中规定对立，又从对立中去把握统一，这就从本质上把握了矛盾是事物发展的根据

对立面之间所发生的矛盾关系指的是对立和统一两个方面的关系。没有对立关系和统一关系就构不成矛盾关系。这两种不同性质的关系又是紧密结合、不可分离的关系。统一关系存在于对立关系之中，而且统一关系自身也包含着对立关系。对立是统一中的对立，统一是对立中的统一，必须从对立中把握统一，从统一中把握对立。形

---

① 列宁选集（第2卷）．北京：人民出版社，1972：712

而上学思维方法的根本缺陷就在于，把对立和统一看做根本不相容的，把对立看成绝对的对立，对立中不包含统一；把统一看做绝对的统一，统一中不包含对立。

（三）方法论意义

我们分析事物的矛盾，就是要在承认矛盾、正视矛盾的前提下，分析矛盾的状况和发展，解决不同性质的矛盾，具体问题具体分析。

1. 把握矛盾的特殊性与普遍性，将普遍原则的运用与具体问题具体分析结合起来

矛盾的普遍性和特殊性是相互联结的。一方面，矛盾的特殊性中包含着矛盾的普遍性，相对之中包含着绝对，个性中包含着共性。没有脱离特殊的普遍，也没有脱离个性的共性。另一方面，矛盾的普遍性富于特殊性之中。矛盾的特殊性是矛盾普遍性的基础，矛盾的普遍性是从各种各样的特殊性中概括出来的矛盾共性，共性寓于个性之中。因此，我们无论认识何种矛盾，都必须具体地分析矛盾的这两个方面及其相互联系。如果我们不认识矛盾的普遍性，就无从发现事物运动发展的普遍原因或普遍根据；如果我们不去研究矛盾的特殊性，就无从发现事物运动发展的特殊原因或特殊根据，从而也就无从辨别事物，更谈不上用正确的方法去解决矛盾了。

矛盾的普遍性和特殊性可以在一定条件下相互转化。由于事物的范围极为广大及其发展的无限性，故在一定场合为普遍性的东西，在另一场合则变为特殊性的东西；而在一定场合为特殊性的东西，在另一种场合则变为普遍性的东西。这种共性与个性、绝对与相对的道理为马克思主义的普遍真理与中国具体实践相结合这一根本原则提供了重要的哲学方法论基础。

2. 区分根本矛盾和非根本矛盾、主要矛盾和非主要矛盾、矛盾的主要方面和非主要方面，把握其中的联系，掌握其中重点

（1）根本矛盾和非根本矛盾

根本矛盾是指贯穿于事物发展过程的始终，并规定事物及其过程的基本性质的矛盾。例如，中国人民同帝国主义、封建主义和官僚资本主义的矛盾，是贯穿于中国民主革命过程始终并规定这一过程的基本性质的矛盾。这一根本矛盾的解决也就是中国民主革命的完成。非根本矛盾是不规定事物及其过程的基本性质，也不一定是贯穿于事物发展过程始终的矛盾。例如，中国民主革命过程中的革命的各派政治力量之间的矛盾、反动阶级内部各集团和各派系之间的矛盾，就属于非根本矛盾。根本矛盾和非根本矛盾是相互作用的。根本矛盾规定和制约着非根本矛盾，非根本矛盾又反过来影响根本矛盾，从而加速或延缓事物的发展进程，使其显示出阶段性或复杂性、曲折性的特点。

（2）主要矛盾和非主要矛盾

在复杂事物的矛盾体系或系统中，往往会有一种矛盾，由于它的存在和发展，规定或影响着其他矛盾的存在和发展。这种在矛盾系统中处于支配地位、对事物的发展过程起决定作用的矛盾，就是主要矛盾。非主要矛盾则是指在矛盾系统中被主要矛盾所规定和影响的、处于从属地位的、对事物发展过程不起决定作用的矛盾。主要矛盾对非主要矛盾的发展具有决定性作用，而非主要矛盾也会反过来影响主要矛盾的发展和解决。同时，由于事物发展过程中各种矛盾力量及其相互关系是不断变化的，主要矛盾与非主要矛盾在一定的条件下也是可以相互转化的。因此，人们在实践中必须抓住主要矛盾，这样就抓住了重点和中心。集中力量解决主要矛盾，也就为解决其他矛盾提供了前提和基础，其他矛盾也就可以比较顺利地得到解决；但同时又不能忽略非主要矛盾，否则重点和中心也就抓不好。另外，在主要矛盾一旦发生变化时，在认识和实践上应及时地把主要精力转移到新出现的主要矛盾上来。

(3) 矛盾的主要方面和非主要方面

不论主要矛盾还是非主要矛盾，其矛盾双方的力量也是不平衡的。其中处于支配地位的，起主要作用的，就是矛盾的主要方面；处于被支配地位，不起主导作用的，就是矛盾的非主要方面。这两者之间的关系也是辩证的。矛盾的主要方面是事物存在和发展的决定性因素，事物的性质主要是由取得支配地位的矛盾的主要方面决定的。但矛盾的非主要方面也不是完全被动的，它也会影响和制约矛盾的主要方面。并且，矛盾的主要方面和非主要方面也不是固定不变的。矛盾双方的相互斗争导致力量对比发生变化，从而最终引起矛盾双方地位的相互转化。随着矛盾双方地位的转化，事物的性质也就发生了变化。

研究主要矛盾和非主要矛盾、矛盾的主要方面和非主要方面之间的关系，就是要求人们在分析和处理矛盾的过程中，坚持唯物辩证法的两点论和重点论相统一的原则，反对形而上学的一点论和均衡论。唯物辩证法的两点论是指在研究复杂事物的发展过程时，既要研究主要矛盾，又要研究非主要矛盾；在研究某一种矛盾时，既要研究矛盾的主要方面，又要研究矛盾的非主要方面，不能顾此失彼。唯物辩证法的重点论是指在研究复杂事物的发展过程时，要着重地把握它的主要矛盾；在研究某一种矛盾时，要着重地把握它的主要方面。唯物辩证法的两点论和重点论是有机统一的：唯物辩证法的两点论是有重点的，两点论内在包含着重点论；唯物辩证法的重点论是以同时承认非重点为前提的，重点论内在地包含着两点论。

总之，具体分析和解决具体的矛盾，是马克思主义活的灵魂；坚持用不同的方法去解决不同性质的矛盾，是唯物辩证法的一条重要原则。

(四) 对立统一规律是辩证唯物主义的核心和实质

唯物辩证法是以对立统一规律为其实质和核心的科学体系。它由一些基本规律、基本范畴和若干原理与原则构成。其中，它所包含的对立统一规律、量变质变规律、否定之否定规律，都是世界联系和发展的基本规律。但是，这三条基本规律在唯物辩证法中的地位不是等同的。对立统一规律是唯物辩证法的实质和核心。其根据是：其一，对立统一规律作为宇宙的根本规律，揭示了事物联系和发展的最深刻的本质，即发展的内在源泉和动力就在于事物内部的矛盾性，这就回答了世界存在方式的主要问题。因此，只有懂得了对立统一规律，才能从实质上把握物质世界的普遍联系和发展，从根本上掌握唯物辩证法。其二，对立统一规律是贯穿整个唯物辩证法的中心线索，是理解唯物辩证法其他基本规律和基本范畴，全面掌握唯物辩证法的“钥匙”。其三，对立统一规律是区分两种发展观的试金石。因为，唯物辩证法与形而上学的根本的区别就在于是否承认事物内部的矛盾。其四，矛盾的分析方法是唯物辩证法的根本方法。运用对立统一规律分析矛盾和解决矛盾，也是我们认识和改造世界的根本的方法。

确认对立统一规律是唯物辩证法的实质和核心，并不意味着它可以代替唯物辩证法的其他的基本规律和基本范畴。否则，对立统一规律也就不成其为“核心”了。唯物辩证法的其他的基本规律和范畴，是对立统一规律在某一方面的具体表现、展开和重要补充。因此，只有懂得了唯物辩证法的其他基本规律和范畴，才能正确、全面地理解对立统一规律。

二、质量互变规律揭示了事物发展的形式和状态

量变和质变规律是唯物辩证法又一基本规律。它揭示了事物发展的过程和形式。世界上的一切事物的发展过程都必然呈现为量变和质变两种基本状态。一切事物的运动、变化、发展都是由量变开始的。量变在一定范围内不会引起质变，但当量的变化超出原有的度，就会引起质的变化，这就是由量变到质变的转化；旧质消失，新质产生以后，在新质的基础上又开始新的量变过程，这就是由质变到量变的转化。在其运动发展的过程中，总是表现为量变转化为质变、质变转化为量变的无限交替的过程。这就是质量互变规律。

（一）质、量、度

1. 事物质的规定性

客观存在的一切事物都是质和量的统一体。质和量是事物的两种规定性。质是指一事物成为它自身并区别于其他事物的内在规定性。世界上的事物之所以千差万别，就是因为它们各有自己特殊的质的规定性。事物的属性是事物质的表现，是在一事物和其他事物发生联系时显现出来的质。事物之间的联系是多种多样的，因此，事物的质也表现为多种多样的属性，有主要的和次要的、根本的和非根本的。我们认识事物质的时候，必须抓住事物主要的、根本的属性，而不要被一些次要的、非根本的属性所迷惑。

具体事物常常是包含有多种运动形态和多种矛盾的统一体，因而有多方面的质。人们在研究事物质的时候，不可能同时把握某一事物全部的质，总是根据实践的需要去研究事物某一方面或某一层次的质，并以此来区分主要的和次要的质、根本的和非根本的质。

2. 事物量的规定性

量，主要是指事物存在和发展的规模、程度、速度等等，即可以用数量表示的规定性。事物的各个组成部分在空间上的排列次序也是一种量的规定性。一切客观事物都有自己的量的规定性。例如，一个国家也是除了政治、经济制度的质的规定性外，还有生产力发展水平、速度等量的规定性。

量和质是两种不同的规定性。质的规定性使事物成为它本身而不是别的，质发生了变化，这个事物就变成了另一个事物。而量的规定性和事物的存在则不是直接同一的，在一定范围内，量的变化并不影响事物的存在，因而，量有一定的伸缩性，量在一定范围内的增减不影响质。质是事物内在的规定性，量是事物外在的规定性，但是，这不是说量和质绝对没有关系。量只是在一定范围内不会影响事物的质，超出这个范围，量的变化就会引起质的变化。

由于事物的属性是多方面的，而每一属性都有量的规定性，因而，事物量的规定性也是多方面的。例如，表示事物存在和发展规模的有体积的大小、数量的多少、物体的轻重，表示程度的有深浅、高低等，表示速度的有缓急、快慢等。即使是同一事物的量也是多方面的。例如水有体积、重量、纯度、温度、流速等方面的量值。总之，事物不同方面的质，都有其相应的不同方面的量。这是事物本身所固有的，不是人们任意安排的。

3. 度是质和量的统一

事物的质和事物的量这两种规定性既是相互区别的，又是紧密联系、不可分离的。质是具有一定量的质，量也是具有一定质的量。一方面，质决定量，规定量的活动范围，不同质的事物具有不同的量和量的界限；另一方面，质又以一定的量作为必要的条件，数量的界限制约着质，量的变化超过一定的限度，事物的质就会改变。一切事物都是质和量的辩证统一，没有离开质的量，也没有没有量的质。质和量的统一在哲学上叫做“度”。度是事物保持自己一定质的量的界限。度的两端存在着极限，叫做关节点或临界点。在这个界限内，事物的质没有变化，突破这个界限事物的质就发生变化。例如，水到沸点时的迅速汽化，火药到了燃烧点就立刻爆炸，等等。

（二）量变、质变及其辩证关系

任何事物的发展都表现为量变和质变两种状态。量变是不显著的，是结构或数量上的增加或减少。量变阶段，事物处于相对稳定、统一、平衡、静止的状态。质变是事物根本性质的变化，是一种质的形态向另一种质的形态的飞跃。质变阶段，事物处于显著变化状态，稳定、统一和平衡受到破坏，是发展过程中渐进性的中断。

量变和质变是有根本区别的，不能混同；但同时，量变和质变又有密切的联系，它们是辩证的统一。由于事物矛盾运动的复杂性和发展的不平衡性及其内外条件成熟程度的不同，决定了量变和质变是相互渗透、相互交错的。量变是质变的准备，质变是量变的结果。事物的发展总是从量变到质变，又从质变到量变。量变和质变相交替，渐进和飞跃相交替，进化和变革相交替，由此构成了无限发展的过程。

首先，量变是质变的必要准备。任何事物的质变总是先从量变开始的，没有一定量的变化，质变就不可能发生。正如恩格斯说的："没有物质或运动的增加或减少，即没有有关的物体的量的变化，是不可能改变这个物体的质的。"量变引起质变的形式是多种多样的，主要有两种情况：一种是由于事物数量的增减引起的质变。例如，在标准大气压下，把水逐渐加热到100℃，便发生液态到气态的质变。另一种是事物成分在排列方式上的变化也会引起事物的质变。例如，化学上同分异构体的金刚石和石墨，其化学成分都是碳，但由于原子的空间排列次序不同，因此它们的物理性质就不同。在自然界，生物物种的演化，由旧物种到新物种的转化，就是从量的积累到质的飞跃的过程，而新物种一旦产生，又出现新的量变。人类社会的发展，也是渐进性的进化和突变式的革命互相交替的过程。社会生产力发展到一定程度时，便与现存的生产关系发生冲突，这时会引起生产方式的质的根本变革，就会发生社会革命，实现新旧社会制度的更替，而随着新的社会制度的产生，又开始了新的量变过程。人的认识的发展，由肤浅的表面的认识到深刻的规律性的认识，也是一个由量变到质变的过程。

其次，质变是量变的必然结果。量变是质变的准备，但它绝不能代替质变。量变发展到一定限度必然引起事物的质变，只有质变、飞跃是事物根本性质的变化，没有质变不可能有进一步的新的量变。例如，自然界的物质由一种形态转化为另一种形态，是通过质变来实现的，而人类社会一种社会形态到另一种社会形态的发展，也是通过革命来实现的。因此，否认质变、飞跃、渐进过程的中断，就是从根本上否认辩证法。质的飞跃形式也是多种多样的，概括起来说，主要有两种形式，即爆发式和非爆发式。爆发式的飞跃，通常是对抗性矛盾的质变形式，它是经过充分的量变准备之后，采取剧烈的外部冲突的形式而实现的飞跃。自然现象中的火山爆发、炸弹爆炸、热核反应等，都是爆发式的飞跃。在阶级社会中，敌对阶级之间通过剧烈的阶级斗争和暴力革命，出现新旧社会的更替，也是爆发式的飞跃。非爆发式的飞跃，通常是非对抗性矛盾的质变形式，旧事物向新事物转化一般不发生剧烈的外部冲突，往往是通过新质的逐渐积累和旧质的逐渐衰亡而实现的。

量变和质变的互相转化和互相渗透，反映了客观事物发展的阶段性和连续性的统一。质量互变规律是马克思主义不断革命论和革命发展阶段论相统一原理的重要哲学根据。社会革命与其他事物的发展一样，也是一个连续不断而又有阶段性的发展过程。革命是不断的，又是分阶段的。因此，我们既要坚持不断革命论，树立远大的革命目标，不失时机地促使事物实现质的飞跃，把革命事业不断推向新的发展阶段；又要坚持革命发展阶段论，懂得事物的质变必须经过量的准备，在工作中重视量的积累，立足当前，扎扎实实地工作，有计划、有步骤地促进社会主义革命和建设事业的顺利发展。

形而上学“激变论”者否认质变需要量变的准备，把质变看成偶然的无缘无故的现象；否认质变是事物自身的变化，把它看做纯粹外因造成的。庸俗进化论者只承认量变而否认质变，认为事物只有进化没有质变或飞跃，把事物在量变过程中质的相对性夸大为绝对不变性。必须批判上述错误观点，既不能把事物的质看成凝固不变的，又要在一定条件下注意保持事物质的稳定性，让事物的量充分展开，为质变做好准备，并在质变的条件具备时，适时地实现事物的飞跃，完成事物的质变。

（三）方法论意义

任何事物都同时具有质和量两个方面，是质和量的统一体，因此正确认识事物必须进行定性、定量的分析。所谓定性分析，就是确定事物及其状态的性质。所谓定量分析，就是对事物进行数量分析。定性分析是定量分析的基础，定量分析则是定性分析的深化。

第一，质是认识事物的基础，分析事物首先要进行定性分析。质是事物相区别的内在根据，没有质的区别就没有多样性的事物。人们只有认识了质才能把不同事物区分开来，正确地进行各种实践活动。在实际工作中，只有弄清了事物的质，才能不混淆事物之间的界限。如果不认识事物的质，就不能制定正确的政策，也不能搞好任何工作。所以质是认识事物的基础，又是改造世界的前提。正如毛泽东所指出的：“成为我们认识事物的基础的东西，则是必须注意它的特殊点，就是说，注意它同其他运动形式的质的区别。”那么，如何分析事物的质呢？由于事物的质的规定性是由事物内部所包含的矛盾的特殊性所决定的，一个比较复杂的事物，其内部往往包含着许多矛盾，每一种矛盾都决定着这个事物某一个方面的质，而事物根本的质则是由事物的根本矛盾决定着，所以要想正确地把握事物的质，必须弄清事物的矛盾特殊性，特别是弄清决定事物根本性质的根本矛盾。

第二，为了认识的深化和精确化，必须进行数量分析。从认识的顺序来讲，人们总是首先认识事物的质，然后才进行量的认识。但是，如果我们对事物的量不作基本的分析，对情况和问题没有量的认识，那么，对事物就不能有全面的、正确的、科学的认识。因为事物的量是质存在的条件。那么如何分析事物的量呢？首先，量的分析不能离开具体事物，量的规定性是客观的，为事物所固有，人们头脑中的数量的概念不过是客观事物数量关系的反映。因此，量总是一定事物的量，离开具体事物的“纯粹”的量，在现实中是不存在的。其次，量的分析要从多方面进行。事物的质是多种多样的，同样，事物的量也是多种多样的。一方面，由于事物的量是多方面的，所以人们要从多方面去考察。另一方面，人们总是根据实践的客观需要考察这方面或那方面的量，因此没有可能也没有必要去把握事物的一切方面的量。再次，进行量的分析，必须掌握数学工具和数学方法。马克思指出：一种科学只有成功地运用数学时，才能达到真正完美的地步。当代科学和技术的发展越来越离不开数学。不仅自然科学离不开数学，社会科学也少不了数学方法。

第三，度是质和量的辩证统一，掌握事物的度才能准确全面地把握事物。一切事物是质和量的统一，质和量的统一就是度。只有了解和准确地把握住度，才能提出指导实践活动的正确准则。人们在实践活动中所说的“掌握火候”、“划清界限”等，讲的就是把握度的道理。如何掌握事物的度？就是要把握“适度”的原则。所谓适度，就是要人们的认识符合客观事物的度，注意分寸，防止“过度”与“不及”。

总之，事物的质和量统一的原则，要求我们既要反对那种只顾数量不顾质量的观点，又要克服那种只顾质量不讲数量的片面性，始终坚持质与量的辩证统一。

三、否定之否定规律揭示了事物发展的方向和道路

否定之否定规律揭示出事物自身发展的完整过程，即事物的发展经过两次否定，就构成了事物辩证运动的一个完整周期。因而，事物的发展是螺旋式上升或波浪式前进的，是前进性与曲折性的统一。

（一）肯定和否定

任何事物内部都包含着肯定和否定两个方面。事物的肯定方面是指事物保持自身的限定状态，是这一事物为它自身的同一的方面。事物的否定方面，是指事物中促使它灭亡的方面，是事物促使自己转化为他物的方面。肯定方面是事物保持其存在的方面，否定方面是事物促使现存事物灭亡的方面。这两个方面既对立又统一。当肯定方面居于矛盾的主要方面时，事物处于肯定阶段，保持其自身的性质；当否定方面战胜肯定方面时，事物就发生质变，而转化为他物。例如，一颗麦粒的内部包含着肯定因素和否定因素，当肯定因素居于主导地位时，麦粒就保持自己的性质和状态；当具备了适当的温度和湿度，麦粒内部的否定因素增长和发展到一定程度时，麦粒就转化为麦苗。

（二）辩证否定观

1. 基本内容

否定是事物的自我否定，是事物内部矛盾运动的结果。一事物被否定转化为他事物，根本的原因在于其自身内部所固有的矛盾性。而这种固有的矛盾性，在它产生之时就包含了自己的对立面，孕育着否定自己的因素。否定因素的发展，使新事物战胜旧事物。一定的外部条件对事物的发展是必要的，有时甚至起着重要作用，但必须通过事物内部原因才能起作用。例如资本主义社会从它产生时就孕育了否定自己的因素，这种否定因素发展的结果是社会主义必然代替资本主义。世界上一切事物都具有内部矛盾，都包含着自我否定的因素，所以，任何事物都是要被否定的，永远不变的东西是没有的。马克思说：“辩证法在对现存事物的肯定的理解中同时包含对现存事物的否定的理解，即对现存事物的必然灭亡的理解，辩证法对每一种既成的形式都是

从不断的运动中，因而也是从它的暂时性方面去理解。”这就是辩证法的革命性。否定范畴集中体现了辩证法的批判的革命的实质。我们考察任何事物，必须同时看到它内在的这两个方面，只有这样，才能做到既正确地认识和把握现存事物的性质，又能科学地展望和预见事物发展的前途和方向。

辩证的否定是事物发展的环节。新事物是在旧事物中孕育和发展起来的，旧事物是新事物得以产生和发展的条件。但是，随着时间的推移和条件的变化，原来的肯定方面就会变成阻碍事物发展的消极的东西，只有经过否定事物才能继续发展。不否定旧事物，新事物就不能产生，事物的新陈代谢过程就要中断。所以，辩证的否定是事物发展的环节。在社会发展中，只有奴隶社会被封建社会否定，封建社会被资本主义社会否定，资本主义社会被社会主义社会否定，才能实现社会形态的更替。没有否定就没有发展，否定是事物发展的决定性环节。

辩证的否定是事物联系的环节。一切新事物都是从旧事物内部产生出来的，和旧事物之间存在着必然联系。新事物对旧事物的否定并不是把旧事物中的一切因素全盘抛弃，而是在克服旧事物质的基础上吸取积极因素，并加以改造，作为新事物的组成部分，使之发展到更高阶段。所以，辩证的否定是事物联系的环节。社会主义社会否定资本主义社会，要同传统的所有制关系实行最彻底的决裂，但对资本主义社会中积累起来的大工业生产、科学技术、管理经验等则保存，批判地利用使之为社会主义服务。没有对旧事物积极因素的继承，事物也不能前进。列宁说：“辩证法的特征的和本质的东西并不是单纯的否定，并不是任意的否定……而是作为联系环节、作为发展环节的否定，是保持肯定的东西的，即没有任何动摇、没有任何折中的否定。”

作为既是事物发展环节又是事物联系环节的否定就是“扬弃”，既是克服、抛弃，又是保留、发扬，是发展中连续性的中断，又是发展中的连续性。辩证法的否定就是这种连续性和非连续性的对立统一。

2. 意义

坚持辩证法的否定观，掌握批判继承的观点和方法，对于我们分析问题、总结经验、指导工作都具有重要意义。特别是在对待过去和外国的东西的问题上，不能无批判地肯定一切，又不能虚无主义地否定一切。《中共中央关于社会主义精神文明建设指导方针的决议》指出：“我们坚决摒弃维护剥削和压迫的资本主义思想体系和社会制度，摒弃资本主义的一切丑恶腐朽的东西，但是必须下大决心用大力气，把当代世界各国包括资本主义发达国家的先进的科学技术、具有普遍运用性的经济行政管理经验和其他有益文化学到手，并在实践中加以检验和发展。不这样做就是愚昧，就不能实现现代化。”

（三）否定之否定

事物内部的肯定因素和否定因素的斗争，推动事物由肯定到否定的不断转化。当事物内部肯定因素居于矛盾的主要方面时，事物处于肯定阶段；当否定因素转化为主要方面时，事物发生质变；当矛盾双方再次发生转化，达到对自身的第二次否定时，就是否定之否定阶段。在事物发展的过程中，经过两次否定，即肯定到否定，再由否定到第二次否定（否定之否定），事物的发展就表现为一个周期。

否定之否定规律揭示了事物发展的周期性。否定之否定，既是事物发展的前一个周期的终点，又是事物发展的下一个周期的起点。同时，由于事物的肯定、否定到否定之否定，是由事物内部矛盾斗争引起的，所以事物发展的这种周期性，揭示了事物自己发展自己、自己完善自己的过程。因为事物经过一次否定，尽管保存了被否定事物的积极因素，使矛盾得到了初步解决，但事物发展的否定阶段与原先肯定阶段所形成的对立双方都还包含一定的片面性，只有通过再一次的否定，即否定之否定，才解决前两个阶段之间的矛盾，既保留了它们各自的积极因素，又克服了它们各自的片面性，达到了肯定方面和否定方面的对立统一，使事物在“自己运动”中自身得到充分发展，呈现出某一特定事物的完整过程。

否定之否定规律揭示了事物发展的前进性和曲折性。否定之否定规律所揭示的事物发展的周期性表明了事物发展的前进性，前进性指明了事物运动方向的上升性。这就是说，否定之否定规律揭示的事物的辩证运动是螺旋式上升或波浪式前进的运动。但是，事物发展的具体道路是曲折的、迂回的。事物的辩证运动是前进性和曲折性的辩证统一，这是否定之否定规律最根本的内容。

一方面，事物发展的总趋势是前进的、上升的，因为从事物内部矛盾的两个方面看，否定方面代表了事物发展的方向，事物在发展过程中，无论是由肯定阶段到否定阶段，也无论是由否定阶段到否定之否定阶段，每一次否定都是新旧事物的更替，是新事物否定旧事物，战胜旧事物。从辩证否定的实质来看，否定是扬弃，它抛弃了旧事物中的一切消极的东西，同时继承和发扬了旧事物中的积极因素，为新事物的发展提供了有利条件，所以每经过一次否定，都把事物推向更高的发展阶段。由此可见，事物发展的总趋势是上升的、前进的。

另一方面，事物发展的具体道路又是迂回的、曲折的。首先，就事物发展的一个周期来说，经过两次否定，在否定之否定阶段，重复否定阶段的某些特征，与否定阶段的性质正好相反，定了一个“之”字形的道路，这就使事物发展的途径呈现曲折性。其次，事物内部肯定方面和否定方面的相互斗争是复杂的。尽管事物发展的每一次否定最终都将是新事物对旧事物的克服，但这种克服要经过反复较量和斗争的过程。有时由于各种复杂原因和偶然因素甚至会出现旧事物暂时占据优势的情况，使事物的发展过程发生倒退。上述两个方面的原因决定了事物发展的具体道路不是笔直平坦的，而是迂回曲折的。

坚持事物发展的前进性和曲折性相统一的原理，必须反对形而上学的循环论和直线论。社会主义现代化建设中，碰到许多困难，走过一些弯路，但我们要信心满怀，同时又要头脑清楚，任何悲观和速胜的观点都是错误的、有害的。

第四节　世界普遍联系的基本环节

唯物辩证法的基本范畴有：矛盾、对立、统一、肯定、否定、质、量、度、质变、量变、单一、特殊、普遍、原因与结果、可能与现实、本质与现象、内容与形式、必然与偶然等等，揭示和反映了客观世界普遍联系的基本环节。

唯物辩证法的基本范畴与唯物辩证法的基本规律既相互联系又相互区别。它们都反映了客观事物的本质联系。一方面，规律离不开范畴。规律用判断来表达，范畴用概念来表达，离开概念的判断是没有的，范畴及其关系的展开就构成规律。另一方面，范畴也离不开规律。离开了唯物辩证法的规律，范畴就会变成孤立、凝固的形而上学的抽象概念。不同的是，范畴只是从一个侧面反映客观事物及其现象之间的辩证关系，规律则从变化发展的过程中揭示客观事物的普遍联系和发展的最本质方面，是对事物运动的整体性认识。唯物辩证法范畴对于人类的认识及实践活动有着极为重要的方法论意义。

一、现象和本质

本质与现象是揭示事物的内在规定和外部表现及其相互关系的一对范畴。现象是事物的外部联系和表面特征，是本质的外部表现。

（一）现象与本质的辩证关系

1. 现象和本质是对立的

现象是事物的外在方面，是表面的、多变的、丰富多彩的；本质是事物的内在方面，是深藏的、相对稳定的、比较深刻、单纯的。因而现象是可以直接认识的，本质则只能间接地被认识。

2. 现象和本质是统一的

两者是相互依存的。没有脱离本质的现象也没有脱离现象的本质，现象是本质的外露和表现，现象背后隐藏着事物的本质，二者不可分割。

两者是相互蕴涵的，在实际上也是相互包含的。本质寓于现象之中，本质也包含现象。

两者是相互转化的。现象与本质是可以相互转化的。它是感性认识与理性认识相互转化的客观基础。

坚持现象和本质的对立统一，就必须反对割裂现象和本质的辩证统一关系，把它们绝对对立起来的错误观点。哲学史上的经验主义否定感性认识到理性认识的转化，也就是否定现象到本质的转化；理性主义否定理性认识到感性认识的转化，也就是否定本质到现象的转化。

（二）区别真相与假象、假象与错觉

真相是从正面表现本质的现象；假象则是一种虚假的现象，是本质在特定条件下的一种反面表现。

错觉是由于人的感觉上的错误造成的，属于主观的范畴；假象则是由客观存在的种种条件造成的，属于客观的范畴。

（三）方法论意义

第一，现象和本质的对立，说明了科学研究的必要性；现象和本质的统一，决定了科学研究的可能性。如果二者只有对立而无统一，那么一切科学研究、科学认识就是徒劳无益、白费力气了。科学研究的任务就是通过现象去认识本质。只有通过对大量现象的研究，才能发现事物的本质。

第二，现象和本质辩证关系原理给我们认识事物提供了一个科学的方法，即透过现象看本质的方法。既然任何事物的本质都一定要通过现象表现出来，那么，人们完全可以透过现象认识事物的本质。那种认为事物的本质不可以认识的观点是没有根据的；那种认为可以离开现象凭空地去认识事物的观点也是十分错误的。既然现象与本质是对立的，那么现象就不等于本质，人们就要把现象作为向导，从而透过事物的现象抓住事物的本质。

第三，透过现象抓住本质，要占有丰富的、合乎实际的现象材料；要在实践的基础上，运用科学的抽象方法对现象材料进行分析和综合，去伪存真；通过现象认识本质之后，应该由初级本质深入到二级本质，以至无穷。对本质认识的不断深化对于科学研究有着重要指导意义。

二、内容和形式

内容和形式是反映事物联系、发展外部表现形态和内在要素之间关系的一对范畴。内容即事物的各种内在矛盾以及由这些矛盾所决定的事物的特性、成分、运动的过程、发展趋势等等的总和，是事物存在的基础。形式是指把内容诸要素统一起来的结构或表现内容的方式。

（一）辩证关系

1. 内容和形式是相互对立的

对于具体事物来说，内容和形式的界限是绝对的。形式就是形式，内容就是内容；内容是事物存在和发展的基础，居于支配地位，形式则处于从属地位；内容是活跃的、经常变动的，形式则是相对稳定的。

2. 内容和形式又是统一的

二者是相互依存、不可分割的。内容总是某种形式的内容，形式总是某种内容的

形式。任何事物、系统都是一定内容和一定形式的有机统一体。

二者是相互作用的。内容决定形式，形式必须服从内容，内容变化了，形式迟早也要发生变化。当然，内容决定形式，并非说同一的内容只能采取一种形式。形式对内容有着积极的作用：适合内容的形式对内容的发展起着积极的促进作用；不适合内容的形式对内容的发展起着消极的阻碍作用。形式对内容的不合适存在三种情况：一种是形式落后于内容。这种形式在事物产生的初期是适合于内容的，后来由于内容的发展才变得不合适。一种是形式超越内容。这种形式对于内容发展的将来阶段是合适的，而对于现阶段就变为不合适。最后一种是形式和内容根本相抵触。这种形式不论对内容的过去、现在、将来的发展都不适合。对于前两种不合适的内容的形式，通过改革可以加以调整，使之适合于内容；而对后一种形式，必须坚决抛弃，否则它会阻碍内容的发展。正因为形式有巨大的反作用，所以要重视形式。

二者可以互相转化。在这一关系中为事物的内容，在另一关系中可以成为事物的形式；反之亦然。

（二）方法论意义

1. 立足内容，从内容出发来利用和改造形式，反对形式主义

内容都是事物的本质反映，抓住内容也就抓住了事物的本质。在观察和处理问题的实践活动中，按照内容的要求来寻找、利用各种形式，按实际内容调整或保持形式，不要盲目追求某种形式。形式主义在某些方面也有一定的益处，但是在解决人类社会问题、自然界问题上却容不得半点形式主义。

2. 利用和创造各种形式为内容服务，反对虚无主义

利用一切可以利用的形式兼收并蓄为新内容服务，不断改造旧形式，创造新的形式为新内容服务，反对抹杀形式的虚无主义。根据形式对内容有巨大反作用的原理，在注重内容的同时还必须注重形式的作用，要在形式上注重美感、接受性、丰富性。比如商品的包装与商品本身的价值、质量相符，就会受到消费者的欢迎和信赖。

三、原因和结果

原因和结果是揭示客观世界中普遍存在的事物之间彼此制约、前后相继关系的一对哲学范畴。原因即是指引起某种现象的现象；结果是指被某种现象引起的现象。

（一）辩证关系

1. 原因和结果是对立的

在某种特定的范围内或特定的联系上，原因和结果的界限是确定的，原因就是原因，结果就是结果，一种现象不能同时既是原因又是结果。二者的区分和对立是绝对的，不能混淆和颠倒。但是超出这一范围，或在事物无限发展的因果链条中，原因和结果的区分与对立则只有相对意义了。

2. 原因和结果又是统一的

二者相互依存，互为存在前提。世界上没有无因之果，也没有无果之因，失去一方，另一方也就不存在了。二者是相互依赖、不可分割的同一事物的两个方面。

二者相互作用，在一定条件下相互转化。两个相互联系的事物之间，在不同的意义上互为因果，因为事物之间的相互影响和相互作用，形成了事物发展过程中的一种原因会产生一定的结果，而这个结果又反过来影响、作用于它的原因，成为原因进一步发展的原因。一个事物在不同因果联系的环节上，“互为因果，因果易位”。

（二）因果联系的客观性、普遍性和多样性

因果联系的客观性，是指因果联系是客观事物本身所固有的，它的存在不以人的意志为转移。人们的因果观念只不过是客观因果关系的反映。承认因果联系的客观性，就是坚持唯物主义的决定论原则。唯物主义的决定论原则，就是承认客观世界中的一切事物，不存在不受因果关系支配的事物。一切事物、现象和过程存在的因果关系是事物自身所固有的。因果关系是有规律的，正确认识并把握事物因果联系及其规律性是科学地认识世界和有效地改造世界的客观前提。主观唯心主义的非决定论否认因果联系的客观性和规律性。他们把因果联系看成主观精神的产物，否认了科学认识的客观依据和人们自觉改造世界的可能性。客观唯心主义的宿命论和神学目的论，虽然承认事物的因果联系，但他们却把神灵、理性或某种客观精神作为决定事物运动、变化和发展的终极原因。实践证明，因果关系的目的论和宿命论的错误是显而易见、极端荒谬的。

因果联系的普遍性，是指一切事物和现象都毫无例外地受因果关系支配，从而形成了广泛存在的因果链条。在客观世界中，从天体运行到基本粒子的变化，从机械运动到生命现象，从社会形态到人们的精神世界，无不处在一定的因果联系之中，既没有无因之果，也没有无果之因。因果联系是自然、社会和思维领域的客观普遍现象，已为人类的全部实践活动的成果和科学发展的历史所证明。所有企图寻找不受因果关系制约的事物的活动都是徒劳的。

因果联系的多样性，是指客观普遍的因果联系在不同的领域，具有不同的性质和情况。归结起来，复杂多样的因果联系有以下几种主要类型：一因多果，是指一种原因同时引起多种结果；同因异果，是指同一原因在不同的时间、地点、场合、条件下，会引起不同的结果；一果多因，是指一种结果是由许多同时起作用的原因引起的；同果异因，是指同一种结果在不同的时间、地点和条件下，是由不同的原因引起的。

（三）方法论意义

第一，任何结果都是由一定原因引起的。在实际工作中如果不知道产生结果的原因，就无法总结成功的经验和失败的教训；如果把握了事物的因果联系，就能因势利导，对症下药。

第二，事物的因果联系是复杂多样的，要求我们要善于对原因和结果进行全面的、具体的分析，只有这样才能准确地把握事物的因果链条，克服形而上学简单化的缺陷。科学的任务就是不断探求客观世界的因果联系，认识自然和社会的奥秘。

四、可能性和现实性

可能性和现实性是反映事物的过去、现在和将来的相互关系的一对范畴。可能性与现实性这对范畴从总体上标示着事物发展的趋势，而这种趋势有可能与必然性相联系，也有可能同偶然性相联系，这就使得事物发展呈现出丰富多样的形态。

（一）可能性和现实性的内涵

1. 现实性的内涵

现实性是指包含内在根据的、合乎必然性的客观实在，是客观事物和现象之间种种联系的综合。它是已经实现了的可能，又包含着将来的“现实”的新的可能。现实性范畴不是孤立地、凝固地确认个别事实和现象的实际存在，而是对相互联系、变化发展着的客观事物、现象的综合。这种综合是由必然性支配的，因而现实性与必然性有密切的联系。现实性之所以能成为现实，这是由它内部深刻的必然性决定的。一个事物尚未产生时，仅仅是一种潜在的可能性，还不具有现实性，但只要它合乎事物发展的必然性，就迟早会变为现实性。反之，一个事物当今是现实的，但是如果它丧失了必然性，就迟早会变为不现实。

现实与现存事物是有区别的。现实的当然是现存的，但现存的不一定是现实的。例如，我国在社会主义初级阶段还存在着贪污、腐败现象，尽管是现存的，但并不具有合理性、必然性，因此迟早要被消灭。

2. 可能性的内涵

可能性是指现实事物中所包含着的预示着事物发展前途的，将会变为现实的种种趋势。可能性相对于现实性而言，是潜在的尚未实现的东西。当某种事物或现象还没有成为现实之前，只是一种可能性。

可能性具有多样性的特点。由于可能性是事物未成为现实之前的趋势，又由于客观世界的普遍联系的复杂多样性，因此，可能性存在着多样复杂的特点。这就要求我们在把握可能性时，区分各种不同的复杂情况，对多种可能性进行全面的、具体的分析。

要区分可能性和不可能性。要区别和分析不同发展阶段的可能性，即要区分现实的可能性和非现实的可能性（抽象的可能性）；要分析和区别不同程度的可能性，即从量的方面来分析可能性的大小；要区别和分析不同性质的可能性，即从质的方面来分析可能性的性质是正向还是反向，即区分好的、有利的可能性和坏的、不利的可能性。

（二）辩证关系

1. 可能性和现实性的对立

可能性和现实性之间存在着本质区别，二者的界限是明确的，不容混淆。可能性和现实性标示事物发展过程的时间段不同。

2. 可能性和现实性的统一

可能性和现实性相互依赖，不可分割。可能性不是凭空产生的。现实性依赖于可能性，并以可能性为前提；可能性是现实得以实现的根据。脱离现实的可能性和脱离可能的现实性都是不存在的。

可能性和现实性相互包含、相互转化。可能性是潜在的还没有展开的现实性，现实性则是充分展开并已经实现了的可能性。可能性包含着客观依据、必然规律，这就是现实性的成分；现实性中又包含着新的可能性，从而转化成新的现实性。当然，这种相互转化需要在客观世界有一定的客观依据。可能性向现实性转化包含了事物发展的必然性，表现了事物前后联系的因果链条关系。

（三）方法论意义

可能性和现实性辩证关系的原理告诉我们，人们的主观能动性既有发挥的必要又有发挥的余地。

第一，必须立足于现实性，把握现在，对其中的可能性作全面的分析。

第二，在确立行动目标时，首先要从分析多种可能性入手，把握可能性和不可能性的基本尺度，不能在超越现实的空想上去建立目标、计划和思想体系。

第三，可能性向现实性的转化有一个过程，要求我们必须对可能性的程度及量的大小作充分的估算，尽可能地减少失败。一般来讲，任何事情在没有实施之前，只存在着可能性，可能性越大，实施的效果越好，反之亦然。

第四，可能性向现实性转化需要一定的条件，这就要求发挥人的主观能动性，创造各种必需的条件，促成可能性转化成现实性。

五、偶然性和必然性

必然性和偶然性是揭示客观事物发生、发展和灭亡的不同趋势的一对范畴。必然性是指客观事物联系和发展过程中合乎规律的、一定要发生的、确定不移的趋势。偶然性是指客观事物联系和发展过程中并非确定发生的，可以出现也可以不出现，可以这样出现也可以那样出现的不确定的趋势。必然性和偶然性都是客观的，即必然性和偶然性存在于人们的意识之外，是不依赖于人们的主观意识的，并且普遍存在在于自然界、社会和思维中。

（一）辩证关系

1. 偶然性和必然性是对立的

其一，在事物发展过程中所处的地位。必然性在事物发展过程中居于支配地位，偶然性在事物发展过程中居于从属地位。其二，二者产生的根据不同。必然性是由事物内部的根本矛盾决定的，偶然性是由事物内部的非根本矛盾或外部矛盾造成的。其三，它们的作用不同。必然性决定着事物发展的前途和方向，偶然性对事物的发展进程起加速或延缓的作用，使事物发展的趋势带有这样或那样的特点和偏差。

2. 偶然性和必然性是统一的

其一，必然性不能离开偶然性，必然性总是存在于偶然性之中并通过偶然性表现出来，必然性要通过偶然性为自身开辟道路。其二，偶然性也不能离开必然性，偶然性总是表现着必然性，补充着必然性，受必然性的制约。其三，必然性和偶然性在一定条件下可以相互转化。在一定条件下为必然的东西，在另外的条件下可以转化为偶然；在一定条件下为偶然的东西，在另外的条件下也可以转化为必然。

（二）几种错误理论

形而上学机械决定论只承认必然性而否认偶然性，把必然联系和因果联系混为一谈，以为凡是有原因的就都是有必然性的，用因果联系的普遍性来否认偶然性。这种观点必然会导致宿命论和上帝创世的目的论。

唯心主义的非决定论把一切事物的发展都看成纯粹偶然的，根本否认事物发展的必然性。这种观点认为，一切事物的发生都是纯粹偶然的，必然性只属于某种概念或精神世界，现实中是没有必然性的。实际上是从根本上否认社会历史发展的必然性和规律性，认为人们面对杂乱无章的偶然现象堆积而成的历史只能消极无为，把自己的命运寄托在上帝的意志和天才人物的偶然发现上。这种观点必然导致宿命论和唯意志论。

（三）方法论意义

正确地把握必然性和偶然性的辩证关系原理，要求我们在实践工作中必须坚持必然性和偶然性的辩证统一，既要重视必然性，又要重视偶然性。

首先，必然性决定着事物发展的基本趋势，要求我们只有建立在对必然性、客观规律性的正确认识的基础上，才能具有高度的自觉性和预见性，看清前进的方向，掌握认识世界和改造世界的主动权。

其次，偶然性是必然性的表现和补充，要求我们在实际工作中要十分重视分析和研究各种各样的偶然性，通过大量的偶然性去发现并把握事物发展的必然性；并尽可能充分地估计到各种偶然性的出现，善于利用一切有利的偶然性，同时尽可能避免、削弱或减少有害的偶然因素的干扰或影响，积极做好应付突然事变的一切准备。

最后，某些偶然性的科学发现或对偶然性的研究，往往成为一些重要发明或发现的契机。但是，“机遇”只偏爱有准备的头脑，也就是要经历长期的艰辛劳动，这是抓住“机遇”并使之转化为必然的必要前提和过程。没有这种必要前提，机遇就会擦身而过，哪怕你已经意识到。

第五节 辩证思维方法

一、思维方法的本质及其在认识中的作用

哲学上所研究的思维方法就是指理论思维方法，是以揭示事物的本质和规律为目的的正确进行理性认识的方法。思维方法本质上是主体化了的客观事物的规律，是在客观规律基础上依据主体需要而形成的思维规则、工具和手段。因此，思维方法最重要的特征就是中介性。通过思维方法，思维主体与思维客体、主观与客观相互联结、相互贯通，从而搭起主体客体化和客体主体化双向运动的桥梁。

思维方法在认识中的作用：思维方法对认识的最基本的功能，就是使杂乱的感性材料有序化，使思维客体相互之间形成某种合理的联系。思维方法对于思维的具体操作运行有重要的规范作用。思维方法规范着人们的思维如何运动，规范着思维运行的方向和侧重点；思维方法具有对信息的选择、组织和解释功能，具有信息处理和转换的内在机制；思维方法的不同直接影响到人们认识活动的成果，决定着主体能否正确认识和把握客体以及正确性的程度。

二、人类思维方法的演变

思维方法是历史的产物，具有时代的特征。恩格斯说："每一时代的理论思维，从而我们时代的理论思维，都是一种历史的产物，在不同的时代具有非常不同的形式，并因而具有非常不同的内容。"

古代朴素辩证法的思维方法。这一时期，生产力低下，社会科学还处于萌芽状态，自然科学也很不发达，它们都包含在统一的自然哲学之中。人们对世界的认识主要依靠观察和简单的推理，从而笼统地把握世界的一般性质。恩格斯称这种方法为"天才的自然哲学的直观"。这一时期的思维方法所包括的观察、归纳、演绎等都处于萌芽状态。

近代形而上学的思维方法。从 15 世纪下半叶到 19 世纪初，各门自然科学陆续从自然哲学中分离出来，人们开始运用一定的方法对自然界进行分门别类的研究，于是观察方法、数学方法和逻辑方法有了很大进展。但这一时期的思维方法具有孤立地、静止地、片面地观察事物的形而上学的特点。

在马克思主义哲学中，世界观和方法论是统一的。唯物辩证法的一系列规律的范畴，都具有世界观和方法论的意义。唯物辩证法为人们认识世界和改造世界提供了根本的观点和方法。

三、马克思主义辩证思维方法

（一）几种主要的思维方法

1. 归纳与演绎的思维方法

归纳与演绎是人类思维从个别到一般，又由一般到个别的最常见的推理形式。归纳是从个别事实中概括出一般性结论，是一种由个别性前提过渡到一般性结论的思维运动。演绎是从一般原理走向个别结论的思维方法，是由一般性原则推导个别结论的思维运动。

归纳和演绎两种方法处于不可分割的联系之中。

归纳和演绎互为前提。归纳是演绎的基础。演绎是从一般到个别的运动，它本身不能为自己准备好作为出发点的一般原则。通过归纳对个别事物的现象研究所概括出来的一般知识原则，既是归纳的终点，又是演绎的起点。演绎是归纳的向导。归纳首先要解决的归纳什么、怎么归纳等目的性、方向性问题，必须由演绎提供理论根据。归纳和演绎互为前提、互相促进，不能夸大其中一个而否定另一个的作用。

归纳和演绎相互补充。归纳虽然能概括出同类事物的共性，但不能区分本质属性和非本质属性，不能摒弃片面性和表面性，所得结论还不是充分可靠的，因此，归纳必须靠演绎来补充和修正。演绎以事物共性和个性的统一为基础，但共性只大致地包含个性，因此从共性出发不能揭示个别事物多方面的属性，要了解事物本身的多样性，就得进一步分析归纳。

2. 分析与综合的思维方法

所谓分析，就是在思维中把认识对象分解为各个部分、方面、要素，以便分别加以研究的思维。通过分析研究，从中找出构成这一认识对象的基础的部分、本质的方面。综合是同分析相对应的方法。综合通常被看做在把整体分解为各个因素的基础上，再组合成一个整体的思维活动，但是综合绝不是把各部分、各组成因素机械地凑合起来或装配在一起，而是在思维中把对象的各个本质的方面按其内在联系有机结合成一个统一的整体。

分析和综合的辩证统一关系：一方面，分析与综合互相依赖。综合以分析为基础，没有分析就没有综合；分析以综合为前导，没有综合也就没有分析。在辩证思维中，总是分析中有综合，综合中有分析，纯粹的分析或综合是不存在的。另一方面，分析与综合在一定条件下相互转化。人的认识就是一个分析、综合、再分析、再综合的循环往复、不断深化的过程。

分析与综合的实质，就是建立在调查研究基础上的矛盾分析，是客观事物的辩证联系和过程在思维中的再现。分析与综合的关系也是辩证的。分析是综合的基础，综合是分析的完成，只有把二者结合在一起，才能构成一个完整的、科学的认识。

3. 从抽象到具体的思维方法

辩证思维中的抽象是对客观事物某一方面本质的概括或规定，具体有两层含义：一是感性具体，即完整的表象；二是思维具体，即关于事物的许多规定的综合、多样性的统一，也就是在抽象基础上形成的包含着客观事物各种本质属性的统一整体的再现。从抽象上升到具体中的“具体”，是指思维具体。

在思维活动中，抽象与具体是同分析与综合密切相关的思维方法。这一思维方法是通过具体到抽象，又从抽象到具体的过程，达到对事物的真理性认识。在认识过程中，有两种完全不同的具体，一种是感性的具体，一种是思维的具体。所谓感性的具体，就是人的感觉器官所得到的生动而具体的知觉表象。感性中的具体是人们认识的起点，为了实现从感性的具体到思维的具体的过渡，必须首先否定感性中的具体。而对感性具体的否定就是抽象。抽象是通过分析把整体分解成各个部分，区分开必然的本质的方面和偶然的现象的方面，从中抽取出各个必然的本质的因素，以达到对具体事物的某一本质方面的认识。这就是从具体到抽象的过程。但是要真正达到对具体事物的全面的具体的认识，还必须运用综合的方法，把对事物各方面的本质的认识联系起来，形成关于统一的事物整体的认识，使抽象的规定在思维的具体中再现。这就是从抽象上升到具体的方法。这种具体认识是多样性的统一，是事物自身各方面的矛盾组成的对立统一的整体在思维中的再现。

4. 逻辑与历史相统一的方法

抽象与具体的方法同逻辑与历史相统一的方法又有内在关联。从抽象上升到具体的过程同时就是以逻辑必然性再现对象的历史发展过程，逻辑与历史相统一是从抽象上升到具体的内在要求。

辩证思维中的历史范畴，一是指认识对象本身的发展史，二是指人们对认识对象认识过程的发展史。逻辑是指理性思维以概念、范畴等思维形式所构建的理论体系。

历史和逻辑的统一，是指主观的逻辑要以客观的历史为基础和内容，逻辑是历史的理论再现。恩格斯说：“历史从哪里开始，思想进程也应当从哪里开始，而思想进程的进一步发展不过是历史过程在抽象的、理论上前后一贯形式上的反映。”①

历史与逻辑的统一又包含着差异和对立。历史的东西总是包含有偶然因素、次要因素以及迂回曲折的细节，具体而生动。逻辑的东西则是“修正过”的历史的东西，通过对历史事实的加工改造，抛弃历史细节、抓住主流，抛弃偶然性、抓住必然性，抛弃偏差、抓住基本方向和基本线索，把握历史发展的内在规律。因此，它能更深刻地反映历史。

---

① 马克思恩格斯选集（第2卷），北京：人民出版社，1995：43

（二）辩证思维方法与现代科学方法

1. 辩证思维方法与现代科学方法有不同的含义

辩证思维方法是理论思维的工具。辩证思维是立足于概念的辩证本性而展开的思维，它以概念、判断、推理、假说和理论体系演化等思维形式的矛盾运动深刻地反映客观世界和人类实践活动的内在本质。辩证思维的基本方法是揭示概念的辩证发展、矛盾运动的基本方法。

科学方法即科学研究方法，一般是指应实践的要求，在一定的认识水平上提出假说，然后由一系列的实践或实验对这些假说进行验证，再经一系列的研究形成理论体系与指导科学实践的研究方法。

2. 辩证思维方法与现代科学方法在本质上是一致的

辩证思维方法是现代科学思维方法的方法论前提，辩证思维方法从普遍联系、永恒发展的角度揭示事物的关系，侧重于人与世界的整体关系；现代科学研究方法在确认世界普遍联系和永恒发展的前提下，深入研究世界的某些具体关系。辩证思维的基本精神和原则贯穿于现代科学思维方法之中。

现代科学思维方法丰富了辩证思维方法。现代科学思维方法丰富了辩证法的宏观画面，使辩证法深入到发展的细部、更复杂的层次。因此，辩证思维方法应该吸收自然科学和社会科学的最新成就，从现代科学方法中吸取营养，以丰富自身的方法系统。

复习思考题

1. 如何理解列宁的物质定义？
2. 如何理解马克思主义的世界统一于物质的原理？
3. 如何认识社会生活本质上是实践的？
4. 马克思主义世界统一于物质原理的方法论意义何在？
5. 从世界联系和发展的特征和规律中，你领悟了哪些方法论？
6. 简述对立统一规律。
7. 简述质量互变规律。
8. 简述否定之否定规律。
9. 为什么说对立统一规律是唯物辩证法的核心？
10. 如何理解归纳和演绎的思维方法？
11. 辩证思维方法与现代科学方法的辩证关系如何？

活动建议

1. 组织学生进行科学实验，检验和分析唯物辩证规律。

2. 组织课堂讨论：如何领会马克思主义的方法论。

原著导读

《矛盾论》原是 1937 年 7～8 月在延安抗日军事政治大学所讲的《辩证法唯物论》的第三章第一节。后来作者作了部分补充、删节和修改，于 1952 年暂收入《毛泽东选集》第二卷，再版时移入第一卷。

《矛盾论》运用唯物辩证法总结了中国共产党领导中国革命斗争的实践经验，从两种宇宙观、矛盾的普遍性、矛盾的特殊性、主要的矛盾和主要的矛盾方面、矛盾诸方面的同一性和斗争性、对抗在矛盾中的地位等方面，深刻地阐述了对立统一规律，发挥了对立统一规律是辩证法的实质和核心的思想。

《矛盾论》是马克思主义哲学史上系统地阐述对立统一规律的哲学专著。其论述紧密结合中国革命的实践，因而具有鲜明的中国特色，为中国共产党的思想路线奠定了哲学基础，丰富和发展了马克思主义。

第三章　认识的本质和规律

认识世界的本质和规律，其中也包括认识我们自己认识的本质和规律。辩证唯物主义认为，事物的客观规律和人们的主观能动性是辩证统一的关系。认识是在实践基础上主体对客体能动的反映。

第一节　物质世界的客观规律与人的主观能动性

人是否能认识世界？也就是说，人能否认识客观世界的规律和必然性，从而把握其规律和必然性，进而改造这个世界？了解这个问题，首先要了解什么是世界的规律和必然性。

一、物质世界的客观规律

（一）规律以及规律的特征

通过前几章的学习，我们知道，客观世界的事物、现象之间是普遍联系的，普遍联系使事物、现象之间互相影响、互相作用，而这种相互影响和作用必然带来事物、现象的现状发生改变。那么，如果这种联系是内在的、本质的、稳定的，就会使事物、现象的现状沿着一个方向改变下去，从而表现出必然性，这就是规律。如太阳的东升西降、四季的更替、人的生老病死、社会形态从低级向高级的发展等等。

规律最基本的特征是客观性、必然性和重复有效性。

客观性。这是所有规律的普遍特性。不论自然规律、社会规律、思维规律，都存在于人的意识之外，具有不以人的意识和意志为转移的客观特性。我们可以发现、认识和利用规律，但是不能创造也不能消灭规律。因为，世界是普遍联系和永恒发展的，由此导致的物质运动是客观的，所以物质运动的规律也是客观的。

必然性。也就是不可避免性、不可抗拒性。规律是事物和现象中稳定的、普遍的联系。客观规律是事物和现象之间这样一种相互关系，一些事物和现象的存在必然引起另一些事物和现象的存在，事物和现象发展的这一个阶段必然引导到另一阶段。也就是说，不是任何因果联系都呈现出发展的必然趋势，而只有内在的、本质的因果联系才表现出规律来，才决定着过程的确定不移的必然趋势。

重复有效性。整个宇宙和宇宙间所有一切事物和现象乃是不断运动和不断发展的永恒现象。虽然它们的运动轨道和秩序有变化，但是，由于本质联系的稳定性，只要条件具备，规律就会合逻辑地重复出现，发挥有效的作用。如自然规律在各种自然过程中重复有效地出现，新陈代谢规律在每个生物个体上重复有效地发挥作用。

总之，规律是事物发展中本身固有的本质的、必然的、稳定的联系，表现为事物发展的确定不移的趋势，是不依人们的主观意志为转移的。

（二）自然规律与社会规律

自然与社会是不可分离的，都具有客观物质性，都有其自身的发展规律。

1. 自然规律

自然规律，也就是自然界的规律。自然界一切物质系统都处于不断运动中，也就是说，自然界的演化、发展是按一定规律进行的客观过程。作为自然、社会、人类认识和思维运动的最一般规律的质量互变、对立统一、否定之否定，同样支配着自然界的演化和发展过程。具体有以下表现：

第一，自然界运动转化的永恒性。自然界的物质形态和具体的运动形式总是统一的。自然界的物质运动及其转化，是一个由量变引起质变的过程，旧的物质形态不断消失，新的物质形态不断产生。这个过程是永不停息的，无论在量上还是在质上都是守恒的。恩格斯强调说："运动的不灭不能仅仅从数量上去把握，而且还必须从质量上去理解。"

第二，自然界运动过程的内在否定性。自然界永恒的运动转化，其根本原因在于自然界内在的否定性。如一切生物体都包含着同化和异化作用的对立统一。同化作用是指生物体从外部环境中摄取它所需的物质，通过在一定条件下的一系列转化，使之成为体内的物质和贮存的能量。异化作用是指生物体内物质分解的生物化学过程，它释放能量以供生物体生理活动的需要，并排出无用物质。同化作用是以合成和贮能为主的生命活动，异化作用则是以分解和耗能为主的生命活动。同化作用所需的能量由异化作用提供，异化作用分解的物质则由同化作用准备。没有同化，异化无从进行；没有异化，同化也不能进行。生物体就是在同化与异化的相互作用下运动发展的。

第三，自然界变化发展的周期性。否定之否定的过程在自然界体现得更为直观，构成了自然界物质系统演化发展的周期性。人们把自然界这种有规则的周期性变化称为自然周期律。这也是自然界的普遍规律之一。人们往往根据对这个规律性的认识去指导自己认识和改造自然。

2. 社会规律

社会规律，也就是社会历史一般过程的性质及其内在规律。

马克思在《〈政治经济学批判〉序言》中对此作了精辟的概括：人们在自己生活的社会生产中发生一定的、必然的、不以他们的意志为转移的关系，即同他们的物质生产力的一定发展阶段相适合的生产关系。这些生产关系的总和构成经济结构，即有法律的和政治的上层建筑竖立其上并有一定的社会意识形式与之相适应的现实基础。物质生活的生产方式制约着整个社会生活、政治生活和精神生活的过程。不是人们的意识决定人们的存在，相反，是人们的社会存在决定人们的意识。社会的物质生产力发展到一定阶段，便同它们一直在其中活动的现存生产关系或财产关系（生产关系的法律用语）发生矛盾。于是这些关系便由生产力的发展形式变成生产力的桎梏。那时社会革命时代就到来了。随着经济基础的变更，全部庞大的上层建筑也或慢或快地发生变革。在考察这些变革时，必须时刻把下面两者区别开来：一种是生产的经济条件方面所发生的物质的、可以用自然科学的精确性指明的变革；一种是人们借以意识到并力求把它克服的那些法律的、政治的、宗教的、艺术的或哲学的，简言之，就是意识形态的形式。我们判断一个人不能以他对自己的看法为根据，同样，我们判断这样一个变革时代也不能以它的意识为根据；相反，必须从社会生产力和生产关系之间的现存冲突中去解释。无论哪一个社会形态，在它们所能容纳的全部生产力发挥出来以前，是绝不会灭亡的；而新的更高的生产关系，在它存在的物质条件在旧社会的细胞里成熟以前，是绝不会出现的。

3. 自然规律和社会规律的联系和区别

自然规律是自然现象固有的、本质的、必然的、稳定的联系。社会规律是通过人们的活动表现出来的社会生活过程诸现象间的本质的、必然的、稳定的联系。

自然规律与社会规律之间的联系主要表现为：自然规律本身虽然具有不以人的意志为转移的客观性，人不能任意改变、创造或消灭自然规律，但是，我们可以使自己的躯体和物质工具作用于客观世界，引起自然界的某些变化，并能有目的地引发、调节和控制自然界中的能量和信息过程，使各种客观规律共同作用的结果发生有利于人的变化。

自然规律与社会规律之间的区别主要表现为：由于二者存在的领域、作用的范围不同，因此起作用的条件和方式也就各不相同。自然规律是作为一种盲目的无意识的力量起作用，社会规律则是通过有一定目的和意图的人的有意识的活动实现的。社会规律比自然规律存在和发挥作用的时间要短，自然规律在人类社会产生前就发生作用，而且只要具备了同样的客观物质条件，自然规律就可以以完全相同的形式反复出现。社会规律的重复性不那样明显、突出，在不同的社会、国家、民族以及不同的历史阶段都有不同的表现形式。这就使认识社会规律比认识自然规律困难得多。人们对社会规律的认识是一个不断深化的过程，往往要经过反复实践、反复探索，才能达到对客观规律的正确认识。

（三）对规律的两种不同认识

唯心主义不承认规律的客观性，而把人的主观能动性夸大到超出规律之上的、绝对的程度。这种立场必然导致不可知论。如休谟认为，人们能够认识的只是自己的感觉，至于在感觉之外还有什么，人们是不可能知道的。康德认为客观世界是不可认识的“自在之物”，人们只能通过感觉认识事物的现象而不能透过现象认识事物的本质。

唯物主义可知论从物质第一性、意识第二性出发，认为认识的本质是对世界的反映，认识能够同它所反映的对象相符合，肯定世界是可以认识的。但是，形而上学唯物主义虽然承认规律的客观性，但看不到人的主观能动性，认为人在规律面前是消极、被动的，只能做规律的奴隶。

辩证唯物主义既坚持规律问题上的唯物论，又克服形而上学的局限，坚持规律问题上的辩证法，把客观规律性和主观能动性辩证地统一起来。一方面，因为物质运动的规律性是人意识之外的客观实在也是第一性的，因此，要在承认规律的决定作用的基础上发挥主观能动性。另一方面，因为物质、物质的运动、物质运动的规律是可知的，所以，在一定条件下，充分发挥主观能动性又是人类发现、认识和利用规律的必要条件。规律不为人所创造和消灭，但规律作用的发挥是有客观条件的，这个条件就是事物之间的本质联系。当人类在生产和科学发展的基础上认识了这些条件以后，就可以通过维持或创造某些条件来延续、扩大对人类有益的规律的作用，通过破坏或改变某些条件来缩小、减弱对人类有害的规律的作用。人类对规律的认识和利用，是一个要经过世代努力的长期的过程，因为物质世界是无限的，所以，这一过程也是永无止境的。

辩证唯物主义关于世界是按一定规律运动着的物质世界的原理，是全部马克思主义的哲学基石，也是我们从事一切实际工作的立足点。既然一切现象归根到底都统一于物质，物质世界是人们思考、改造的现实世界，那么，我们在任何时候、任何地方和任何条件下，都要坚定不移地从客观物质世界及其运动规律出发，从实际出发。

既然世界是可知的，而且客观世界都存在一定的本质必然的联系，都是有一定规律的，这就为人类把握世界和改造世界提供了可能。那么，我们如何发挥人的主观能动性认识和把握规律呢？

二、意识及其能动性

人的主观能动性的来源是意识。那么什么是意识呢？

（一）意识

意识是自然界长期发展的产物。意识的产生经历了由无机物的反映特性到低等生物的刺激感应性，由低等生物的刺激感应性到动物的感觉和心理，由动物的感觉和心理到人类的意识三个阶段。意识更重要的还是社会的产物。意识是由人类从动物界中分化出来，在劳动的推动下产生和发展的，而劳动一开始就是集体的、社会的活动。正如马克思所说：“意识一开始就是社会的产物，而且只要人们还存在着，它就仍然是这种产物。”[1]

---

① 马克思恩格斯选集（第1卷）．北京：人民出版社，1972：35

具体来说，从生理基础上，意识是人脑的机能。大脑是人的意识和高等动物的心理活动的共同的物质基础，没有大脑既不会有动物的心理活动出现，更不会有人的意识的产生，意识的形成就是通过人的大脑神经系统的反射活动实现的。从来源和内容上，意识是人对客观存在的反映，是客观存在的主观映象。意识的内容来源于客观世界，而意识的形式是主观的。也就是说，意识体现了主观和客观的统一。

（二）主观能动性

意识的本质说明，意识被物质决定后，又对物质具有反映的作用，从中引出思想、道理和意见，并能够对人类认识世界和改造世界的实践活动起指导作用。这就是意识的反作用、主观能动性、自觉能动性。意识的反作用、主观能动性、自觉能动性，就是指人们能动地认识世界和改造世界的能力。意识的能动作用有两个含义：第一，意识能够主动地反映客观事物，形成主观观念；第二，意识能够能动地指导人们进行实践活动，反作用于事物。列宁说："人的意识不仅反映客观世界，并且创造客观世界。"

具体来说，意识的能动性表现在以下方面：

第一，意识活动具有计划性和目的性。人们在反映客观对象时，按照一定的主观倾向和要求，抱有一定的动机和目的。人们在从事任何活动时，总是根据客观事先在头脑中形成所要实现的目标，然后再为达到这一目标设计一定的活动方式、方法和步骤。如马克思说："蜘蛛的活动与织工的活动相似，蜜蜂建筑蜂房的本领使人间的许多建筑师感到惭愧。但是，蹩脚的建筑师从一开始就比最灵巧的蜜蜂高明的地方，是他在用蜂蜡建筑蜂房以前，已经在自己头脑中把它建成了。"

第二，意识活动具有创造性。人的意识在实践中能动地获得对事物的感性认识，又能动地由感性认识上升到理性认识，透过事物的现象深入反映事物的本质。意识不仅能复制现实的对象，而且可以根据事物的本质和规律追溯过去、推测未来，甚至创造理想的或幻想的事物。人们关于气象、地震、天体演化以及社会发展的预测，就是思维创造性的生动体现。

第三，意识可以通过实践能动地改造世界。人的意识不仅能够从实践中形成正确的思想，更重要的是还能以这些正确思想为指导，通过实践把观念的东西变为改造世界的现实力量。意识的这种作用是一种伟大的力量，在人们活动所及的范围内到处可以看到"人的意志的印记"，自然界不断在"人化"。

第四，意识对于人体本身的生理活动也具有一定的控制能力。我国中医的传统理论和实践，现代医学通过心理疗法成功地治疗生理疾病，都是很好的证明。

意识本身也是不断发展的。人在实践中由不知到知，由知之不多到知之甚多。人类意识是一个永无止境的无限的能动发展过程。由于对天文、地理的知识的丰富，人们开始探求更遥远的地球以外的天体，而这又推动人们去认识和掌握更丰富的知识和理论。

在认识意识的能动性时，我们必须注意意识对客观世界可以起两种截然相反的作用：正确的思想、意识，能够指导人们采取正确的行动，对事物的发展起促进作用；错误的思想、意识，会引导人们采取错误的行动，对事物的发展起阻碍作用。因此，不但要肯定意识的能动作用，而且要正确发挥意识的能动作用。

在认识意识能动性问题上，唯心主义从否认物质的决定性的基本立场出发，把意识说成脱离物质而独立存在的本体，片面夸大意识的能动作用，宣扬不同形式的精神万能论。形而上学唯物主义肯定物质对意识的决定作用，但把意识看成消极被动的，认为意识在客观规律面前无能为力，属于机械决定论、宿命论，因而不能科学地解释复杂的意识现象。马克思主义认为，物质对意识的决定作用和意识对物质能动的反作用是辩证统一的，这样就克服了上述两种片面性。马克思主义坚持物质决定论，认为物质对意识起决定作用，离开这个基本前提来讲意识能动作用，就会滑向唯心主义；同时又坚持意识的能动论，即在肯定物质决定意识的前提下，坚持辩证法，承认意识对物质具有巨大的能动作用。一方面，尊重客观规律是发挥主观能动性的基本前提。人们不能创造规律，不能消灭规律，也不能违背规律，只能承认、发现、掌握和利用规律，人们的主观能动性发挥的程度如何首先取决于人们对客观规律认识、掌握和利用的正确程度如何。另一方面，要认识到发挥主观能动性是尊重客观规律的必要条件，认识和掌握客观规律不是轻而易举的事，要勇于探索。一个人对客观规律认识和掌握的程度如何，取决于主观能动性发挥的程度怎样。

三、客观规律和发挥主观能动性的辩证统一

怎样发挥意识的能动作用，认识物质世界的客观规律，从而指导我们正确地认识世界和改造世界呢?

由于规律具有客观性，意识具有能动性，所以，在发挥意识的能动作用认识物质世界的客观规律的时候，既要认识到规律具有客观性，又要坚持唯物主义可知论的立场，既要认识到意识的巨大能动作用，又要充分认识意识作用发挥的条件性。只有这样，才能正确认识世界和改造世界。否认人的主观能动性，必然导致对人的价值性的否定，导致对历史发展动力的否定；把主观能动性看得高于一切，如历史唯心主义把人们的思想动机看做历史发展的根本动力，也是错误的。

那么，如何发挥人的主观能动性呢?

第一，在承认物质决定意识的前提下，承认和发挥意识的能动作用。夸大这个作用就会导致唯心主义。

第二，正确认识并严格遵循客观规律，是发挥意识能动作用的成败的关键。不遵循规律会导致唯心主义；否认意识的能动作用会导致形而上学。认识和改造自然界，要尊重自然界的规律；认识和改造社会，要尊重社会规律。人们能够创造历史，但不是随心所欲地创造历史。只有遵循历史的规律和进程，把握时代的脉搏和契机，才能

真正成为历史的主人。这就是说，只有从客观实际出发，建立在客观规律基础上的思想，才是正确的思想；只有在正确思想指导下，符合客观规律的行动，才是正确的行动，才能实现人们预想的目的。人们对客观规律的认识越深刻、越正确，就越能有效地发挥主观能动性。

第三，只有通过实践，才能实现意识的能动作用。这是实现意识能动作用的关键，也是唯一途径。人的意识通过实践能动地认识世界，又通过实践能动地改造世界，实践是发挥意识的能动作用的基本途径。意识本身不能实现什么，只有通过意识指导人们的实践活动才能发挥其对物质的反作用。实践是主观见之于客观的物质活动，是意识反作用于物质的桥梁。所以，要勇于参加社会实践。也就是说，有了对客观规律的正确认识，有了先进的思想理论，必须把它运用到实践中去，才能使它的能动作用发挥出来。充分发挥主观能动性的途径是社会实践。

第四，正确发挥意识的能动作用，还依赖于一定的物质技术条件，认识世界是这样，改造世界更是这样。人们对客观世界的认识程度，同物质技术条件的发展水平密切相关；改造世界的活动需要凭借一定的物质手段，更是不言而喻的。没有现实的原材料，“巧妇难为无米之炊”；有了可供改造的物质资料，还必须依据一定的物质条件，凭借一定的物质技术手段如工具、机器等，才能使观念的东西转化为物质的东西。这就要求我们要积极创造物质条件，丰富我们的认识工具和改造工具。物质保障越充分，观念转化为物质的过程就越容易实现。

总之，要正确地、充分地发挥意识的能动作用，就必须尊重客观规律，从现实条件出发，把高度的革命热情和严肃的科学态度结合起来。忽视甚至抹杀意识的能动作用，消极悲观，无所作为，或者片面夸大意识的能动作用，不考虑客观实际情况盲目蛮干，都是要不得的。

第二节　认识是实践基础上的能动反映

由于对哲学基本问题的不同回答，也引起了认识路线的根本对立。一切唯心主义从意识第一性、物质第二性的原则出发，奉行从思想和感觉到物的认识论路线，把认识看做先于物质、先于实践经验的东西，否认认识是人脑对客观世界的反映。和唯心主义认识论相对立，唯物主义从物质第一性、意识第二性的前提出发，坚持从物到感觉和思想的认识论路线，把客观世界看做认识的对象，认为人的认识是人脑对客观世界的反映。

马克思主义坚持了唯物主义立场，同时把实践的观点引入认识论，把辩证法用于反映论，创立了辩证唯物主义认识论。第一，马克思主义把科学的实践观引入认识论，把实践看做认识论的基础，正确地阐明了认识是主体通过实践对客体的能动的反映。作为主体的人是社会的人，是从事实践活动的人。主体和客体的关系首先是改造和被改造的关系，在此基础上才有主体和客体的反映与被反映的关系。离开实践，主体和客体就失去了相互联系的桥梁。因此，实践的观点是辩证唯物主义认识论首要的和基本的观点。第二，马克思主义把辩证法贯穿于反映论，科学地阐明了人的认识的全部过程。正是在社会实践的基础上，马克思主义科学地解决了实践和认识、感性和理性、真理和谬误、相对真理和绝对真理、认识世界和改造世界等一系列辩证关系，从而克服了形而上学唯物主义认识论的直观性、机械性和被动性。第三，马克思主义坚持了从客观到主观、从物质到精神的唯物主义认识路线，与不可知论划清了界限；同时又把反映论贯彻到社会历史领域，把社会存在作为认识论的出发点，认为人们的社会意识是对社会存在的反映，对一切社会现象作了唯物主义的解释。

一、认识主体与客体的辩证统一关系

一般来说，认识的主体就是“人”。主体的人具有自然属性；主体的人又是感性的客观存在物，具有客观实在性，受自然规律的支配和制约；主体的人还主要是社会的产物，具有社会性。这些属性决定了，作为主体人的意识性是指人不仅能生动地感知客观事物，而且能理性地把握事物的本质。认识的主体的形式是多种多样的：个体主体，即指在社会提供的物质条件和精神条件下从事相对独立的实践活动的个人；群体主体，即指按照一定的利益、目的、信仰和规范而组织起来共同从事实践活动的集团。

一般来说，认识的客体就是物质世界的各种各样的事物。认识客体是不以主体的意志为转移的，都是客观存在；认识客体总是以主体的实践对象和认识对象而存在于现实的认识关系中；认识客体总是在一定的社会历史条件下，进入到主体的实践和认识范围的。从其可能性上说，物质世界的各种各样事物都是认识的客体；但从其现实性上说，只有那些进入人类实践和认识范围之中的各种事物，才构成认识的现实客体。因此，作为人们改造和认识对象的客体，在一定的具体历史条件下只能是物质世界的一部分事物。认识客体的形式也是多种多样的：自然客体，是指自然界的事物和现象；社会客体，是指社会存在和社会关系；精神客体，即指自己的思想、活动。

主体与客体是对立的。在实践关系中，两者是改造和被改造的关系；在认识关系中，两者是认识和被认识的关系。主体与客体的对立，还表现为主体和客体具有不同的本质规定和属性，两者不能混淆。

主体和客体又是统一的。主体与客体失掉任何一方，就不可能构成现实的认识关系，无主体的认识和无客体的认识，都是不可思议的。它们互相促进，协调发展。主体的实践能力和认识能力的水平，决定着对客体的改造和认识的深度和广度；而随着客体领域的扩大和层次的深入，客体又促进了主体的实践能力和认识能力的提高。

主体与客体在一定条件下可以相互转化。主体转化为客体表现在：作为主体的人在改造世界的过程中，目的、计划、愿望转变为客观实在对象；作为主体的人相对于他人来说，处于客体的地位；主体在自我认识、自我评价、自我改造的过程中某些方面也会变成活动的客体。客体转化为主体表现在：人反映世界，对象被人化了，客体被移入人脑并经过大脑的改造而成为人的思想、知识；人改造自然，使原来的自然物即客体，成为人的活动工具，延长了人的器官，变成直接从属于主体的东西；作为消费资料的客体，当它被人消化吸收而同化为主体的有机组成部分时，这就是客体的主体化。

二、认识是在实践基础上主体对客体能动的反映

（一）实践是认识的基础

第一，实践是认识的唯一来源。只有通过实践才能感知客观事物的现象和本质。这是实践的起点，也是认识的起点。如果脱离实践，认识就基本不能产生。只有通过实践才能认识事物的本质。毛泽东在《实践论》中指出：

人的认识，主要地依赖于物质的生产活动，逐渐地了解自然的现象、自然的性质、自然的规律性、人和自然的关系；而且经过生产活动，也在各种不同程度上逐渐地认识了人和人的一定的相互关系。一切这些知识，离开生产活动是不能得到的。在没有阶级的社会中，每个人以社会一员的资格，同其他社会成员协力，结成一定的生产关系，从事生产活动，以解决人类物质生活问题。在各种阶级的社会中，各阶级的社会成员，则又以各种不同的方式，结成一定的生产关系，从事生产活动，以解决人类物质生活问题。这是人的认识发展的基本来源。

人的社会实践，不限于生产活动一种形式，还有多种其他的形式，阶级斗争，政治生活，科学和艺术的活动，总之社会实际生活的一切领域都是社会的人所参加的。因此，人的认识，在物质生活以外，还从政治生活文化生活中（与物质生活密切联系），在各种不同程度上，知道人和人的各种关系。其中，尤以各种形式的阶级斗争，给予人的认识发展以深刻的影响。在阶级社会中，每一个人都在一定的阶级地位中生活，各种思想无不打上阶级的烙印。

当然，马克思主义强调实践是认识的来源，并非否定他者经验或书本上的理论知识，但学习间接经验也总是以直接经验为基础的，应该把二有机地结合起来。无论是自然知识还是社会知识，从源泉上说，只能是在实践基础上产生和发展。但是对于每一个人来说，由于其生命和精力是有限的，实践范围也是有限的，就不可能事事都亲自实践一番。因此，一个人的知识的获得一是亲自实践，获得直接经验；一是通过学习和交流等途径获得他人的实践成果，即间接经验。总之，实践是认识的起点，也是认识的归宿，是全部认识的基础。正如毛泽东所说，人们的认识不是人的头脑里固有的，也不是从天上掉下来的，只是从实践中产生的。

第二，实践是认识发展的根本动力。实践推动产生了认识的需要，而且创造出必要的条件和手段。实践作为主客体的桥梁，又使认识发展的可能性不断地转化为现实、认识的需要。世界上的客观事物种类繁多，但并不是任何事物都同时进入认识领域，只是由于主体改造客体的实践需要，才产生认识世界的必要。同时，社会实践及其需要是不断发展的，永远不会停留在一个水平上。实践的发展必然提出许多新问题、新情况，迫使人们去研究、去解决，以满足人们实践的需要。另外，人们通过实践创造日益完备的研究手段以及其他物质条件，使人们的认识范围扩大，程度加深。

第三，实践是检验认识正确与否的唯一标准。人们在实践中产生的认识是不是正确，即是否符合客观实际，这个问题认识本身是无法解决的，只有通过实践检验才能做出判断。

第四，实践是认识的最终目的。离开了指导社会实践，再好的理论也是绝无意义的。认识在实践中产生，又在实践中发展，认识还要反过来为实践服务。人们认识世界，目的就是为了改造世界。一切科学理论、知识，都是适应实践的需要产生的，最终目的又是为实践服务。

总之，从认识的产生、发展和最终目的，都说明认识和实践的依赖关系。实践是认识的基础，这是马克思主义认识论最根本的特征。

（二）认识是在实践基础上主体对客体能动的反映

第一，认识是主体对客体的反映。反映特性是人类认识的基本规定性。一切认识从本质上说，皆是人以观念的方式反映客观事物及其发展趋势的。认识是主体意识对客体存在的反映，这是一切唯物主义认识论的共同原则。所谓反映原则，就是指认识对象是不以人的主观意志为转移的客观存在，人的认识不论表现形式多么抽象和复杂，归根到底来自客观对象，在人的具有主观形式的观念中含有不以人、不以主体为转移的客观内容。只有承认并坚持反映论的原则，才能把主体同客体、主观同客观、人同自然界结合起来，才能理解认识为什么对实践活动具有巨大的指导意义。

第二，认识都是主体对客体的自觉的能动的反映过程。人的认识不同于动物的反映活动，它不是主观对客观的简单的直接的复写，而是一种能动的、创造性的复现。人们为了从事实践活动，不仅要反映事物的现象，还要透过现象反映事物的本质和规律。在客观世界中，现象和本质是浑然一体的，人为了把握事物的本质和规律，就必须在实践的基础上，在观念中分解、加工和改造客观对象，运用一系列的科学抽象方法进行创造性的思维活动，以适应人们的需要。认识是自然界的反映，但并不是简单的、直接的、完全的反映，而是一系列的抽象过程，即概念、规律等的构成、形成过程。在人们的抽象活动中，认识主体的能动性、创造性、选择性得到鲜明的体现，而且认识活动的结果，也不再是同直观客体相对立的感性的形象，而是以抽象的范畴、概念、符号、公式、原理、图式等形式出现的，更深刻、更正确、更完全地反映着客观世界。

人们在实践活动中，不仅要反映事物的本质和规律，而且必须基于这种认识，塑造出符合主体需要的理想客体，这是一种能动性、创造性的更高层次的反映活动。与动物不同，人们可以改变自然物质的形态，并且在实际改变之前，就已经把自然界对于人类来说所"应当如此"的面貌反映出来。如果没有这种超前性、创造性的反映活动及其成果，认识就不能成为实践活动的指导，也就不成其为人的认识。

第三，主体对客体的自觉能动性反映都是以实践为中介实现的。认识依赖于实践，并伴随着实践的深化和发展而不断升华。实践是主体—客体结构中的一种基本的功能关系，它表现为主体与客体之间的实际的、物质的相互作用，是把主体与客体联系起来的中介。

马克思主义将实践引入认识论，同时又把辩证法应用于反映论，这就使唯物主义的反映论原则与辩证法的能动性原则有机地结合起来，创立了自觉能动的反映论。实践的观点是马克思主义认识论的本质特征，是其区别于其他哲学认识论的根本所在。

（三）认识对实践的指导作用

马克思主义认识论把实践作为认识的基础，但同时也重视认识对实践的指导作用。认识对实践的指导作用主要表现在以下方面：

第一，人们的认识规定着实践的目的、过程，并影响实践的结果。人们改造世界要达到的目的、所涉及的规律、进行的程序等无不受到认识的广度和深度的支配。

第二，人们的认识是否正确或者正确的程度如何，也必将直接影响实践的结果。因此，马克思主义在强调要尊重实践的同时，也强调要用正确的认识、革命的理论来指导人们的社会实践和革命运动，强调理论先行。理论作为人类的一种认识工具，首先就在于它能给人们指明事物的深层本质和发展的基本规律，并找出解决矛盾的途径和方法。正如列宁所说，没有革命的理论，就不会有革命的运动。恩格斯也曾指出，无论对一切理论思维多么轻视，可是没有理论思维，就连两件自然的事实也联系不起来，或者连二者之间所存在的联系都无法了解。衡量一种理论是否具有价值和价值的大小，不仅要看它能否解释人们已知的客观事实，更重要的是看它具有多大的预见力量。当然，理论植根于实践，产生于实践，并在实践中得到检验，而且随着人类实践不断向前推进。

认识和实践的辩证关系要求我们既要重视实践对认识的决定作用，又要重视理论对实践的指导作用，把认识和实践高度地统一起来。

三、认识的辩证运动

马克思主义不但把实践的观点引入认识论正确地解决了认识和实践的关系，还把辩证法应用于认识论，进一步揭示了认识和实践的矛盾运动过程。列宁指出："从生动的直观到抽象的思维，并从抽象的思维到实践，这就是认识真理、认识客观实在的辩证途径。"毛泽东进一步发展了列宁的思想，指出从实践到认识，再由认识到实践，是一个完整认识过程。实践、认识、再实践、再认识，这种形式循环往复以至无穷，实践和认识的每一循环的内容，都逐渐地进入了高一级的程度，这就是人类认识的辩证运动。

（一）由实践到认识

辩证的认识运动，首先是从实践到认识的过程。在这一过程中，认识经历了感性认识和理性认识的两个阶段，并实现了由前者到后者能动的飞跃。

1. 感性认识

感性认识是认识的初级阶段，是人们在实践中通过感官对客观事物而产生的，是关于事物的表面现象、外部联系和各个片面的直接反映。

感性认识包括感觉、知觉和表象三种形式。感觉是人们对事物的表面的个别特性的反映，即直接反映事物的形状、颜色、声音、气味、冷热、软硬等个别属性和特性。感觉是感性认识的起点，从而也是整个认识的起点。没有感觉，人的认识就无从谈起。知觉是关于一个事物各种感觉的集合，是人们在各种感觉基础上把它们集合在一起，关于该事物各方面特性的整体的感性形象的反映。知觉能够感知到感觉不能感知的东西，它是比感觉进一步的全面和复杂的认识形式。表象是感觉和知觉的再现，即是人们的大脑对以往感觉和知觉的回忆。表象可以为人们的大脑积累大量感觉材料。

感性认识的特点是直接性、具体性和表面性。它对事物进行直接、具体、形象、生动的模拟和描述，是认识的初级阶段，是不可缺少的重要阶段。没有它，就不能反映丰富多彩的客观世界。感性认识的局限性，是没有反映事物的共同特性和事物的本质联系。

2. 理性认识

理性认识是认识的高级阶段，是人们借助抽象思维、感性材料整理概括而形成的关于事物的本质、事物内部联系的间接认识。

理性认识主要有概念、判断和推理三种形式。概念是关于同类事物的一般特性的反映，即对具有各自个体的同类事物的共同性抽象概括的反映。概念是构成逻辑思维的细胞，是思维的基本的形式，没有概念就不能思维，任何科学也就不能产生。判断是关于事物之间的联系或关系的反映，是人们对客观事物是否具有某种属性的判明或判定。推理是从事物联系和关系中，由已知合乎规律地推出未知的反映形式。推理可以使人从已有知识推出新知识，扩大知识的成果。推理还可以使人从事物状况看到事物的发展趋势，预见未来。它是比概念、判断更高级的思维形式。理性认识中的概念、判断和推理三种形式是有机统一的，它们共同构成了完整的思维过程。

理性认识是认识的高级阶段，它的特点是抽象性、间接性和深刻性。

3. 感性认识和理性认识的辩证关系

感性认识和理性认识是认识过程中性质不同的两个阶段，但是它们又是紧密联系不可分的。这种辩证统一关系是马克思主义认识论唯物辩证特性的体现。

首先，理性认识依赖于感性认识。在认识过程中，人们在实践中首先获得的是感性经验，在此基础上才能达到理性思维。离开了感性认识，就不能形成正确的理性认识。从认识的内容和顺序上看，人们在实践中获得的感性认识是关于事物现象的反映，人们只有通过这些现象才能深入事物的本质，达到深刻的理性认识。因此，感性认识是认识过程的起点，是理性认识的必经阶段，理性认识必须依赖感性认识。在这个意义上，理性认识依赖于感性认识，也就是依赖于实践，体现了马克思主义认识论的唯物主义。

其次，感性认识有待于发展深化为理性认识。人们在实践中所产生的认识，其目的是为实践服务。感性认识所反映的只是事物的现象，还没有反映事物本质，这种认识不能正确地指导实践。经过感觉而达到思维，透过现象而深入本质，获得关于事物规律性的认识，这才是人类认识的真正任务。只有取得关于事物本质和规律性的理性认识，才能明确实践的方向和道路，才能有效地改造世界。因此，感性认识必须发展深化为理性认识，才能为实践服务。

再次，感性认识和理性认识相互渗透。一方面，在感性认识中包含理性认识，感觉和知觉等是通过概念等理性认识形式来表达的。另一方面，在理性认识中包含着感性认识。理性认识以感性认识材料为基础，以语言文字等感性形式来表达。因此，没有纯粹的感性认识，也没有纯粹的理性认识，不能把它们截然分开。感性认识和理性认识是辩证统一的，这种统一的基础是实践。它们都是在实践中产生的，是在实践中实现由感性认识到理性认识能动飞跃的，又是在实践中相互渗透的。在这个问题上，我们要和割裂两者辩证统一关系的唯心论和经验论划清界限，也要和实际工作中的教条主义和经验主义划清界限。

从实践到认识，就是指主体在变革客体的活动中获得关于客体的感性认识，并从感性认识上升到理性认识的过程。感性认识发展到理性认识必须有两个条件：要深入实际，在实践中获取大量的、合乎实际的感性材料，这是形成正确的理性认识的基础；要遵循正确的途径，使用科学思维方法对感性材料进行逻辑加工。毛泽东说："反映事物的本质，反映事物的内部规律性，就必须经过思考作用，把丰富的感觉材料加以去粗取精，去伪存真，由此及彼，由表及里的改造制作工夫，造成概念和理论的系统，就必须从感性认识跃进到理性认识。"

（二）由认识到实践

认识经由感性认识发展到理性认识，这只是认识全过程的第一次飞跃。人们在达到理性认识之后，还必须把这种理性认识运用于指导实践，并在实践中检验和发展。这是认识过程的第二次能动的飞跃。只有实现这一次飞跃，才完成了一个完整的认识过程。

从认识到实践，就是把第一次飞跃所得到的认识返回到实践中去，变成改造世界的物质力量的过程。这是认识过程的飞跃。这次飞跃比起第一次飞跃来说更为重要。因为这是认识的目的，这是检验和发展认识的过程。离开这次飞跃，认识不能得到检验和发展。

实现认识向实践飞跃必须具备必要的条件：只有正确的认识或理论才能指导实践，为实践指明方向和道路，如果认识是错误的，那就会把实践引入歧途，使人们在实践中遭到挫折或失败；从实际出发，坚持一般理论和具体实践相结合的原则，理性认识或理论认识是关于事物本质规律的反映，具有一般性；在运用理论指导实践改造现实时，必须结合具体现实情况，确定具体实施计划、方案等，才能使理论发挥重大指导作用；理论必须为群众所掌握。任何时候，社会实践的主体都是人民群众，所以理论只有为群众所掌握才能变成改造自然、改造社会的物质力量。通过对群众的宣传教育，使理论为群众所掌握。理论指导实践，而实践的主体是人民群众；理论只有为人民群众所掌握，并化为他们的行动，才能变成改造世界的物质力量。

（三）认识过程的反复和无限发展

对一个具体的认识过程来说，如果经过从实践到认识、再由认识到实践的两次飞跃，在实践中达到了预期的目的，就算完成了对这个过程的认识。但是，有的时候对事物的正确认识，不是经过一次实践到认识、认识到实践的过程就能完成的，而往往是要经过多次反复才能完成。认识之所以出现这种反复，是因为受到客观和主观两方面条件的限制。从客观条件的限制方面来看，认识的客观对象是一个复杂的矛盾统一体，它的本质是隐藏在现象之中的，而且事物本质有一个逐步发展的过程，在矛盾尚未展开的时候，本质也不可能充分暴露。这些情况使人们不可能一下子认识它的本质。同时，一定社会历史条件，如生产力发展水平、社会制度、阶级斗争状况和科学技术条件等不同，也限制和影响人们对客观事物的反映程度。从主观条件的限制方面来看，由于人们在实践中地位、实践的范围、知识水平和思维能力等条件局限，也影响人们对事物本质的认识和把握。在阶级社会，人们的阶级立场、观点的局限也影响人们的正确认识。人们的认识受到客观条件和主观条件的限制，但是实践又是不断发展的，人们在实践过程中也在不断打破这些限制，从而达到对事物本质和规律的正确认识。这就必然决定了以物质世界为对象的实践和认识，也是无限发展和无限深入的过程。

经过实践和认识的多次反复，在实践中得到了预想的结果，标志着人们对某一具体过程的认识完结。然而，物质世界在空间上的层次和联系是无限的，在时间上事物的发展也是无限的，因此人们在具体条件下的认识只能接近，而不能穷尽对物质世界的认识。所以，整个人类的认识运动是永远不会完结的。“实践、认识、再实践、再认识，这种形式，循环往复以至无穷，而实践和认识之每一循环的内容，都比较地进到了高一级的程度。这就是辩证唯物论的全部认识论，这就是辩证唯物论的知行统一观。”这是毛泽东对认识和实践的矛盾运动过程所给的精辟结论。对于认识过程的科学揭示，正是马克思主义认识论辩证性质的体现。

认识和实践的矛盾运动说明，认识是一个过程，每一个正确的认识都只能是理论和实践的具体的历史的统一。马克思主义这个重要原则要求我们必须注意经常保持主观和客观、认识和实践、知和行的一致。

四、方法论意义

马克思主义认识辩证过程的原理，具有重要的方法论意义。

第一，它要求人们把认识和实践具体地、历史地统一起来。认识和实践，总是具体的。认识总是在一定时间、地点、条件下，对具体的客观事物的认识；实践也是在具体条件下的对客观具体事物的改造运动。也就是说，具体认识是在具体实践中产生的，反过来又为具体的实践服务。人们应该把二者具体地结合起来。认识和实践又是历史的，不断发展的。实践的具体过程是不断推移的，认识也是随着实践过程的推移而不断改变的，人们应该把二者在历史前进过程中统一起来。当客观实践的某一过程尚未结束而向另一过程转移的条件尚不具备的时候，我们的思想就不能超越客观过程，把幻想当现实，否则就会犯“左”的错误。当客观实践的具体历史过程已经向前推移，我们的思想就必须随着社会实践的发展而发展，否则我们的思想就会僵化，就会落后于客观实际，就要犯保守主义和右倾的错误。总之，我们要反对割裂二者具体历史统一的“左”的和右的错误思想。

第二，为从实际出发的思想路线奠定了基础。认识论是人们行动的指南，坚持怎样的认识论路线，就会坚持怎样的思想路线。认识论是思想路线的理论基础，思想路线则是认识论一般原则在实际工作中具体的应用贯彻和体现。马克思主义把实践引入了认识论，建立了唯一科学的认识论，在实际工作中形成了正确的思想路线。中国共产党人把马克思主义认识论应用于革命和建设实践中，经过长期探索和正反两方面经验的总结，形成了一条完整的思想路线：一切从实际出发，理论联系实际，实事求是，在实践中检验和发展真理。这条路线深刻体现了认识论原理。实事求是的基本途径是在实践中检验真理和发展真理。人们是否真正做到了实事求是，只有通过实践及其结果才能加以判定，而且只有实践才能纠正认识的错误，发展具有真理性的认识。一切从实际出发，就是要求人们把客观存在的实际事物作为观察和处理问题的根本出发点，按照事物的本来面目去认识事物，这是彻底的唯物主义一元论在认识过程中的体现。为了做到一切从实际出发，必须理论联系实际。从实际出发不是停留在实际事物的表面现象上，而是要把握客观实际的整体和规律，要做到必须以科学理论为指导。可见，实事求是体现着科学态度和辩证方法的统一，体现着尊重客观规律和发挥主观能动性的统一，从而深刻体现了彻底唯物主义和彻底辩证法的高度统一。邓小平指出：“实事求是是无产阶级世界观的基础，是马克思主义的思想基础。过去我们的革命所取得的一切胜利，是靠实事求是，现在我们实现四个现代化，同样要靠实事求是。”

第三，它为认识论和群众路线的一致性提供了基础。社会实践就是以人民群众为主体的实践，从群众中来，到群众中去，也就是从实践到认识、从认识再到实践的过程。从群众中来，就是深入群众调查研究，了解情况，制定路线、方针、政策和计划的过程。这个过程就是在实践中从感性认识上升到理性认识的过程。到群众中去，就是把路线、方针、政策和计划等再贯彻到群众中，经过宣传，为群众所接受，化为群众实践的过程。这个过程就是由理性认识回到实践的过程。不断地坚持“从群众中来，到群众中去”的方法，也就是坚持“实践、认识、再实践、再认识”的辩证认识运动的规律。以毛泽东为代表的中国共产党人，把实践观点和群众观点结合起来，把科学认识论和革命的群众路线结合起来，丰富和发展了马克思主义认识论。

中国传统哲学中的知行观：

“知而非艰，行之维艰。”行比知难，要求知和行的统一，包含有辩证法的因素。

“生而知之”和“学而知之”的孔子的知行观。“生而知之”表现了割裂知行的唯心主义倾向，“学而知之”则包含有通过后天实践经验的学习而获得知识的思想倾向。

“不学而能”的良能和“不虑而知”的良知的孟子知行观是唯心主义先验论的知行观。

“行先知后，知来源于行”的荀子唯物主义的知行观。“不登高山，不知天之高也，不临深池，不知地之厚也”，“不闻不若闻之，闻之不若见之，见之不若知之，知之不若行之”。

反对“将知行分做两件事去做”的明代王守仁知行合一说。“心即理”的基础上提出的知行合一说：“知是行的主意，行是知的功夫，知是行之始，行是知之成”，“一念发动处便即是行”。

“知行终始不相离”的明末清初王夫之强调的行先知后观，并在此基础上肯定知行统一，是用知易行难来论证行先知后的，“先其难，而易者从之易矣”，强调行先知后，但也强调知行之间的辩证统一关系。

“行先知后”的孙中山的知行观。行在先，知在后，知是从行中来的，能实行便能知，能知便能进步。在知行关系上，提出了“知难行易”，是唯物主义的知行观。

第三节 真 理

真理问题，是马克思主义认识论的重要问题。认识的真正任务和目的，就在于发现真理，在真理的指导下能动地改造世界。

一、什么是真理

哲学上存在着两种根本对立的真理观。一种是以承认真理的客观性为特征的唯物主义真理观。唯物主义认为，真理的内容是客观的，真理所反映的内容是客观物质世界，不是主观自生的，有其客观的反映对象。另一种是以否认真理的客观性为特征的唯心主义真理观。形形色色的唯心主义否认物质世界的客观存在，否认认识是对物质世界的反映，也就必然否认客观真理。客观唯心主义认为世界的本原是上帝或某种客观精神，所以，在他们看来，真理就是对上帝或所谓“客观精神”的认识，他们把真理当成某种客观精神的自我认识或神的创造。主观唯心主义者根本否认不依赖于人类意识的客观对象的存在，往往公开主张真理是主观的，否认真理有不依赖于主体的客观内容。

真理是标志主观同客观相符合的哲学范畴，是人们对客观事物及其规律的正确反映。真理的特性在于其客观性、绝对性、相对性和具体性。全面把握真理的特性，就是从整体上把握真理的特性。

（一）真理的客观性

真理的客观性，哲学上又叫客观真理。它有两方面的含义。第一，真理的内容是客观的。真理是客观事物及其规律在人们头脑中的正确反映。所以，尽管真理是一个认识范畴，它的形式是主观的，但是真理的内容一定要与客观事物及其规律相符合，这是不以人的意志为转移的。第二，检验真理的标准——实践也是客观的。人们的认识是否具有真理性，只有通过社会实践才能检验，而社会实践是一种客观的物质活动，它也是不以任何人的意志为转移的。

由于真理是客观的，所以对于特定的认识对象来说，真理只有一个，只有经得住社会实践的检验、符合客观事物及其规律的认识才是真理。

坚持真理的客观性，就要反对形形色色的唯心主义真理观。客观唯心主义者承认真理的客观性，但把真理看成“绝对精神”的自我认识，这显然是歪曲了真理的客观内容。主观唯心主义者认为，“真理是思想形式，是人类经验的组织形式”，完全否定了真理的客观内容。实用主义者认为，有用即真理。按照这种说法，以有用为标准，必然导致以个人的需要为标准，最终必然导致“公说公有理，婆说婆有理”，从而没有了客观真理。这实质上是真理多元论。真理多元论实质上是否认真理的客观性，取消真理和谬误的对立。虽然在认识复杂的对象过程中，人们的认识一时难以统一，不同的认识可能各自具有片面的真理性，但就某个确定的问题和对象而言，真理只能有一个，即与客观事物及其规律相符合的客观真理。真理多元论是站不住脚的。

坚持真理客观性，就要承认客观真理面前人人平等。无论什么人要想占有真理，都只能以平等的身份投身于社会实践，进行反复探索和认真研究。它既不以任何人的意志为转移，也不取决于人们地位的高低和权力的大小。

（二）真理是绝对和相对的统一

承认真理是客观的，这是真理问题的唯物论；就真理的发展过程以及人们对它的认识和掌握程度来说，真理又是绝对的和相对的，这是真理问题上的辩证法。每个真理既具有客观性，又具有绝对性和相对性；或者说，每个真理都是客观真理，同时又是绝对真理和相对真理的统一。

1. 真理的绝对性

第一，任何真理都标志着主观和客观的统一，都包含不依赖于人和人类的客观内容，都同谬误有原则的界限，都不能被推翻，否则就不成其为真理，这一点是绝对的、无条件的。在这个意义上，承认了客观真理也就是承认了绝对真理。第二，人类认识按其本性来说，能够正确认识无限发展着的物质世界，认识每前进一步，就是对无限发展着的物质世界的接近，这一点也是绝对的、无条件的。在这个意义上，承认世界的可知性，承认人能够获得关于无限发展着的物质世界的正确知识，也就承认了绝对真理。

2. 真理的相对性

是指人们在一定条件下，对客观过程及其发展规律的正确认识总是有局限的、不完全的。第一，任何真理性的认识只是对无限宇宙的一个部分或片段的正确反映，人类已经实际达到的认识总是有限的。承认了世界上尚有未被认识的东西，我们的认识有待扩展，也就是承认了相对真理。第二，从特定事物或现象来看，任何真理性的认识都只是对该对象一定方面、一定程度、一定层次的正确反映。承认我们的认识有待深化，也就是承认了相对真理。

3. 真理的绝对性和真理的相对性是辩证统一的

首先，绝对真理和相对真理相互渗透和相互包含。相对之中有绝对，绝对寓于相对之中，任何相对真理之中都包含有绝对真理的因素；绝对之中有相对，相对是绝对的一个成分，绝对通过相对真理表现出来，无数相对真理的总和构成绝对真理。人们对于自然和社会的每个正确认识，都是在一定条件和一定程度上的认识，所以是有条件的、相对的；但在这一定条件、范围和程度上，又是对客观现实的正确反映，在这个限度内它永远不能被推翻，并作为稳定的因素保留在客观真理的体系中，所以又是无条件的、绝对的。

其次，相对真理和绝对真理又是辩证转化的，永远处在从相对到绝对的转化和发展中。人类认识是一个不断深化的过程，是从相对真理走向绝对真理、接近绝对真理的过程。

真理的绝对性和真理的相对性的辩证统一，是和人的认识能力有限性与无限性的矛盾统一相联系的。恩格斯说："一方面，人的思维的性质必然被看作是绝对的，另一方面，人的思维又是在完全有限地思维着的个人中实现的。这个矛盾只有在无限的前进过程中，在至少对我们来说实际上是无止境的人类世代更迭中才能得到解决。从这个意义来说，人的思维是至上的，同样又是不至上的，它的认识能力是无限的，同样又是有限的。按它的本性、使命、可能和历史的终极来说，是至上的和无限的；按它的个别实现和每次的现实来说，又是不至上的和有限的。”这就是说，人的思维的无限性与有限性既相对立又相统一，作为思维成果的真理，也就必然是绝对真理和相对真理的统一。

在绝对真理和相对真理的辩证关系问题上，形而上学把绝对真理和相对真理关系机械地分割开来。相对主义片面夸大真理的相对性，否认真理的绝对性，从而否认真理的客观性，抹杀真理和谬误的界限，陷入唯心主义和诡辩论；绝对主义片面夸大真理的绝对性，否认真理的相对性，从而把真理看成抽象的、永恒不变的，认为人们一下子就能穷尽终极的真理，在实际工作中就表现为教条主义。

（三）真理在克服谬误过程中发展

人的认识是一种极为复杂的活动，能够产生正确和错误两种不同的结果，即真理和谬误。真理是标志主观同客观相符合的哲学范畴，是人们对客观事物及其规律的正确反映；谬误则是同客观实际及其规律相违背的思想内容，是认识主体对客体本来面目的歪曲反映。因为客观世界的复杂性，人们的认识又要受到主客观条件的限制，所以任何个人、集团都不可能只有真理而没有错误，真理和谬误总是相伴而行的。

1. 谬误和真理是对立统一的

对立表现为：在一定范围内真理就是真理，谬误就是谬误，二者有着本质的区别。

统一表现为：真理和谬误是相互依存的，没有真理就无所谓谬误，没有谬误也无所谓真理，真理和谬误在一定条件下相互转化。

真理转化为谬误：第一，真理都是具体的，任何真理都有自己适用的条件和范围，如果超出这个条件和范围，就会变成错误。就像列宁所说的：“只要再多走一小步仿佛是向同一方向迈的一小步，真理便会变成错误。”第二，全面的真理性认识是一个完整的科学体系，其中的每一个原理都同其他原理处在相互联系、相互制约之中。如果把其中的一个原理抽出来，切断同其他原理的联系，不受其他原理的制约，它也会丧失自己的真理性。

谬误转化为真理：第一，既然超出一定的范围或条件，真理就会变成谬误，那么只要原来的范围或条件得到恢复，谬误回到原来的界限之内，它又会变成真理。在一定的范围内看来是谬误的东西，当它超出这个范围而进入另一个范围时，就有可能变成真理。第二，纠正错误的认识，从谬误中吸取经验教训，也会使谬误转化为真理。人们在社会实践中，有成功也有失败。但人们只要在失败中善于分析犯错误的原因，从错误中总结有益的经验，吸取失败教训，就能够达到对事物的正确认识，使错误转化为正确，使谬误转化为真理。第三，在批判谬误中发展真理，是谬误向真理转化的另一形式。“反面教员”也可利用，不承认反面教员的作用，就不是一个彻底的唯物主义者。通过对谬误的批判，不但可以增加“免疫力”，并且可以使真理的内容更加丰富起来。

2. 在真理的发展中，谬误是不可避免的

人类主体在认识中的表面性、片面性和绝对化倾向，是产生谬误的认识根源。表面性就是只停留在现象表面，不深入事物本质的认识倾向。片面性是把事物的复杂联系简单化，把有机整体割裂开，只抓住一点就下全面结论的认识倾向。所谓“只见树木，不见森林”以及“坐井观天”就是最典型的表现。绝对化则是用固定不变的观点对待已经变化了的事物的认识倾向。

人们受社会历史条件和社会地位的制约，也会产生某些谬误。在一定历史条件下，事物的发展还不充分，本质尚未暴露出来，人们对该事物的认识也只能达到一定程度。

真理与谬误相比较而存在、相斗争而发展，这是人类认识发展的基本规律之一，是真理发展的基本规律。

3. 真理必定战胜谬误

因为真理正确地反映客观物质世界及其规律，能够经受实践的检验。真理经得起实践的检验，也经得起实践的运用，人们最终一定会发现真理，坚持真理，发展真理，真理必定会战胜谬误。真理由于具有客观内容，因此经得起逻辑的辩论；真理的形式是客观内容的外在表现，在与谬误的辩论中，它不会被驳倒，更不会被消灭。俗话说“鼓不敲不响，理不说不明”，正是在不断的辩论中，谬误被否定，真理被发现。

真理与谬误的斗争是具体的，其情况是错综复杂的。真理和谬误的矛盾斗争推动着真理的发展；真理又是在克服自身的不完善性过程中发展的。一个彻底的唯物主义者，就要坚持和发展真理，勇于同谬误作斗争。同时，要善于对谬误及其产生根源进行具体的分析，创造条件，使谬误转化为真理。

二、实践在检验真理中的决定作用

（一）检验真理的标准问题

根据什么标准来判定认识的正确与错误，这是哲学史上长期争论不休的一个问题。

虚无主义否认存在任何真理标准；多数哲学家虽然主张要有个标准，但这个标准是什么，众说纷纭；经验主义主张把人的感觉或“经验”作为检验真理的标准；唯理论者主张把“理性”作为检验真理的标准，强调所谓的自明性、连贯性或无矛盾性，认为只要理论清晰明确、不言而喻、不证自明，便可算真理；教条主义认为“圣人”之言是真理的标准；实用主义认为“有用”即是真理的标准。

辩证唯物主义的认识论真正解决了真理标准问题。早在1845年，马克思就明确提出：“人的思维是否具有客观的真理性，这并不是一个理论的问题，而是一个实践的问题。人应该在实践中证明自己思维的真理性，即自己思维的现实性和力量，亦即自己思维的此岸性。关于离开实践的思维是否具有现实性的争论，是一个纯粹经院哲学的问题。”[①] 尔后，马克思主义的经典作家们都反复强调和进一步发挥了这个思想。他们多次以十分明确的语言指出：实践，只有实践，才是检验真理的唯一标准，此外再没有别的标准。

（二）实践是检验真理的唯一标准是由真理本性和实践特点决定的

从真理的本性看，真理是主观和客观的统一。真理的本性在于它的内容客观性，真理反映的形式又是主观的。怎样判断主观是否符合客观以及符合程度呢？纯粹的主观思想本身和单纯的客观事物，只有在社会实践领域才可以实现，因为社会实践是沟通主观与客观的桥梁。

从实践的特点来看，实践具有直接现实性的特点，它能把理论变成直接的现实，从而回答理论是否正确的问题。实践是直接存在的、实实在在的客观活动，实践能够使认识、理论变为直接的现实，因而，能够把主观认识和客观现实加以对照，直接检验出主观是否符合客观以及符合程度。

（三）实践作为检验真理的标准是确定性和不确定性的统一

要全面理解实践是检验真理的唯一标准，还必须理解实践标准的确定性和不确定性。列宁说：“在这里不要忘记：实践标准实质决不能完全地证实或驳倒人类的任何表象。这个标准也是这样的‘不确定’，以便不至于使人的知识变成‘绝对’，同时它又是这样的确定，以便同唯心主义和不可知论的一切变种进行无情的斗争。”[②] 这里所讲的实践标推的确定性，是指只有实践才是检验认识的真理性的标准，它具有确定不移的绝对性质。只有坚持这一点，才能和唯心主义、不可知论划清界限，进行斗争。实践标准的不确定性，是指实践总是历史的、具体的实践，任何实践都有一定局限性。一定历史阶段上的实践，不可能完全证实或驳倒现有的一切认识。因为已被实践检验的认识，只是一定具体实践下确定的，随着实践的发展，它还要继续接受检验。因此，实践作为检验真理的标准是有条件的、相对的。只有坚持这一点，才能和形而上学划清界限，才能防止思想僵化。

总之，在实践标准问题上，我们要把唯物观点和辩证观点结合起来，把实践作为真理标准的确定性和不确定性结合起来，反对唯心主义和形而上学的观点。

（四）实践是检验真理的唯一标准是马克思主义的一个基本原理

毛泽东在《实践论》中指出：

马克思主义者认为，只有人们的社会实践，才是人们对于外界认识的真理性的标

① 马克思恩格斯选集（第1卷）. 北京：人民出版社，1972：16

② 列宁选集（第2卷）. 北京：人民出版社，1995：103

准。实际的情形是这样的，只有在社会实践过程中（物质生产过程中，阶级斗争过程中，科学实验过程中），人们达到了思想中所预想的结果时，人们的认识才被证实了。人们要想得到工作的胜利即得到预想的结果，一定要使自己的思想合于客观外界的规律性，如果不合，就会在实践中失败。人们经过失败之后，也就从失败取得教训，改正自己的思想使之适合于外界的规律性，人们就能变失败为胜利，所谓“失败者成功之母”，“吃一堑长一智”，就是这个道理。辩证唯物论的认识论把实践提到第一的地位，认为人的认识一点也不能离开实践，排斥一切否认实践重要性、使认识离开实践的错误理论。列宁这样说过：“实践高于（理论的）认识，因为它不但有普遍性的品格，而且还有直接现实性的品格。”马克思主义的哲学辩证唯物论有两个显著的特点：一个是它的阶级性，公然申明辩证唯物论是为无产阶级服务的；再一个是它的实践性，强调理论对于实践的依赖关系，理论的基础是实践，又转过来为实践服务。判定认识或理论之是否真理，不是依主观上觉得如何而定，而是依客观上社会实践的结果如何而定。真理的标准只能是社会的实践。实践的观点是辩证唯物论的认识论之第一的和基本的观点。

在我国，曾在一个较长的时间里背离了这个基本原理，导致了思想路线的不正确。1978 年全国掀起的关于实践是检验真理的唯一标准的讨论，对我们党、国家和民族的命运产生了深远的影响。这场大讨论推动了思想解放运动。十一届三中全会以来，我们党始终坚持用实践是检验真理的唯一标准的原理，观察、分析和解决社会主义现代化建设中的新问题，找到了一条建设有中国特色的社会主义的正确道路。

马克思主义肯定实践是检验真理的唯一标准，但它并不排斥逻辑证明和人类理性在检验真理中的作用。

第一，逻辑证明只是一种方法，而不是标准。逻辑证明是运用已知的正确概念和判断，通过推理，从理论上确定另一个判断正确性的逻辑方法。逻辑证明作为一种探索真理、论证真理的手段，是正确思维的必要条件，也是建立科学理论体系的重要途径。逻辑证明给实践提供理论指导，使实践经验由特殊提高到普遍，从而把握实践的总和，以便于实现实践检验真理的作用。有些理论要靠逻辑思维来证明，逻辑思维给实践以理论根据。但是，逻辑证明的作用再重要，也不能代替检验认识真理性的实践标准。逻辑证明是人们探索新知识、验证真理的重要手段，但是逻辑证明绝不能离开社会实践。因为逻辑证明的前提来自实践，逻辑证明所遵循的规则也是实践经验的总结，同时逻辑推理的结果最终还得依靠实践来检验。所以，逻辑证明绝不能代替真理的实践标准。

第二，科学理论包括马克思主义在内也不能作为检验真理的标准。科学理论也是主观范畴，任何科学理论都要随着客观事物的发展而发展。革命理论的指导作用与检验真理的客观标准是两回事。革命理论的指导作用不可忽视，但不能充当检验真理的标准。

第四节 认识世界与改造世界

“哲学家们只是用不同的方式解释世界，问题在于改变世界。”① 那么，如何把认识世界与改造世界统一起来呢?

一、只有正确认识世界才能有效改造世界

改造世界是认识的根本目的。毛泽东在《实践论》中指出：

社会的发展到了今天的时代，正确地认识世界和改造世界的责任，已经历史地落在无产阶级及其政党的肩上。这种根据科学认识而定下来的改造世界的实践过程，在世界、在中国均已到达了一个历史的时节——自有历史以来未曾有过的重大时节，这就是整个儿地推翻世界和中国的黑暗面，把它们转变过来成为前所未有的光明世界。无产阶级和革命人民改造世界的斗争，包括实现下述的任务：改造客观世界，也改造自己的主观世界——改造自己的认识能力，改造主观世界同客观世界的关系。地球上已经有一部分实行了这种改造，这就是苏联。他们还正在促进这种改造过程。中国人民和世界人民也都正在或将要通过这样的改造过程。所谓被改造的客观世界，其中包括了一切反对改造的人们，他们的被改造，须要通过强迫的阶段，然后才能进入自觉的阶段。世界到了全人类都自觉地改造自己和改造世界的时候，那就是世界的共产主义时代。

通过实践而发现真理，又通过实践而证实真理和发展真理。从感性认识而能动地发展到理性认识，又从理性认识而能动地指导革命实践，改造主观世界和客观世界。实践、认识、再实践、再认识，这种形式，循环往复以至无穷，而实践和认识之每一循环的内容，都比较地进到了高一级的程度。这就是辩证唯物论的全部认识论，这就是辩证唯物论的知行统一观。

改造世界包括改造客观世界和主观世界。要有效地改造世界又必须正确地认识世界。人们只有认识了客观世界的必然性，才能在改造世界的斗争中获得自由，取得胜利。

首先，根据辩证唯物主义认识论所揭示的规律，人们要获得对客观世界正确的认识，必须重视实践。我们通过实践改造世界，就是认识和利用客观规律，通过一定的物质手段作用于客观世界。在正确认识客观实际的发展规律基础上，按照客观规律办事，进而改造主观世界和客观世界。

---

① 马克思恩格斯选集（第1卷）. 北京：人民出版社，1995：57

其次，除在实践中学习以外，还必须重视理论思维在认识中的重要作用。因为客观世界是极复杂的，认识是一个在实践基础上由浅入深不断深化的过程，在这个过程中理论思维起着十分重要的作用。特别是随着现代科技的飞速发展以及社会生活的巨大变化，理论思维在认识中的作用就变得更加重要。面对这些日益扩展、深化和复杂了的认识客体，经验思维的作用越来越显得无力，而理论思维的作用就变得更加重要。所谓科学的理论思维方法，从根本上说就是唯物辩证法的思维方法。唯物辩证法所揭示的规律既是自然和社会发展的一般规律，又是人类思维发展的一般规律。因此，从总体上说，科学的理论思维方法就是唯物辩证法在理论思维中的运用。

最后，坚持实事求是的思想路线。实事求是是马克思主义世界观的根本要求，而世界观和思想路线是一致的。世界观是思想路线的理论依据，而思想路线是世界观在实际工作中的具体表现。马克思主义世界观既是唯物主义和辩证法的统一，又是世界观和方法论的统一。马克思主义既是我们认识世界的理论武器，也是我们改造世界的重要的理论武器。

二、人类实践活动的两个基本原则

人类进步的历史活动以追求真理和创造价值为主题。在人们的行动和观念中，内含人类活动所特有的作为其实质内容和最高目的的普遍原则，即真理原则和价值原则。这是人类活动的两个基本原则。

（一）真理原则

所谓真理原则，就是人类必须按照世界的本来面目去认识和改造世界（包括人自身），追求和服从真理。

（二）价值原则

世界上的各种事物或现象，就其独立于人的意识之外而言，是不以人的意识为转移的客观存在。但客观事物一旦成为人所认识和改造的对象，就产生了对人有益还是有害，能否满足人的某种需要，以及在多大程度上能满足人的需要等问题，即客体对主体、客观世界对人的意义问题。这就是价值问题。

1. 价值的特性

价值具有主体性。由于价值关系的形成是以主体的需要为主导因素的，因此客体对于主体的意义就会因主体及其需要不同而不同。如药物对于健康人并没有直接的价值，而对于病人则具有直接的价值。

价值具有客观性。这是因为价值关系的各个环节都是客观的。首先，个人的需要具有客观性。不论物质需要还是精神需要都是由人的实际生存状态决定的，因而在本质上都是客观的。其次，用来满足人的需要的对象也具有客观性。客体能否满足主体的需要并不是由人们的主观愿望决定的，而是由客体本身客观存在的性质、属性决定的。最后，满足人的需要的过程和结果也具有客观性。如药物被食用后对人的生存和生长是否有积极意义，是客观存在的价值现象。

2. 价值评价与价值观

价值评价结果的正确与否依赖于相关知识性认识。只有当人们对主体和客体都有了正确的知识性认识之后，人们才能依赖这种认识做出关于主客体间价值关系的正确评价。这表明，评价并不是一种主观随意性的认识活动，只有正确地反映了价值关系的评价才是正确的评价。需要指出的是，在现实生活中，由于价值评价的主体是具体的，可以是个人、群体或人类，而这些不同的主体在需要或要求方面往往存在着差异或矛盾，由于人民群众的要求和利益从根本上代表着人类整体的要求和利益，是与历史发展的基本要求或趋势相一致的，因此对于任何价值评价的主体而言，其价值评价的结果只有与人民、人类整体的要求或利益相一致，才是正确的价值评价。

价值观是人们对人和事的评价标准、评价原则和评价方法的观点的体系。它与世界观和人生观是一致的。价值观对人的行为起着规范和导向作用。价值观不同的人们，行为的取向也会不同，甚至可能截然相反。即使从同一个真理性的认识出发，也可以引出不同的甚至相反的行为取向。比如具有同样化学知识的人，有的可以为人类造福，有的却制造毒品危害人民。可见，仅仅拥有科学知识并不能保证人们行为的价值取向的正确。

由于价值评价在实践中起着激励、制约和导向作用，所以我们要树立正确的价值观，以指导行为的正确方向。正确的价值观是先进的社会集团或阶级在实践中形成的，反映了人民群众的要求，对历史发展和社会进步起着促进作用。社会主义的价值观体现了社会主义精神文明所倡导的为中国特色社会主义和共产主义而奋斗的社会政治理想、为人民服务的人生观、社会主义的荣辱观、崇尚科学追求真理的科学观、集体主义的道德观、真善美相统一的积极健康的审美观等。树立这样的价值观，不仅对于我国社会主义事业的健康发展，而且对于当代大学生的健康成长具有重要的意义。

3. 价值原则

所谓价值原则，就是人类必须按照自己的尺度和需要去认识和改造世界，使世界适合人的生存和发展。

（三）真理原则和价值原则是具体的历史的统一

真理和价值在人类实践和认识中的发展的对立统一是社会进步的内在根源。

真理原则和价值原则的差别和对立，深刻体现了人类生活本身的矛盾性。真理原则要求人们的思想和行动符合客观对象的内容和规律，即按照客体的尺度来规定主体的活动，体现了一切对象性关系中客体尺度的存在和作用；价值原则要求人们的思想和行动保证人的社会需要和利益，即按照人的内在尺度使客体为主体服务，体现了一切对象性关系中主体尺度的存在和作用。真理原则是人的活动中的条件性原则，即真理所包含的对象和环境的客观内容及其规律，不仅是主体活动的对象，而且是主体活动的前提条件，只有尊重和服从这种前提条件，人的有目的的活动才能成功；价值原则是人的活动中的目的性原则，即人的活动以获得一定的价值为目的，并为此而调动自己的物质和精神力量，去认识和改造客体。真理原则是社会历史活动中的统一性原则，真理的一元论、社会历史活动的统一性，归根到底是世界的物质统一性在人类活动中的体现；价值原则是社会历史活动中的多样化原则，因为社会生活中人们的需要、利益、追求具有多样性。

真理和价值两大原则的统一性在人们的具体历史活动中实现并表现出来。在实践中，真理既是制约实践的客观尺度，又是实践追求的价值目标之一，即通过实践获取关于外部世界的科学认识；价值则是实践追求的根本目标，同时又是制约实践的主体尺度。真理和价值在实践基础上是辩证统一的。

首先，成功的实践必然是以真理和价值的辩证统一为前提的。任何成功的实践都必然是既遵循真理原则，又符合价值原则，并将二者有机地统一起来的结果。遵循真理原则即我们通常所说的“按科学规律办事”；遵循价值原则即我们通常所说的“满足人的需要”。无论何种实践，只有把“按科学规律办事”和“满足人的需要”相结合，才能达到目的。

其次，价值的形成和实现以坚持真理为前提，而前提又必然是具有价值的。价值的实现必须以对相关真理的正确把握为前提。没有这种真理性的认识，就不能形成正确的价值目标。而没有对相关真理的把握，也就不会有成功的实践。同时，任何真理都必然具有价值。这是因为真理能为实践提供科学的客体尺度和主体尺度，能为实践提供正确的价值目标。

最后，二者相互贯通、相互制约、相互引导促进以及检验标准具有一体化。

真理与价值相互贯通表现为：价值的形成和实现以坚持真理为前提，而真理又必然是具有价值的。二者在人的活动中互为前提。没有真理原则的指导，价值原则就不能成功地贯彻下去；没有价值原则的推动，真理原则也得不到坚持和发展的动力。

真理和价值的相互制约表现为：一方面，价值的实现有赖于对相关真理的把握，真理的发展水平制约着价值实现的程度；另一方面，真理在实践中被验评的过程，有赖于价值在实践中被实现的状况。

真理与价值的相互引导促进表现为：人类活动总是不断从价值走向真理，从真理走向价值，实现着相互之间的过渡。即人们对客观世界有了新的正确认识，就会提出和实现新的价值目标；人们对价值的不断追求，也势必引起对客观条件和规律的探索。从价值走向真理，是实践和认识发展的重要途径。

真理与价值检验标准具有一体化表现为：实践不仅既是价值标准又是真理标准，价值与真理是否达到了具体的统一，也要通过实践来证明。

作为社会生活基本内容的真理和价值，作为人类活动的两个基本原则的真理原则和价值原则的统一，由于实践的发展而具有动态的性质，因而是以实践为基础的具体的历史的统一。马克思主义真理与价值辩证统一的原理告诉我们，坚持真理也就是要坚持科学、正确的世界观、人生观和价值观。

三、认识世界和改造世界

认识世界和改造世界是人类创造历史的两种基本活动。认识的任务不仅在于解释世界，更重要的在于改造世界。

（一）认识世界和改造世界是辩证统一的

认识世界和改造世界是相互依赖、相互制约、辩证统一的。

认识世界是为了改造世界；要有效地改造世界，又必须正确地认识世界。这就决定了理论必须与实践相结合。

（二）改造客观世界与改造主观世界的辩证统一

认识世界和改造客观世界的过程，也是认识世界和改造主观世界的过程。

改造客观世界包括改造自然界和改造人类社会。改造主观世界就是改造人们自己的认识能力。改造主观世界和客观世界的关系，核心是改造世界观，即观察和处理问题的立场、观点和方法。

改造客观世界与改造主观世界相辅相成、相互促进、缺一不可。

（三）从必然王国走向自由王国

认识世界和改造世界、改造客观世界与改造主观世界的过程，也就是从必然王国走向自由王国的过程。

必然性也就是规律性。不同的事物及其运动形式有不同的必然性。人在自己的行动中，首先要认识和把握必然性，并把它看做实现自由的先决条件。人的自由在于认识和把握规律。人实现对必然的认识获得了部分自由，但只有利用必然改造社会、改造世界，才是真正得到了自由，也就是在实践中驾驭了客观必然性。由必然到自由表现为人类不断地从必然王国走向自由王国的过程。

必然王国和自由王国是人类在客观世界面前所处的两种不同的社会活动状态。"必然王国"是人受物支配的社会状态，"自由王国"是人支配物的社会状态。从必然王国到自由王国是永无止境的无限发展过程。

马克思主义认识论所揭示的人类认识的本质和发展规律的学说，为人类正确认识世界和改造世界指明了现实的道路，为工人阶级及其政党奠定了思想路线的理论基础。

复习思考题

1. 如何理解唯心主义和唯物主义认识论的对立？
2. 认识主体与客体的关系是怎样的？
3. 论述认识过程是如何实现的。
4. 在检验真理的标准问题上存在怎样的分歧？
5. 如何理解实践是检验真理的唯一标准？
6. 如何理解人类活动的真理原则和价值原则？

活动建议

1. 组织学生进行科学实验：真理与谬误在一定条件下可能相互转化。
2. 课堂讨论：结合专业实际，谈谈树立正确价值观的重大意义。

原著导读

《实践论》是毛泽东关于马克思主义认识论的代表著作，写成于1937年7月。由于中国共产党内的教条主义和经验主义的错误思想，使中国革命在1931～1934年遭受极大的损失。《实践论》就是作者为用马克思主义的认识论观点揭露党内的教条主义和经验主义，特别是教条主义的主观主义错误而写的。这篇著作原是作者在延安抗日军事政治大学讲授哲学时的讲义中的一部分，1951年收入《毛泽东选集》第1卷。

第四章 人类社会本质及其发展规律

历史唯物主义在于把唯物主义贯彻到社会领域，表现为人类社会首先是依赖于一定的物质条件，同时还表现为人类社会的发展是一种按照自身固有规律而自己运动的客观过程。人类社会发展是自然历史过程，它揭示出社会是按客观规律运动的。只有弄清社会有机体中各种最基本矛盾及其内在本质的联系，才能掌握人类社会发展的一般规律。

第一节 社会存在和社会意识

思维和存在的关系问题，包含着社会存在和社会意识的关系问题。探讨人类社会的本原，也同样要首先回答这个基本问题。社会存在和社会意识的关系问题是思维和存在的关系问题在社会历史领域的表现。社会存在和社会意识的关系问题，是划分历史唯物主义和历史唯心主义两种根本对立的历史观的基本标准。凡是认为社会存在决定社会意识的，属于历史唯物主义；凡是认为社会意识决定社会存在的，属于历史唯心主义。社会存在与社会意识的关系问题，是社会历史观的基本问题。正确认识这一问题，是解决其他社会历史观问题的基础和前提。

一、关于社会存在与社会意识关系的不同认识

社会存在和社会意识是马克思主义历史观的最基本范畴。它是对人类社会结构中的物质生活和精神生活两大类现象的最一般概括。社会存在是指社会生活的物质方面，包括地理环境、人口因素和物质生活资料的生产方式。社会意识是社会生活的精神方面，包括人们的政治、法律观点、哲学、道德、艺术、科学、宗教等意识形式，以及社会风俗习惯、社会心理等等。社会存在和社会意识的关系问题，是历史观的基本问题，是哲学基本问题——物质和意识的关系问题在社会历史领域的体现。因此，社会存在和社会意识的关系问题，是任何一种历史观都无法回避的首要问题。

唯物史观和唯心史观的对立表现在以下几个方面：第一，对社会历史发展规律的认识根本不同。唯物史观认为，人类社会具有不以人的意志为转移的客观规律；唯心史观则否认这种客观规律的存在，认为社会历史的发展是由精神决定的。第二，对社会发展的动力的认识根本不同。唯物史观认为物质资料的生产方式是社会发展的决定

力量；唯心史观则认为社会历史发展是由理性、意志、观念等所推动的。第三，对历史的创造者的认识根本对立。唯物史观认为人民群众是历史的创造者；唯心史观则认为历史是由少数英雄人物所创造的。

最根本的对立是对社会存在与社会意识关系问题的不同回答。在马克思主义产生以前，并没有系统的唯物主义观点，社会历史领域主要由历史唯心主义统治。唯心主义把社会存在看成第二性的，是由意识或某种精神力量决定的，从而否定社会发展的客观规律。具体有以下表现形式：

第一，把社会意识说成先于社会存在而存在的东西，把这种认识引入历史唯心主义在各种历史问题上的看法和认识。如在阶级起源问题上，历史唯心主义认为社会意识决定社会存在，进而认为阶级的产生是由心理因素或政治暴力决定的。这里有两个最主要的缺陷：一是至多考察了人们历史活动的思想动机，而没有考察产生这些动机背后的物质原因；二是没有探究社会发展的客观规律性，没有认识到物质生产的发展程度是产生各种思想动机的根源。他们宣传社会意识是神、天意赐予的思想，从根本上颠倒了社会存在与社会意识的关系。这是没有任何科学根据的，只能充当统治阶级欺骗麻痹劳动人民的麻醉剂。

第二，把社会意识看成超越社会存在、超阶级、全民的社会意识。如资产阶级把本来反映资产阶级利益的社会意识，说成超阶级的、反映全民利益的东西，以此来欺骗、麻痹广大人民群众。所以，宣传超阶级的、全民的意识，恰好是资产阶级社会意识的阶级性的表现。

第三，把社会意识看成被动的和永恒不变的。比如，认为“平等”不论在哪个历史阶段都存在着。其实，“平等”并不是抽象的、永恒的观念，不同的社会形态有不同的平等观。资本主义的平等观绝对不能等同于社会主义的平等观。平等观也是随着社会存在的变化而变化的。任何社会意识都是具体的、历史的。在阶级社会中，同社会经济基础直接相联系的那部分社会意识形态，具有鲜明的阶级性。马克思、恩格斯指出：“任何一个时代的统治思想始终不过是统治阶级的思想。”因此，在一定社会形态中，经济上占统治地位的阶级的思想，也就在思想领域内占统治地位，这是统治与被统治的社会关系的反映。

列宁指出，以往的历史理论有两个主要缺陷：“第一，以往的历史理论至多只是考察了人们的历史活动的思想动机，而没有研究产生这些动机的原因，没有探索社会关系体系发展的客观规律性，没有把物质生产的发展程度看作这些关系的根源；第二，以往的历史理论忽视居民群众的活动，只有历史唯物主义才第一次使我们能以自然科学的精确性去研究群众生活的社会条件以及这些条件的变更”。

马克思和恩格斯以科学的实践观为基础创立了历史唯物主义，阐明了物质生产劳动的实践活动是人类社会的第一个历史活动，以物质生产劳动为本质内容的实践活动是人和人类社会赖以产生的前提，从而正确地解决了历史观的基本问题。唯物史观的创立结束了唯心史观在社会历史领域中的统治，为人们考察社会历史提供了科学的方法论。

二、马克思主义的回答

马克思主义把唯物主义原则贯彻到社会历史领域，创立了历史唯物主义。历史唯物主义坚持社会存在是本原，是第一性的，社会意识是派生的，是第二性的，社会存在决定社会意识，社会物质生活决定社会精神生活，社会意识对社会存在具有能动的反作用。

社会存在是指社会物质生活的过程，是社会物质生活条件的总和。社会存在和发展的基础是社会物质条件，包括地理环境、人口因素和物质资料生产方式。地理环境、人口因素和物质资料生产方式，在社会发展中的地位和作用是各不相同的。

社会意识是与社会存在相对应的哲学范畴，是社会生活的精神方面，是社会存在的反映。社会意识具有复杂的结构，由诸多层次和因素构成。从社会意识主体的范围来看，它可以分为个体意识和群体意识；从反映社会存在的程度和特点来看，社会意识包括社会心理和社会意识形式两个层次；从社会意识形式与经济基础的关系角度看，它可以分为属于上层建筑的社会意识形式和非上层建筑的社会意识形式。属于上层建筑的社会意识形式称为社会意识形态，主要包括政治法律思想、道德、宗教、艺术、哲学等。它们从不同的侧面、以不同的方式反映特定的经济基础并为之服务，在阶级社会里具有一定的阶级性。非上层建筑的社会意识形式主要包括自然科学、语言学、逻辑学等，它们不是特定经济基础的反映，自身没有阶级性，可以一视同仁地为各个阶级和各种社会制度服务。

社会存在和社会意识是辩证统一的。社会存在决定社会意识，社会意识是社会存在的反映，并反作用于社会存在。

（一）社会存在决定社会意识

历史唯物主义认为，社会存在决定社会意识，社会物质生活决定社会精神生活，社会意识对社会存在具有能动的反作用。马克思说："物质生活的生产方式制约着整个社会生活、政治生活和精神生活的过程。不是人们的意识决定人们的存在，相反，是人们的社会存在决定人们的意识。"①

1. 社会存在是社会意识产生的根源和基础

社会意识是随着社会存在的产生而产生，随着社会存在的发展而发展的。在原始社会中，由于生产力水平的极其低下，人们为了生存必须靠集体劳动来谋生，即"共同劳动共同消费"。由于生产资料公有，在人们的意识中没有"你的"、"我的"的概念。各种意识尚未形成和分化。随着生产力的发展，劳动产品有了剩余，人们除了生

① 马克思恩格斯选集（第2卷）．北京：人民出版社，1995：32

产必需的物质生活资料之外，还有余力去从事精神活动，促使社会意识形成和发展。阶级出现以后，社会上一部分人专门从事意识方面的活动，使社会意识从内容到形式都日趋复杂化，产生了一定的理论体系，形成了定型的政治、法律、道德、艺术等意识形态。从社会的意识的产生和由简单到复杂的发展来看，社会存在是社会意识产生的根源和基础，社会意识是依赖于社会存在的，社会意识既不是从天上掉下来的，也不是人脑固有的，而是在实践的基础上对客观实际的反映。社会意识的内容无论是正确还是错误，都能从社会存在中找到根源。

2. 社会存在的发展变化决定社会意识的发展变化

社会意识是社会存在的反映，有什么样的社会存在就会有什么样的社会意识。社会意识是随着社会存在的发展变化而发展变化的。如封建社会生产力比较低下，主要靠人力畜力生产，农民依附在地主的土地上。在这种社会存在的基础上就形成了封建的社会意识。如我国封建社会的“君臣父子”的三纲五常和“三从四德”的封建理论观念，把农民紧紧束缚在地主阶级的剥削之下。资本主义社会采用大机器生产，生产力有了长足的发展，于是出现了雇佣的剥削关系。这种社会存在便形成了资本主义的社会意识，如在资产阶级的宪法里出现了“人权平等”的条文。从形式上看工人有了人身自由，有受雇佣和不受雇佣的自由，实则不管工人到哪里做工都一样受到资本家剩余劳动的剥削。工人阶级只有在社会主义社会生产资料公有制的基础上，才能真正获得自由。可见，社会意识不是一成不变的，社会存在发生了变化，社会意识也相应地或迟或早地发生变化和发展。新的历史条件的产生，要求有新的社会意识与之相适应。社会存在是具体的、历史的，相应地也就没有永恒不变的社会意识。《共产党宣言》指出：“人们的观念、观点和概念，一句话，人们的意识，随着人们的生活条件、人们的社会关系、人们的社会存在的改变而改变，这难道需要经过深思才能了解吗？”

马克思主义的社会存在决定社会意识的原理，指导改造自然和社会的实践。要想达到预想的目的，就要根据客观存在的实际情况，制定出切实可行的计划、方案、措施等，使社会意识符合社会存在。否则，就会在实践中遭受挫折和失败。社会存在是不断变化发展的，人们的社会意识也必然随之发生变化。中国社会主义革命和建设的经验证明，不从中国的客观实际情况出发，按照客观规律办事，而是从主观愿望出发，凭想当然办事，就会在实际工作中犯错误，给革命和建设事业造成损失。

（二）社会意识具有相对独立性

社会意识形成后具有相对的独立性，它对社会存在的反映是一个能动的复杂过程，具有自身独特的发展规律。社会意识的相对独立性，主要表现在以下四个方面：

第一，社会意识的发展变化与社会存在的发展变化具有不完全同步性。一是社会意识的发展往往落后于社会存在的发展。当社会存在发生了变化时，反映以往社会存在的旧的社会意识还可能在一个相当长的时期内存在，这种旧的社会意识往往成为社会发展的阻碍因素。二是先进的社会意识往往在一定程度上超越社会存在的现状，预见未来的发展，并成为推动社会发展和进步的精神力量。例如，在社会主义制度下，资产阶级及其他剥削经济的思想意识还会长期存在，并对社会生活继续发生影响。与此相反，反映社会变革要求的先进的社会意识能够在一定程度上预见社会发展的趋势，对人们的社会实践起着指导和动员的作用。这两种情况都表明了社会意识的独立性，但这种独立性是相对的。旧的思想和理论不可能在它的物质基础消亡以后长久地存在下去；新的理论也只有在社会存在的发展已经具备了提出新的任务的条件时才可能产生。

第二，社会意识的发展同经济发展水平的不平衡性。一般来说，一个社会的经济发展水平和该社会的文化思想状况大体上是一致的，但也会出现某种不平衡的状况。这种不平衡性主要有两种表现：一种表现是，从历史的纵向即从同一国家的不同时代来看，先进的社会意识不一定产生于该国家社会经济发展水平较高的阶段；另一种表现是，从社会的横向即从同一时代的不同国家来看，先进的社会意识不一定产生于社会经济发展水平较高的国家。例如，18 世纪末法国的哲学和政治思想超过了当时经济先进的英国；20 世纪初，经济落后的俄国却成了列宁主义的故乡。社会意识对经济发展水平的独立性也是相对的，归根到底它是以经济发展的水平为前提的。

第三，社会意识的发展具有历史继承性。任何一种社会意识都与这方面先前的思想成果有着继承的关系。每一时代的思想家，在认识和解决所面临的社会存在的问题时，都是利用和改造原有思想材料，来创立自己的思想体系，从而把社会思想文化向前推进一步。同时，由于历史继承性在不同条件下的表现，形成了各具特点的民族传统、民族风格。社会意识的历史继承性只能是相对的，因为对文化遗产的继承，要有取有舍。如何批判继承，吸取什么、舍弃什么，终归是由社会经济和思想家们的社会地位所决定的。一般说来，历史上进步经济的社会意识总是继承历史上优秀的思想成果，反动阶级则是继承历史上落后的、反动的东西。无产阶级的社会意识是人类历史上一切优秀文化遗产的集成，它绝不是在世界文明发展大道以外产生的，而是人类过去伟大思想发展的继续。

第四，社会意识对社会存在具有反作用。社会意识相对独立性的最突出的表现是社会意识对社会存在有能动的反作用。一种社会思想、理论，一旦在特定社会存在的基础上产生，便反过来影响社会存在，影响物质生活。社会意识对社会存在的反作用，在质的方面，先进的社会意识对社会存在起促进作用，落后的社会意识则起消极的妨碍作用；在量的方面，社会意识的作用有程度的深浅、范围的大小、时间的久远等区别。社会意识反作用的大小，主要取决于它掌握群众的程度。掌握的群众越多，作用就越大；反之作用就小。

社会意识相对独立性原理具有十分重要的意义。社会意识的相对独立性，对社会的发展可以起到促进或阻碍的作用，因此，在建设有中国特色社会主义的过程中，要高度重视意识形态的科学研究和思想斗争。用马克思主义、毛泽东思想去战胜、克服和代替剥削阶级的腐朽的意识形态，保证社会主义事业的健康发展。“百花齐放、百家争鸣”的方针，是社会主义条件下开展意识形态内科学研究和思想斗争的正确方针。同时，我们要自觉认识这个规律，加强精神文明建设，重视教育，从而推动我们自然生活环境和社会管理制度的改进。否认或轻视社会意识的作用，就不能坚持历史领域的辩证法。当然，无限夸大社会意识的反作用，超出了社会存在决定社会意识这个前提，也会陷入历史唯心主义。

三、社会存在决定社会意识、社会意识相对独立性原理的意义

（一）理论意义

马克思主义关于社会存在决定社会意识的原理，关于社会意识相对独立性的原理，宣告了用社会意识说明社会发展的唯心史观的彻底破产，为揭示社会发展的客观规律性开辟了道路。这就使复杂纷纭的社会现象可以用精确方法确定，社会历史不再是神秘的偶然事件的堆积，而是遵循客观规律的历史现象，是客观规律性和人们有意识活动相统一的辩证过程。

马克思主义唯物史观的创立具有重大意义。它科学地揭示了不是人们的意识决定存在，而是社会存在决定人们的社会意识，物质生活的生产方式制约着整个社会生产。这就为认识人类社会的本质及其发展的普遍规律开辟了一条新的道路。

马克思主义唯物史观的创立，实现了辩证唯物主义与历史唯物主义的有机统一，正确地解决了人与自然、人与社会即人与世界的关系，从而实现了唯物论和辩证法、唯物主义自然观和历史观的统一。历史唯物主义与辩证唯物主义一起共同构成了马克思主义哲学的科学理论体系，两者是不可分割的，是有机统一的整体：一方面，没有辩证唯物主义就没有历史唯物主义。马克思和恩格斯把唯物主义与辩证法相统一的世界观彻底地贯彻于社会历史领域，揭示了劳动实践在社会发展中的基础地位和最终决定作用，继而揭示了社会存在的根源性和社会意识的派生性，确立了社会历史观上的唯物主义。另一方面，没有历史唯物主义就没有辩证唯物主义。正是由于历史唯物主义从劳动、从社会根源上揭示了意识的起源和本质，才科学地回答了物质与意识何为第一性、何为第二性，唯物而辩证地解决了哲学基本问题。历史唯物主义在劳动基础上对社会实践做出了科学分析，并把实践观引入认识论，才建立了能动的革命的反映论。同时，由于历史唯物主义正确揭示了社会基本矛盾运动的一般发展规律，才建立了科学的和完整的辩证法体系。可见，在马克思主义哲学中，辩证唯物主义和历史唯物主义是不可分割的整体。

（二）方法论意义

物质文明和精神文明同社会存在和社会意识不是简单的等同的关系。所谓文明，

并不是社会生活的全部要素、全部关系的集合，而只是物质和精神方面活动之积极成果的总和。但是，由于物质文明与精神文明分别属于社会的物质生活和精神生活两大领域，因而用社会存在和社会意识之间辩证关系的原理理解物质文明与精神文明的关系，具有直接的方法论的意义。

物质文明是人类改造自然界物质成果的总和，它包括生产力的状况、社会物质财富积累的程度、人们物质生活条件的状况等。精神文明是人类改造主观世界精神成果的总和，它包括教育、科学、文化知识所达到的水平及人们的政治思想、道德面貌、社会风尚等方面的状况。二者是相互联系、相互促进的。一方面，物质文明是精神文明建设不可缺少的基础，它为精神文明的形成和发展提供必要的前提和条件。另一方面，精神文明又对物质文明有巨大的反作用，成为物质文明得以巩固和发展的必要条件，并不同程度地规定和影响物质文明建设的方向。

第二节　人类社会的历史前提与基本结构

一、人类社会的历史前提

人类社会首先是依赖于一定的物质条件的，包括地理环境、人口因素和生产方式等。物质资料的生产方式既是物质生活条件中具有决定性的因素，也是全部社会生活的物质基础。地理环境是社会存在和发展的必要条件，它为人类提供生活资源和生产资源。人口因素也是社会存在和发展的一个重要条件。地理环境和人口因素对社会发展不起决定作用，对社会发展起决定作用的是物质资料生产。

（一）地理环境

地理环境是人们进行物质生产所需要的各种自然条件的总和，包括气候、地形、山林、河流、海洋、地下矿藏、水力资源、动植物的分布情况等。它是人类的生存场所。

地理环境是社会存在和发展的永恒的、必要的物质前提，它的好坏直接影响社会经济的发展。这个先在的条件，不仅提供社会存在和发展必要的物质条件，而且影响着社会未来的生存和发展。这种影响，一方面体现为地理条件对于社会生产部门的分布的影响，进而影响社会生产发展的趋向，同时通过对社会的政治、经济、文化的潜在影响而影响社会的发展。

地理环境只能加速或延缓社会的发展，不能决定社会的性质和面貌。地理环境决定论是错误的。法国启蒙学者孟德斯鸠认为，气候是决定因素，“气候的权力强于一切权力”。酷热有害于力量和勇气，寒冷赋予人类头脑和身体以某种力量，使人们能够从事持久、艰巨、伟大而勇敢的行动，因此，“热带民族的懦弱往往使他们陷入奴隶的地位，而寒带民族的强悍则使他们保持自由的地位。所有这些都是自然原因造成的”。英国社会学家巴克尔则把气候、食物、土壤和地形说成决定人类生活和命运的四个主要因素。地理环境决定论企图用地理环境来解释各民族的特点和各种社会制度、社会形态更替，把社会存在和发展的必要条件夸大成了唯一条件；认为地理环境决定人们的心理、嗜好、气质，并通过社会心理决定社会制度、社会形态的性质和更替；认为自然条件决定社会心理，并通过社会心理决定社会发展。马克思主义认为，这是不符合实际的。

（二）人口因素

地理条件为人类社会提供了先在的条件，但是，人类的出现才是人类社会的真正开端。

人口因素也像地理环境一样，是社会物质生活的永恒的、必要的条件。人口是指从事生产和自我生产的人们的总和。它是一个包括人口数量、质量、构成、人口的发展、人口的分布和迁移、人口的自然变动和社会变动等多种因素的综合范畴。人类社会的主体——社会是由人组成的。人类在进行物质生产和再生产的同时，也在进行自身的生产和再生产。没有人类自身的生产和再生产，就没有人类物质生产的世代延续，也就没有社会的存在和发展。

人口及其增长速度对社会发展有促进和延缓作用。首先，没有一定数量的人口就不能组成社会，就不能进行社会物质生产。在社会生产中，人和物质的要素相结合，才能构成现实的社会生产力，实现物质资料的生产。其次，人口的数量和增长与社会经济发展的水平相适应时，就会促进社会的发展；反之，人口数量过多或过少，增长的速度过快或过慢，都会对社会的发展起延缓作用。再次，人口的构成状况和人口的质量也会对生产和社会的发展产生一定的影响。人口的职业构成、教育构成、技术构成等等，都是生产中起重要作用的因素。现代化的生产，已经不是任何具有劳动能力的人都可以胜任的，而是需要具有一定科学文化、专业技能的劳动者。

总之，人口因素虽然对社会的发展起加速和延缓的作用，但不起决定作用。英国的马尔萨斯在他的《人口论》中指出，人口是按几何级数增长的，而生活资料却按算术级数增长。他认为这是一条人口发展的规律，想以此来解释资本主义的失业、贫困和饥饿，并得出解决资本主义问题的唯一出路就是战争和灾难的结论。这是错误的。因为人口因素不能决定社会的性质，不能决定社会结构和社会制度的变更，也不能成为社会变革的根本原因。相反，人口因素是在生产方式的制约下起作用的。

（三）物质资料的生产

在社会存在中，地理环境和人口因素是人类社会存在和发展的自然条件，而物质资料的生产则是社会物质生活的最重要条件，是社会存在和发展的基础。其中，物质资料的生产方式是社会存在和发展的内在根据，是人类社会发展的最终的决定力量。

物质资料的生产方式是人类借以向自然界谋取必需的生活资料的方式，包括生产力和生产关系两个方面，是特定的生产力和生产关系的统一。

为什么物质资料的生产方式是社会存在和发展的内在根据，是人类社会发展的最终的决定力量？首先，生产方式是人类社会赖以存在和发展的物质基础，是社会这一特殊机体的物质担当者。物质生产劳动不仅是人类生命存在的前提，而且是人类全部社会生活的前提。如果没有劳动，人们的社会生活、政治生活和精神生活，都失去了存在的基础。其次，生产方式决定社会的结构、性质和面貌，制约着人们的经济生活、政治生活和精神生活等全部社会生活。最后，生产方式的变化决定整个社会历史的变化，决定社会形态的更替。

我们必须全面地理解社会发展的内在根据和外部条件，在注重生产方式对社会发展的决定作用时，也不忽视地理环境和人口因素；既要把握生产方式的内部矛盾运动，从生产关系必须适合生产力状况的规律出发，把自己的活动建立在社会发展规律的客观基础之上，同时必须合理地利用自然条件，保持生态平衡，发挥地理环境对社会发展的积极作用，良性发展。

二、人类社会的基本结构

（一）自然结构

人类社会的自然结构是指它是世界赖以存在和发展、人类社会赖以存在和发展的诸方面自然物质条件的总和。

人与自然的关系结构是随着社会的发展而发展的。人类出现以后，最初对自然界完全是一种依赖的关系；人类进入农业社会，对自然界变成半依赖关系；人类进入工业社会，一方面提高了对自然的利用率，另一方面，不合理地开发和利用自然资源所造成的频繁灾害危及自然生态平衡和人类生存。人类社会与地理环境构成一个庞大的生态系统。如果人类不保持自身与自然的和谐统一，就会危及人类的生存发展。所以，当今世界出现的生态失衡、“全球危机”问题，并不单纯是自然系统内平衡关系的严重破坏，实际也是人与自然关系的严重失衡。

长期以来，人类社会形成一种以人类利益和需求为中心的价值观，认为自然界对于人类的生活和经济活动只有被利用的工具的价值，自然界只有与人的需要和人的利益发生关系时才有价值，作为客体的自然界自身无所谓价值，自然界的价值是人赋予的。但在今天，肆意掠夺和破坏自然资源所造成的后果，如能源危机、环境危机、生态危机等，提示人类要重新协调尊重自然的价值与尊重人类发展权利的关系。

（二）社会经济结构

社会经济结构是指在一定社会中所存在的各种生产关系的总和，它是生产方式的结构，包括生产力结构和生产关系结构两个方面。社会经济结构既然是同生产力发展的一定阶段相适应的生产关系的总和，那么，要把握社会经济结构的本质，首先要了解生产力和生产关系这两个基本要素。

劳动是理解生产力结构和生产关系结构的一把钥匙。物质生产劳动对社会生活的决定作用，使它成为了人类历史的发源地，是全部社会关系形成和发展的基础。劳动首先是人与自然之间的关系，它表现为生产力。在劳动过程中发生的人与人之间的关系，就是人们的生产关系。所以，劳动是生产力和生产关系的统一，由此构成了生产方式。它是整个人类社会存在和发展的决定力量。

生产力是人们在劳动过程中形成的解决社会和自然之间矛盾的实际能力，是人类利用自然、征服自然、改造自然使其适应社会需要的客观物质力量。生产力的基本要素有劳动者、劳动资料和劳动对象。劳动者、劳动资料和劳动对象都是客观的。劳动者是指运用劳动资料作用于劳动对象，具有一定生产经验、劳动技能和知识、智力，有一定劳动能力的人。劳动对象通常是指人们通过自身劳动对之进行加工，使之变为具有使用价值以满足社会需要的那一部分物质资料，一般分为未经人类生产生活加工的自然物和原料两类。劳动资料又称劳动手段，是指在劳动过程中用以改变或影响劳动对象的物质资料或物质条件，是人和劳动对象之间的媒介体。在劳动资料系统中，生产工具是最重要的部分。它总是随着社会的发展而不断地被改进，是衡量生产力发展水平的尺度，是判断社会经济形态的主要标志之一。正如马克思所说："各种经济时代的区别，不在于生产什么，而在于怎样生产，用什么劳动资料生产。劳动资料不仅是人类劳动力发展的测量器，而且是劳动借以进行的社会关系的指示器。"① 劳动资料和劳动对象合称生产资料。生产资料是人们进行物质资料生产的客观条件，但它只是作为生产劳动的物质要素在起作用，是生产力中"物"的要素。只有把劳动力这个"人"的因素加进来，才能由一种可能的生产力、潜在的生产力转化为现实的、直接的生产力。

生产关系是指人们在物质生产过程中形成的、同一定的生产力相适应的、不依人的意志为转移的经济关系。马克思认为，生产、分配、交换和消费是物质生产和再生产过程的四个环节，四者之间的相互作用便形成生产关系的统一体。在这个统一体中，人们在直接生产过程中所结成的关系，即统治与被统治、支配与被支配的关系，决定着产品的分配、交换和消费关系。同时，人们在直接生产过程中结成的关系又受制于分配、交换和消费关系。生产关系结构包括以下三个方面：生产资料的所有制关

---

① 马克思恩格斯全集（第44卷）．北京：人民出版社，2001：210

系、人们在生产中的地位和相互关系、产品的分配关系。其中，生产资料的所有制关系是最基本的方面，它决定人们在生产中的不同地位和相互关系，也决定分配形式。生产资料的所有制关系是指生产资料归谁所有，由谁支配，是生产资料与人的结合方式。生产资料的所有制关系有两种：一种是生产资料公有制，一种是生产资料私有制。人们在生产中的地位和相互关系，是指在生产过程中，生产的组织者、管理者同直接从事生产劳动的成员之间所发生的关系，这种关系是由生产资料的所有制关系决定的。产品的分配关系是指劳动产品的分配形式。不同的生产资料所有制关系决定了不同的产品分配关系。总之，生产关系是以生产资料所有制为基础，由生产、分配、交换和消费构成的复杂的多层次的统一体。

经济结构是由生产力和生产关系构成的体系。经济结构的性质的变化决定政治结构的变化，如历史上以私有制为基础的生产关系解体时，必然会引起政治法律制度的修改和增补。经济结构的性质也决定着文化结构的性质。社会文化结构特别是观念形态的文化的性质归根结底是被经济结构的性质所决定的。总之，经济结构是政治结构、文化结构的基础，政治结构、文化结构的存在、特点及其发展变化，归根到底只能到一定的社会经济关系即生产关系（经济结构）中去寻找根源。

（三）社会政治结构

政治结构是建立在社会经济结构基础之上的，它的内容是人们之间的政治关系。社会政治结构就是社会政治关系的制度化。相对于社会经济结构而言，社会政治结构又叫政治上层建筑，它是由政治法律设施等实体性要素和政治法律制度等制度性要素组成的。实体性要素制约制度性要素，制度性要素规范实体性要素。政治法律设施包括军队、警察、法庭、监狱、政府机构等国家机器以及与此相联系的一整套政治组织、政党组织、社会团体组织等。政治制度是指社会统治阶级采取何种形式组织政权，包括国家的管理形式、组织形式以及选举制度、人民行使政治权利的制度等。法律制度是国家制定法律、执行法律和遵守法律的各项制度。在这一结构中，国家政权是最为核心的部分，是全部政治生活的根本问题，是一切阶级斗争的焦点。

政治结构以经济结构为基础，其形式、内容、性质是被经济结构所决定的，社会经济结构的变革和发展对政治结构的变革和发展起决定作用。这就注定了政治结构根本职能是反映并服务于经济结构。首先，政治结构为经济结构服务的方向，决定它要千方百计地促进自己经济结构的形成、巩固和完善；排除自己及其经济结构的对立物，既同有害于自己的旧经济结构和政治结构的残余势力作斗争，又同威胁自己生存的新经济结构和政治结构的萌芽作斗争。其次，政治结构通过对社会生活、经济生活的控制来为经济结构服务。政治结构力图把人们控制在一定的秩序之内，没有这种强制性的控制作用，整个社会生活、经济生活就会陷入混乱。政治结构为经济结构服务的方式是多样的，如保证作用、组织作用等。通过这些方式，调动各方面的积极性，组织社会经济生活，借助强制性的机构进行监督，使整个社会经济结构系统能够正常地运转起来。最后，政治结构对经济结构既可以起促进作用，也可以起阻碍作用。当政治结构同自己的经济结构相适应，与自己的经济结构在同一方向上运动，能够满足经济结构的要求时，就起积极的促进作用；反之，如果政治结构已经衰败，已不能够满足经济结构的需要，它就会与经济结构发生尖锐的矛盾，对经济结构起着某种破坏作用。

社会的政治结构不仅反作用于经济结构，而且广泛地影响和制约着文化结构，对整个社会生活发挥着极大的支配和调控作用。首先，政治结构使社会生活组织化、结构化、有序化、整体化。人类社会是一个高度组织化的社会，每个人都生活在一定的组织之中，它所依赖的就是政治结构的组织作用。离开了政治结构，就不可能使社会真正组织起来，社会就会是一盘散沙。其次，社会政治结构的管理功能。一是对人的管理。在人类进入共产主义社会以前，对人的管理将始终是社会的中心任务之一，而这一任务是由政治结构来承担的，也只有它才能承担。因为对人的管理必须依靠公共权力。二是对物的管理，包括对各种公共事业、各种社会资源、各种共同财富（物质财富和精神财富）的管理。再次，是控制功能，是指政治结构以一定的制度、法律规范、章程、法令等对社会生活、对人的思想和行为实行监督和控制，以建立整个社会生活的正常秩序。政治结构的功能的落脚点，是组织和保护社会经济生活。

政治结构实质上表现为阶级统治的工具。同时，社会政治结构的建立和维护也要进行正常的管理活动，因而社会的政治结构具有稳定性和有效性。

（四）社会意识结构

社会意识是社会存在的反映，是人们对一切社会生活的过程和条件的主观反映。它包括社会的人的一切意识要素和观念形态，是人类全部社会精神生活及其过程的总概括。

社会意识的构成。从意识的主体以及主体与社会的关系的角度，社会意识可以区分为个人意识和社会意识。根据社会意识反映社会存在的水平高低、层次不同，社会意识又可以区分为社会心理和社会意识形式两个不同层次。根据社会意识形式与经济基础的关系以及是否反映社会政治、经济特点，社会意识形式可以区分为上层建筑的社会意识形式和非上层建筑的社会意识形式，即社会意识形态和非意识形态的其他社会意识形式。

由经济基础决定的社会意识形式就是属于上层建筑的社会意识形式，我们通常称之为社会意识形态，它包括政治思想、法律思想、艺术、道德、宗教、哲学和大部分社会科学。这部分社会意识形式是对社会的经济基础和政治制度的不同程度的直接反映，在阶级社会有鲜明的阶级性。不属于上层建筑的社会意识形态又叫做非上层建筑的社会意识形式，它主要指自然科学，还包括一部分社会科学和思维科学，如语言学、逻辑学、普通心理学等。这部分社会意识形式反映自然现象和不属于经济基础的某些社会现象，因而不具有阶级性，可以为不同性质的经济基础服务。

社会政治结构与上层建筑的另一部分——思想上层建筑（即政治法律思想、宗教、艺术、道德、哲学等）是紧密地联系在一起的，但思想、观点只对政治结构的建立起指导作用，并不是社会政治结构的根源。同时，政治结构一旦形成，就作为一种既定的对象和现实的力量对人们的思想和观点发生影响。

第三节　社会发展规律及社会形态的更替

一、社会发展的历史过程

历史唯物主义认为，人类社会发展是自然的历史过程，而这种自然历史过程又是合乎规律的客观过程。人类社会发展同自然事物发展一样，是客观的、物质的、辩证的过程，具有不以人的意志为转移的客观规律性。人类社会的发展也是一个不断新旧代谢、自我更新、自我完善、自我否定的过程。这个过程受其内在的客观规律的支配，是按自己固有的规律变化发展的。社会规律制约着人们的思想实现程度和实践的成败。可见，人类社会和自然界一样，是一个客观的物质的合乎规律的辩证发展过程。人类社会的发展，是由其内部所固有的矛盾所推动的。人类社会的基本矛盾是生产力和生产关系的矛盾、经济基础和上层建筑的矛盾。人类社会发展的历史就是社会基本矛盾不断运动和发展的历史。社会的这种矛盾运动过程是一个自然的历史过程，是合乎规律的由低级向高级辩证发展的前进运动。

历史唯物主义认为，人类社会发展同自然发展一样也是客观的、不依人的意志为转移的，但人类社会发展的规律同自然规律是不同的。这种不同使得人类社会历史发展具有主体的选择性，即是人的自觉性、主动性、能动性和创造性的集中体现。社会发展的客观规律性绝不是外在于主体的选择而纯客观地存在的既成的东西，也不是按照超然于主体选择之外的早已预定好的某种程序和过程而变化发展的，而是与主体的选择性有着内在的、必然的和复杂的联系。它根源于人的社会实践活动并通过实践对社会发展过程发挥作用。

总之，社会发展是合目的性与合规律性的统一，是自然历史过程与人的自觉创造过程的统一，是社会发展的决定性与社会主体的选择性的统一。

二、社会发展的规律

（一）生产力与生产关系矛盾运动的规律

生产力与生产关系矛盾运动的规律是人类社会发展的基本规律。深刻地理解和掌握这一规律具有重要的意义。生产力决定生产关系、生产关系反作用于生产力、生产力和生产关系之间的矛盾运动，这三项内容构成生产关系必须适合生产力状况的规律。这是人类社会发展最基本、最普遍的规律。

第一，生产力决定生产关系。具体来说，生产力对生产关系的决定作用是由社会生产的本性决定的。任何社会形态下的社会生产都具有不停顿性，于是，生产力必然成为最活跃、最革命的因素。同时，社会生产又要求作为生产力存在和发展形式的生产关系相对稳定下来，以使生产顺利有效地进行。生产力对生产关系的决定作用表现在两个方面：其一，生产力的性质决定生产关系的性质。有什么样的生产力，就会产生什么样的生产关系，一定的生产关系总是适应生产力发展的一定状况而建立起来的。马克思说："手推磨产生的是封建主为首的社会，蒸汽磨产生的是工业资本家为首的社会。"① 其二，生产力的发展决定生产关系的变革。生产力是一个经常变化发展的因素，当生产力发展到一个新阶段时，人们就要变革旧的生产关系，建立新的生产关系，以适应生产力的发展。

第二，生产关系对生产力有能动的反作用。生产关系对生产力有着巨大的反作用。生产关系对生产力的反作用在一定生产方式发展过程的不同阶段表现不一样。适合生产力性质和发展要求的先进的生产关系，促进生产力的发展；不适合生产力性质和发展要求的落后的生产关系，阻碍生产力的发展。生产关系对生产力的反作用是个极其复杂的过程。一般来说，新的生产关系在总体上是适合生产力状况的，但并不排除可能存在某些不完善、不适合生产力状况的方面和环节。同样，旧的生产关系在总体上不适合生产力的状况，但也不能排除旧的生产关系在没有根本变革的条件下，可以局部地、暂时地对生产力的发展有一定的促进作用。

第三，生产力和生产关系的相互作用及其矛盾运动。生产力与生产关系矛盾运动的基本过程是：生产关系与生产力之间由基本适合到基本不适合，经过矛盾的解决，达到新的基本适合。这个过程循环往复，不断推动社会生产发展，进而推动整个社会逐步走向高级阶段。具体来说，在生产关系建立后的一段时间内，生产关系同生产力的发展要求基本上是适合的，但也总会有某些方面和环节不完善，不适合生产力的发展要求，同生产力发生矛盾。只不过这种矛盾处于量变阶段，不会也不需要引起生产关系的根本变革。当生产力发展到一定程度，原有的生产关系就会逐渐陈旧，变得不适合生产力发展的要求，这时矛盾就激化起来，生产关系的根本变革就成为不可避免的了。旧的生产关系根本变革后，它同生产力由基本不适合又转化为基本适合，从而在新的基础上展开生产力和生产关系之间的新的矛盾运动。

生产力和生产关系总是结合在一起，既相矛盾又相统一地推动着社会的前进。只讲生产力不讲生产关系，或只讲生产关系不讲生产力，都违背了生产关系要适合生产

① 马克思恩格斯选集（第1卷）. 北京：人民出版社，1995：142

力状况的规律。必须反对两种错误理论：一种是借口生产力决定生产关系，抹杀生产关系的反作用。这是一种庸俗化的生产力理论。这种理论认为，由资本主义向社会主义过渡，只要生产力高度发展了，不需要通过阶级斗争和社会革命就能改变旧的生产关系，进而适合生产力的发展。另一种是片面夸大生产关系的反作用，抹杀生产力的决定作用。林彪、江青反革命集团把从事生产建设、从事科学技术活动，一律斥为“唯生产力论”而大加批判，就是典型。这两种观点都割裂了生产力和生产关系的辩证关系，否定生产关系要适合生产力状况的规律，都是极其错误的，曾给无产阶级革命事业造成严重损失。

生产关系一定要适合生产力发展状况的规律，是不以人的意志为转移的客观规律，是人类社会发展的一条根本规律。生产关系一定要适合生产力发展状况的规律或原理具有重要的理论和实践意义。

理论意义：它蕴涵了马克思主义历史唯物主义的主要观点。第一，生产力决定生产关系，从而决定了社会生活的各个方面，是社会发展的最终决定力量。因此，生产实践的观点、劳动观点，就成为历史唯物主义的最根本的观点，也是无产阶级的共产主义世界观、人生观的根本观点。第二，它为我们正确地认识人类历史发展的客观过程和必然趋势提供了理论指南。生产力决定生产关系的性质和变化，生产关系一定要同生产力相适合，同生产力发展不相适合的生产关系不能长久地存在下去。因此，资本主义生产方式为社会主义的生产方式所代替，是不可抗拒的历史趋势。第三，它为我们抵制和批判形形色色的历史唯心主义和形而上学的错误理论提供了精神武器。

实践意义：从生产力方面来说，生产力是社会发展的最终决定力量，生产关系要适应生产力的发展。因此，我们致力于社会主义和共产主义的事业，就必须直观物质资料的生产，热心于社会生产力的发展。从生产关系的方面来说，生产关系长期落后生产力，或生产关系“超越”生产力的现实状况，都是生产关系不适合生产力状况的表现。生产关系要适合生产力状况的规律，是通过人们的社会实践来实现的。我们要积极创造出与现实生产力相适应的、有利于生产力继续发展的生产关系的具体形式。我国社会主义初级阶段实行以公有制为主体、多种所有制经济共同发展的基本经济制度，就是以这一规律为理论依据的。

（二）经济基础和上层建筑矛盾运动的规律

经济基础和上层建筑矛盾运动的规律，是人类社会发展的另一基本规律，深刻理解和掌握这一规律同样具有重要的意义。经济基础决定上层建筑、上层建筑反作用于经济基础、经济基础和上层建筑之间的矛盾运动，这三项内容构成上层建筑一定要适合经济基础状况的规律。

经济基础是指同生产力的一定发展阶段相适应的占统治地位的生产关系各方面的总和。经济基础在生产系统中叫生产关系，在社会形态系统中叫经济基础。经济基础是一种客观物质关系，它是不依人的意志力为转移的，是由生产力状况决定的。上层建筑是建立在一定社会经济基础之上的政治、法律等意识形态，以及与之相适应的制度及其设施的复杂体系。它包括政治上层建筑（政治结构）和思想上层建筑（社会意识）两部分。其中，政治上层建筑亦称实体性上层建筑，指政治法律制度以及军队、警察、法院、监狱、政府机关等设施。思想上层建筑包括政治、法律、艺术、道德、宗教、哲学等各种服务于统治阶级的思想体系。

经济基础和上层建筑的辩证统一表现在：

第一，经济基础决定上层建筑。其一，经济基础决定上层建筑的产生。经济基础是根源，上层建筑是派生物，任何上层建筑现象，都可以从经济基础中找到根源。上层建筑中的社会意识形态和制度、设施，都是适应于经济基础的需要而产生的。其二，经济基础的性质决定上层建筑的性质，有什么样的经济基础，就会有什么样的上层建筑。生产力的发展虽然对社会形态的发展和变革起着最后决定的作用，但是上层建筑的性质，并不是直接决定于生产力发展的状况，直接决定上层建筑的是经济基础。其三，经济基础的变化发展决定着上层建筑的变革，经济基础变化了，上层建筑迟早要随着发生变化，经济基础的发展决定上层建筑变化发展的方向。

第二，上层建筑对经济基础具有能动的反作用，这种反作用集中表现为上层建筑为经济基础服务。上层建筑要维护、巩固和发展自己的经济基础，排斥和反对自己的对立物。上层建筑主要通过政治的、思想的力量来影响、控制经济生活和整个社会生活，从而为经济基础服务。上层建筑反作用的性质取决于它所服务的经济基础的性质。当它为适合生产力发展要求的先进的经济基础服务时，就成为推动社会发展的进步力量；反之，就会成为阻碍社会发展的消极力量。

第三，经济基础与上层建筑的相互作用，构成了二者之间的矛盾运动。经济基础决定上层建筑，上层建筑反作用于经济基础，这种相互作用构成了经济基础和上层建筑的矛盾运动。当一种新的上层建筑刚刚产生时，一般说来，是基本适合经济基础需要的，对生产力的发展起着促进作用。经济基础在其相对稳定时期，也会发生局部的变化，但上层建筑由于具有相对独立性，往往不能立即反映经济基础的变化。当上层建筑在总体上已不适应经济基础发展的需要时，旧的上层建筑与经济基础变革的客观要求之间就出现了尖锐的矛盾。这种矛盾发展到质变阶段，必然要超出现存的社会制度的范围，根本变革上层建筑，出现新旧社会形态的更替。新的社会形态建立以后，新的上层建筑和新的经济基础在更高的基础上开始了新的矛盾运动。

上层建筑一定要适合经济基础状况的规律是人类社会的普遍规律，正确认识和把握这一规律具有重要意义。首先，自觉地掌握这个规律，可以根本地帮助我们根据一定的经济基础和上层建筑的状况区分各个社会形态，认识社会的本质、结构和运动发展规律。这一规律是人们全面理解社会历史问题的重要理论依据。其次，这一规律是无产阶级政党制定路线、方针和政策的基本依据。运用好这个规律，可以帮助我们进一步改革和完善社会主义社会的上层建筑，改变一切不适应的管理方式、活动方式和思想方式，以解放和发展生产力。党的十一届三中全会以来，我国的一系列政治体制改革，就是基于我国生产力进一步发展的客观要求，调整和改革上层建筑以适合经济基础状况。再次，这一规律为我们反对形形色色的历史唯心主义提供了科学的精神武器。

在这个问题上存在两种倾向：一是否认经济基础对上层建筑的决定作用，夸大上层建筑的反作用，鼓吹“上层建筑决定论”、“政治可以冲击一切”、“权力可以改变一切”，这就陷入了历史唯心主义；二是否认上层建筑的反作用，把经济基础和上层建筑绝对对立起来，否定它们的辩证关系，从而陷入机械论、自发论，轻视思想政治工作和意识形态的作用，犯了形而上学的错误。

任何社会都是建立在一定发展阶段生产力之上的经济基础和上层建筑的统一，从而构成特定的社会形态。社会形态是由历史上一定的生产力、生产关系、上层建筑等全部社会要素组成的统一完整的、运动发展着的活的社会有机体。生产力和生产关系、经济基础和上层建筑之间的相互作用，形成社会基本矛盾的运动。社会发展总是从生产力的变化开始，生产力决定生产关系，生产关系对生产力有反作用，经济基础决定上层建筑，上层建筑对经济基础有反作用。这种交互作用，形成生产力——生产关系（经济基础）——上层建筑的矛盾运动。这个矛盾运动总是从基本适合到基本不适合，再到新的基本适合。矛盾不断产生又不断解决，从而使人类社会由低级向高级阶段发展，遵循从原始社会到奴隶社会到封建社会到资本主义社会到社会主义社会的发展过程。

三、社会形态更替的一般规律及特殊形式

人类社会形态是以生产力和技术发展水平以及与此相适应的产业结构为标准划分的，如石器时代、铁器时代、电气时代，或者农业社会、工业社会、信息社会。马克思、恩格斯根据生产关系的不同性质，把人类社会的发展过程划分为原始社会、奴隶社会、封建社会、资本主义社会和共产主义社会五种依次更替的社会形态。

（一）社会形态更替的必然性与人们的历史选择性

社会形态更替的客观必然性，主要是指社会形态依次更替的过程和规律是客观的，其发展的基本趋势是确定不移的。社会形态更替归根结底是社会基本矛盾运动的结果。但是，如同其他社会规律一样，社会形态更替的规律，也是人们自己的社会行动的规律。规律的客观性并不否定人们历史活动的能动性，并不排斥人们在遵循社会发展规律的基础上的历史选择性。人们的历史选择性包含三层含义：

第一，社会发展的客观必然性造成了一定历史阶段社会发展的基本趋势，为人们的历史选择提供了基础、范围和可能性空间。

第二，人是社会实践的主体，在社会发展过程中，一方面，人们的历史选择活动总受到自己目的驱使和制约，因为在社会历史领域活动中，人是具有意识的、经过思考或受激情行动的、追求目的的人；另一方面，人们的历史选择活动又必须遵循社会发展的客观规律，因为历史过程受内在的一般规律支配，人们的历史选择只有符合社会发展规律才能实现。这就决定了在社会形态更替过程中历史主体的选择活动，必然是一个合目的性、合规律性相统一的过程。

第三，人们的历史选择性归根结底是人民群众的选择性。人们对于社会形态的历史选择，最终取决于人民群众的根本利益、根本意愿以及对社会发展规律的把握和顺应程度。历史是人民群众创造的，人民群众是社会形态变革的决定力量。人民群众对于社会形态的历史选择，正是在遵循社会发展客观规律的基础上，通过参与社会变革实现的。

（二）社会形态发展的统一性和多样性

马克思主义揭示了社会形态的更替是人类历史发展的一切阶级、一切国家、一切民族、一切地区发展的共同规律。但在现实生活中，在人类社会发展的不同阶段，社会形态总是以多种多样的特殊的具体的形态表现出来。整个社会历史就是这样的同一性与特殊性的统一。

社会形态的发展的同一性是指不同国家、不同民族的历史发展具有共同的、普遍的发展规律。社会形态发展的同一性有两层含义：第一，处于同一社会形态的不同国家的历史发展具有共同性、普遍性，即具有大致相同的生产力发展水平、大致相同的生产关系体系、大致相同的上层建筑。第二，各个国家和民族的历史，在没有外来干涉的条件下，按其自然历史过程一般都应从低级到高级依次经历原始社会、奴隶社会、封建社会、资本主义社会、共产主义社会五种社会形态。

社会形态发展的多样性具体表现为：其一，处于同一社会形态的不同国家和民族的历史具有各自的特点。中国的封建制度与西欧各国的封建制度相比较就有自己的特点。中国特色的社会主义道路和制度，与其他社会主义国家的道路和制度相比较，也有自己的特点。其二，各个国家和民族由一个社会形态向另一个社会形态过渡采取的过渡形式是不同的，典型的社会形态在不同的国家和民族显示的程度是不一样的，不同的国家和民族其社会形态变更的顺序也不完全相同，如有的国家可以超越资本主义阶段而走向社会主义阶段。列宁曾指出：“世界历史发展的一般规律，不仅丝毫不排斥个别发展阶段在发展的形式或顺序上表现出特殊性，反而是以此为前提的。”[①]

社会形态发展的统一性与多样性，根源于社会发展的客观必然性与人们的历史选择性相统一的过程。社会形态更替的客观必然性，是由人类社会的基本规律决定的，

① 列宁选集（第4卷）．北京：人民出版社，1995：776

是由生产关系一定要适应生产力性质规律决定的。这是不以人的意志为转移的客观规律。但是，社会形态更替的规律的客观性并不否定人们历史活动的能动性，并不排斥人们在遵循社会发展规律的基础上，对于某种社会形态的历史选择性。社会形态更替的过程也是一个合目的性与合规律性相统一的过程。一方面，人们的历史选择活动必须遵循社会发展的客观规律；另一方面，人们的历史选择总要受到自己目的的驱使和制约。

（三）社会形态更替的前进性与曲折性

社会形态的更替还表现为历史的前进性与曲折性、渐进性与跨越性的统一。列宁指出："设想世界历史会一帆风顺、按部就班地向前发展，不会有时出现大幅度的跃退，那是不辩证的、不科学的，在理论上是不正确的。"①

从纵的方面看，社会形态的更替总是呈现出由低级到高级、由简单到复杂的运动过程。这是普遍的总的趋势，各国、各民族都是如此。但是，不排除社会发展在这个总趋势中的曲折，甚至暂时的倒退。这个由低级到高级发展的基本途径是：原始社会——奴隶社会——封建社会——资本主义社会——共产主义社会（社会主义社会是它的初级阶段），这五种社会依次更替。社会形态更替的特殊性或多样性在于：新社会形态的建立，总是要有一个不断完善、成熟、发展的过程；不同的民族会通过不同的形式和道路向高级的社会迈进，在一定的条件下可以超越某一种或几种社会形态跃进式地向前发展，如中国跨过典型的资本主义阶段而走向社会主义。但是，曲折和倒退只是暂时的，它终究改变不了社会进步的总趋势，否认社会进步的历史循环论和历史悲观主义都是错误的。

从横的方面看，社会发展依次经历的社会形态，都有各自的本质特征。同是资本主义社会，美国和日本的发展过程、发展模式就有较大区别。列宁指出一切民族都将走向社会主义，这是不可避免的。但是一切民族的走法却不完全一样，在民主的这种或那种形式上，在无产阶级专政的这种或那种形态上，在社会生活各个方面的社会主义改造的速度上，每个民族都有自己的特点。因此，从中国的历史和现实出发，建设中国特色社会主义，是中国历史发展的必然，体现了社会形态是统一性和多样性统一的原理。

社会发展一般规律和特殊规律的关系，规定了历史唯物主义和具体社会科学的关系。历史唯物主义作为一切社会的历史观，研究的是在一切社会形态中都起作用的一切社会规律和在几个社会形态中起作用，具有某种一般性的规律。至于那些只在某一社会或领域起作用的个别规律，则属于具体社会科学，如经济学、法学、教育学、伦理学等所研究的范围和对象。

---

① 列宁选集（第2卷）．北京：人民出版社，1995：694

第四节 社会发展的动力

社会历史发展的动力系统是由多种要素构成的，其中物质生产方式是社会发展的基础，在此基础上形成的生产力和生产关系的矛盾、经济基础和上层建筑的矛盾是自始至终贯穿于人类社会全过程的基本矛盾，也是社会历史发展的根本动力。受这一根本动力制约的阶级斗争、社会革命、社会改革在社会发展中都具有重要作用。

一、社会发展的根本动力

生产力和生产关系、经济基础和上层建筑之间的相互作用规律，推动人类社会由低级向高级阶段的发展。

（一）生产力和生产关系、经济基础和上层建筑的矛盾是社会基本矛盾

唯物辩证法认为，矛盾的存在具有普遍性和无条件性，无论在自然界、认识领域还是人类社会，矛盾都是推动事物发展的动力和源泉。人类社会存在着各种各样的矛盾，而各种矛盾的地位和作用有大小主次之分，有基本矛盾和非基本矛盾之分，基本矛盾制约着非基本矛盾的发展，即所谓“动力的动力”。人类社会的基本矛盾，是指贯穿于人类社会发展的整个过程并决定人类社会发展过程的基本性质和基本趋势，从根本上推动社会历史发展，制约着人类社会矛盾体系中其他矛盾的矛盾。生产力和生产关系、经济基础和上层建筑的矛盾就是人类社会的基本矛盾。迄今为止，无论是茹毛饮血的原始社会，还是封闭低效的自然经济，或者是开放高效的商品经济，都始终贯穿着这两对矛盾。它们决定社会制度的基本性质，决定社会历史的一般进程，成为推动社会历史发展的根本动力。

生产力和生产关系、经济基础和上层建筑之所以成为社会发展的基本矛盾，还在于它们涉及人类社会的基本领域，涵盖社会结构的主要方面，汇总了社会生活的三大领域，囊括了社会基本结构的经济、政治和观念等基本内容，即社会有机体的骨骼和肌肉。

（二）社会基本矛盾是社会发展的根本动力

社会基本矛盾作为社会发展的根本动力，在社会发展中的作用主要表现在：

第一，生产力是社会基本矛盾运动中最基本的动力因素，是人类社会发展和进步的最终决定力量。生产力和生产关系的结合构成一定社会阶段的生产方式，在生产方式的发展中，生产力是最为活跃、最不稳定、不断发展和变化的因素，而生产关系作为制度化的经济交往关系则具有相对的稳定性。生产力的发展推动生产关系的变革，而生产关系的变革又会引起连锁反应，进而引起社会的政治结构和观念结构的变革，

这种变革最终使得在旧制度下被束缚的生产力获得解放，使人类社会发展从整体上跃上更高的层面。所以，生产力的发展是一切社会进步的最终源泉，人类社会发展的历史归根到底是生产力发展的历史。

生产力是社会进步的根本内容，是衡量社会进步的根本尺度。人类社会首先是被生产力和生产关系这对矛盾推动着前进的。作为社会历史发展过程的物质生产存在着双重关系：体现在生产力中的人与自然的关系，以及体现在生产关系中的人与人的关系。这双重关系犹如社会历史的经纬网，构成了社会发展过程中最基本的矛盾。生产力发展既是社会物质文明发展的基本内容，也是政治文明、精神文明发展的基础。没有生产力的发展，人民群众的物质生活和精神生活的提高就成为无源之水、无本之木。

第二，生产力和生产关系与经济基础和上层建筑这两对矛盾的地位是不一样的。生产力和生产关系的矛盾是更为基本的矛盾，它决定经济基础和上层建筑的矛盾的产生和发展。没有前一对矛盾，后一对矛盾就会化为乌有，因为一定历史条件下的经济发展水平呼唤与之相适应的特定的经济交往形式，而特定的经济交往形式又会呼唤与之相适应的政治交往方式，表现为生产力、生产关系（经济基础）、上层建筑间的层层决定关系。

经济基础和上层建筑的矛盾也会影响和制约生产力和生产关系的矛盾，因为要解放和发展社会生产力，不仅需要变革经济基础，也需要变革社会意识形态和政治法律制度。经济基础和上层建筑不是消极被动的因素，而是生产力发展的制约力量，正因为如此，我们才提出在社会发展中既要突出重点又要全面均衡的科学理念。

第三，社会基本矛盾具有不同的表现形式和解决方式，并从根本上影响和促进社会形态的变化和发展。在阶级社会，社会基本矛盾要通过一定社会的阶层或阶级的矛盾表现出来，社会矛盾尖锐化，意味着代表不同生产力、生产关系、政治法律制度的阶级冲突白热化，其结果必然引发声势浩大、摧枯拉朽的社会革命，导致社会形态的质变。在同一社会形态的发展中，社会基本矛盾通常是通过兴利除弊的社会改革的方式来解决。每一次成功的改革都是对社会基本矛盾的某一方面或某种程度的解决，从而推动社会量变。总之，无论是阶级斗争、社会革命，还是社会改革，都根源于社会基本矛盾。

二、阶级斗争在阶级社会发展中的作用

阶级斗争是社会基本矛盾在阶级社会中的表现，是阶级对立社会发展的直接动力。人类自从进入到私有制社会以来，其历史从阶级存在的角度就可以说是阶级斗争的历史。离开了阶级斗争这条主线索，就很难理解阶级社会的发展。

（一）阶级和阶级斗争

阶级是一个历史范畴。如同一切其他社会历史现象的出现根源于社会物质因素一

样，阶级的产生也缘起于社会经济生活的变化。剩余产品的出现使阶级的产生有了可能，生产资料私有制的确立则使这种可能变为现实。阶级是生产力状况所决定的生产关系的产物。

阶级在实质上是一个经济范畴。革命导师列宁给阶级下了一个经典的定义，他说："所谓阶级，就是这样一些大的集团，这些集团在历史上一定社会生产体系中所处的地位不同，对生产资料的关系（这种关系大部分是在法律上明文规定了的）不同，在社会劳动组织中所起的作用不同，因而使得自己所支配的那份社会财富的方式和多寡也不同。所谓阶级，就是这样一些集团，由于它们在一定社会经济结构中所处的地位不同，其中一个集团能够占有另一个集团的劳动。"[①] 在阶级社会，占有生产资料的阶级一般都是统治阶级，无论哪个阶级，只要掌握了生产资料，就会控制社会经济命脉，在经济上占主导地位，并且在政治上执掌政权。而一个集团是否占有其他集团的劳动，则构成了剥削阶级与被剥削阶级的区别。在这里，是否掌控生产资料是决定经济地位从而也决定政治地位高低的关键所在。剥削阶级与被剥削阶级对抗的实质是物质利益的根本对立。历史上，经济处于劣势地位的被剥削阶级为了维持自己的生存，摆脱受剥削、受奴役、受压迫的地位，不断奋起反抗，阶级斗争绵延数千年。阶级斗争是阶级社会客观存在的必然现象，并贯穿于阶级社会全部发展过程。

（二）阶级斗争是阶级社会发展的直接动力

社会的发展从来都是通过人的活动来推动的，而在阶级社会中，阶级是人的最基本的社会存在形态。由于阶级是具有深刻经济基础的大的社会集团，它比任何个人或其他人群都有更强大的力量和更深刻的社会代表性，因而阶级的利益、阶级的目的、阶级的行动能够最直接、最有力地影响社会发展的进程。先进的、革命的阶级的活动是改造社会、推动历史进步的强大力量。在同一社会形态的量变过程中，被压迫阶级为了争取自己应得的物质利益，用各种不同的方式反抗剥削和压迫，无论是奴隶阶级的砸毁农具、消极怠工、逃亡，还是农民阶级的大规模的起义和战争，都在不同程度上打击了当时的统治阶级，迫使他们做出某种调整和让步，减轻剥削和压迫的程度，从而或多或少地有利于生产力的发展。例如历史上的"贞观之治"和"开元盛世"都是在风起云涌的农民起义的打击之下，统治阶级被迫采取了"与民休息"政策，扶助农耕，促进了社会经济的发展。

阶级斗争对阶级社会发展的推动作用不仅表现在同一社会形态的量变过程中，也突出地表现在社会形态的质变过程中。第一，在社会形态的质变过程中，阶级社会的各个社会形态更替都要经过阶级斗争来实现，因为在阶级社会中，生产关系体现着阶级之间的经济关系，生产关系的改变必然引起阶级关系的变化。代表旧的生产关系的反动统治阶级不会自动退出，他们利用自己一切权力来维护旧体系，这就必须通过代

---

① 列宁选集（第4卷）．北京：人民出版社，1995：11

表生产力的先进阶级的革命建立新的生产关系，实现社会形态的变化，推动社会从低级向高级发展。第二，在社会形态的量变过程中，阶级斗争也推动总历史前进。被剥削阶级为反抗统治阶级的压迫和剥削而进行的每一次大规模的斗争，都在一定程度上打击了反动统治，或多或少地推动社会生产力的发展。一般来说，进步阶级反对反动阶级的斗争终将发展为社会革命。

（三）马克思主义的阶级分析方法是认识阶级社会的科学方法

坚持阶级分析方法，就是运用马克思主义的阶级和阶级斗争观点去观察和认识阶级社会的社会历史现象。进行阶级分析，一是要了解各阶级的客观经济、政治情况，二是要了解各阶级的现实关系，三是要了解各阶级的历史变化和动向。阶级分析方法为我们透过纷繁复杂的阶级社会现象，认识阶级社会的本质和规律，提供了科学的指导。阶级分析的方法也是马克思主义政党制定路线、方针、政策和策略的重要依据。

马克思主义的阶级和阶级斗争理论，为我们提供了正确的阶级观点和科学的阶级分析方法。社会主义时期，在一定范围内长期存在的阶级斗争，不仅在经济、政治上存在，而且在思想文化、社会生活各个领域存在。必须认真对阶级状况和阶级斗争形势做出合乎实际的分析，既反对认为阶级斗争已经熄灭的资产阶级自由化的观点，又反对阶级斗争扩大化的观点。

三、社会革命在社会发展中的作用

（一）社会革命的实质和根源

社会革命是阶级斗争的最高表现，是社会矛盾发展的必然结果。所谓社会革命，是指进步阶级推翻反动阶级的统治，用先进的社会制度代替腐朽的社会制度的根本变革。社会革命的根源在于生产力和生产关系、经济基础和上层建筑的矛盾。当旧的生产关系阻碍生产力的发展，旧的上层建筑维护旧的经济基础，阻挠社会前进时，必然引起各种社会矛盾，特别是阶级矛盾的尖锐化。阶级斗争发展到一定程度，必然导致社会革命。马克思认为“革命是历史的火车头”。社会革命的实质是革命阶级推翻反动阶级的统治，用先进的社会制度代替腐朽的社会制度，解放生产力，促进社会的发展。

社会革命的任务在于：解决社会基本矛盾，改变旧的生产关系和上层建筑，建立和发展新的生产关系和上层建筑，解放社会生产力。所以，社会革命的主要任务是要对社会生活的主要领域，即经济和政治领域，实行根本性的改造，实现整个社会形态的质变，而不是量变或局部的变化。一切没有从根本上触动某一社会的基本政治制度、经济制度的变化，都不能算是社会革命。

社会革命的条件分客观条件和主观条件。客观条件是，只有当社会基本矛盾及其引起的种种矛盾达到尖锐化的程度，形成了全国性的危机，即被统治阶级不愿照旧生活下去，而统治阶级也不能照旧统治下去，革命才能爆发，并取得胜利。社会革命的主观条件是，革命阶级的觉悟程度和组织程度已经形成足以摧毁反动政权的强大革命力量。对于无产阶级革命来说，其主观条件集中地表现为无产阶级政党是否成熟。比较而言，客观条件是社会历史变革的前提，但客观条件已经具备时，革命能否发生和取得胜利，则取决于主观条件是否成熟。

（二）社会革命对社会发展的巨大作用

社会革命在社会发展中的重要作用表现在：首先，社会革命是社会形态由低级到高级发展的决定性环节。历史上曾经出现过推翻奴隶制的新兴地主阶级革命，推翻封建制的新兴资产阶级革命，推翻资本主义制度的无产阶级的社会主义革命，这些革命都无一例外地发生在旧的生产关系严重阻碍生产力，旧的上层建筑极力维护旧的经济基础之时，革命的结果则是摧毁或扫除历史前进的障碍，实现了社会形态由低级向高级的飞跃。其次，社会革命充分发挥了人民群众创造历史的积极性和伟大作用。历史上一切真正的革命运动，实质上都是人民群众奋起摧毁腐朽的社会制度的斗争。由于社会革命代表了人民群众的根本利益，所以激发了人民群众的革命热情和聪明才智，同时还教育、锻炼了人民群众，提高了他们的素质。在历史上，社会革命越是深刻，人民群众的发动就越是广泛；人民群众的发动越是广泛，社会变革也就越深刻。历史上的一切革命总是在不同程度上发动了人民群众，发挥了他们创造历史的主动性、创造性、积极性。如果没有社会革命把千千万万的人民群众动员起来，就不可能摧毁腐朽的旧制度。在中国近代，戊戌变法之所以失败，原因之一就是维新变法派人士孤军奋战，没有广泛地发动人民群众，敌我双方力量悬殊，革命被强大的封建势力所断送。法国资产阶级革命之所以取得成功，原因之一是资产阶级启蒙派人士在民众中广泛地宣传自己的政治主张，唤起民众，使革命思想深入人心，使革命成为千百万民众参加的事业 。最后，无产阶级革命将会为消除阶级对抗，并充分利用全人类的文明成果促进社会全面进步而创造条件。

社会革命的形式通常是多样的。在阶级对抗的社会，社会革命往往采取暴力的形式。反动统治阶级不肯自动退出历史的舞台，他们会利用他们手中的庞大的军队、警察、法庭、监狱等暴力工具来镇压被统治阶级，逼迫被统治阶级以革命的暴力反对反革命的暴力。除了从原始社会到奴隶社会是逐渐进入，没经过暴力革命，其他社会形态的更替基本上都是以暴力为手段，通过战争夺取政权，只是这种暴力有时表现得极端激烈，有时表现得相对缓和一些罢了。

生产力和生产关系的矛盾、经济基础和上层建筑的矛盾，是社会的基本矛盾，是推动社会向前发展的根本动力。其中，社会生产关系的根本改变是社会形态更替的主要标志，而生产关系的根本改变必须通过社会革命。所以，社会革命成为人类社会历史发展的普遍规律之一。在阶级社会中，社会革命是阶级斗争的最高形式，它的根本问题是国家政权问题。

四、改革在社会发展中的作用

改革是推动社会发展的又一重要动力。社会革命发生在社会基本矛盾激化的时候，是自下而上进行的，是由被统治阶级发动和组织的社会大革命。社会改革则发生于社会基本矛盾发展到一定程度但又尚未激化的时候，是自上而下进行的，是由统治阶级发动和组织的，借以实现社会的自我调整和局部改善。改革既有推动社会全面转型，涵盖整个社会经济、政治、文化的全面变革，也有拯救危机的局部调整。社会改革是社会发展中经常出现的，具有相当普遍性的解决社会基本矛盾的基本形式。社会发展离不开改革，不同时期的统治阶级都曾经采取过一定的改革措施，对生产关系和上层建筑的某些方面和环节进行变革，从而有利于社会进步。

改革也是一场革命。解决社会主要矛盾的根本途径是大力发展社会生产力，人类社会的发展归根到底是由生产力的发展决定的。但是在一定阶段进行的改革，从一定意义上说也可以起到革命的作用。对生产关系和上层建筑中不完善部分进行改革，不仅对生产关系系统本身，而且通过生产关系的调整对社会生活的各个方面都会产生一定的影响。同时，生产关系和上层建筑的改善必然对生产力的发展产生一定影响，通过改善束缚生产力发展的因素，从而推动生产力的发展。正是从这个意义上说，改革也是一场革命。

社会主义社会是不断改革的社会。恩格斯指出：“我认为，所谓‘社会主义’不是一种一成不变的东西，而应当和其他社会制度一样，把它看成是经常变化和改革的社会。”[①] 社会主义全面改革是社会主义社会矛盾运动的必然要求。生产关系一定适合生产力的状况和发展水平，这是在任何社会都起作用的普遍规律。在社会主义社会，以生产资料公有制为基础的社会主义生产关系，其基本方面是和生产力的状况和发展水平相适应的，容许生产力以旧社会所不可能有的速度和规模向前发展。但是，社会主义生产关系并不是一经建立就自动地成熟起来的，它的某些环节、某些方面还不够完善，又是和生产力的发展相矛盾的。随着时间的推移，这种不相适应的矛盾必然会愈来愈明显地反映出来。因此，必须通过改革，及时对生产关系加以调整，才能保证社会生产力的持续高速发展。上层建筑一定要适合经济基础的状况，这也是在任何社会都起作用的普遍规律。在社会主义社会中，上层建筑与社会主义的经济基础是相适应的，但社会主义上层建筑也不是一经建立就成熟的，它的某些环节和某些方面还不完善。总之，社会主义并不是人们主观随意性的产物，而是社会主义发展规律的必然反映。所以，从社会主义社会的基本矛盾运动的客观要求来看，社会主义国家无论在生产关系领域或是在上层建筑领域，都必须不断地进行调整和改革。改革是解决社会主义社会基本矛盾的根本手段。

① 马克思恩格斯选集（第4卷）．北京：人民出版社，1995：693

社会主义国家的实践表明，社会主义改革是社会主义实践的重大课题。现实的社会主义是在落后或比较落后的基础上诞生的。第一个社会主义国家苏联，在当时的社会历史条件下，形成了一个以高度集权为基本特征的社会主义模式。这种模式有很大的弊病，在很大程度上违反了某些客观规律，束缚了社会生产力的发展，压抑了人民群众的积极性，使社会主义失去了应有的生气和活力。现在，各社会主义国家都程度不同地针对着这些弊端进行改革，探索新的经济运行机制。中国经过30年的改革，已经探索出了一条适合中国国情的现代化之路。社会主义的改革是社会主义制度的自我完善的重要手段。只有改革同生产力要求不相适应的那一部分生产关系，改革上层建筑中与经济基础不相适应的某些方面和环节，解放生产力，才能充分调动亿万劳动人民的积极性，巩固和发展社会主义制度。

总之，社会基本矛盾运动和阶级斗争互相联系、互相制约，共同推动了社会发展。当然，推动社会发展的还有许多其他因素。比如科学技术革命是推动经济和社会发展的强大杠杆，是改造自然和社会、推动历史前进的伟大力量。分析任何社会的动力，都要坚持全面系统的分析方法。

复习思考题

1. 为什么物质资料的生产方式是社会存在和发展的内在根据，是人类社会发展的最终的决定力量?

2. 从社会存在决定社会意识、社会意识相对独立性原理中，你领悟了怎样的方法论?

3. 如何理解社会发展的基本规律和基本矛盾?

活动建议

结合所学的社会发展动力知识，联系中国实际，分析中国社会发展的动力系统。

原著导读

《<政治经济学批判>序言》发表于1859年1月。《序言》首先概要地介绍了马克思从事政治经济学研究的原因和过程，而后集中阐述了唯物史观的基本原理。阐述唯物史观的这部分内容深入浅出，今天读来仍深受启发。以下是部分内容节选：

为了解决使我苦恼的疑问，我写的第一部著作是对黑格尔法哲学的批判性的分析，这部著作的导言曾发表在1844年巴黎出版的《德法年鉴》上。我的研究得出这样一个结果：法的关系正像国家的形式一样，既不能从它们本身来理解，也不能从所谓人类精神的一般发展来理解，相反，它们根源于物质的生活关系，这种物质的生活关系的总和，黑格尔按照18世纪的英国人和法国人的先例，概括为“市民社会”，而对市民社会的解剖应该到政治经济学中去寻求。我在巴黎开始研究政治经济学，后来因基佐先生下令驱逐移居布鲁塞尔，在那里继续进行研究。我所得到的、并且一经得到就用于指导我的研究工作的总的结果，可以简要地表述如下：人们在自己生活的社会生产中发生一定的、必然的、不以他们的意志为转移的关系，即同他们的物质生产力的一定发展阶段相适合的生产关系。这些生产关系的总和构成社会的经济结构，即有法律的和政治的上层建筑竖立其上并有一定的社会意识形式与之相适应的现实基础。物质生活的生产方式制约着整个社会生活、政治生活和精神生活的过程。不是人们的意识决定人们的存在，相反，是人们的社会存在决定人们的意识。社会的物质生产力发展到一定阶段，便同它们一直在其中运动的现存生产关系或财产关系（这只是生产关系的法律用语）发生矛盾。于是这些关系便由生产力的发展形式变成生产力的桎梏。那时社会革命的时代就到来了。随着经济基础的变更，全部庞大的上层建筑也或慢或快地发生变革。在考察这些变革时，必须时刻把下面两者区别开来：一种是生产的经济条件方面所发生的物质的、可以用自然科学的精确性指明的变革，一种是人们借以意识到这个冲突并力求把它克服的那些法律的、政治的、宗教的、艺术的或哲学的，简言之，意识形态的形式。我们判断一个人不能以他对自己的看法为根据，同样，我们判断这样一个变革时代也不能以它的意识为根据；相反，这个意识必须从物质生活的矛盾中，从社会生产力和生产关系之间的现存冲突中去解释。无论哪一个社会形态，在它所能容纳的全部生产力发挥出来以前，是决不会灭亡的；而新的更高的生产关系，在它的物质存在条件在旧社会的胎胞里成熟以前，是决不会出现的。所以人类始终只提出自己能够解决的任务，因为只要仔细考察就可以发现，任务本身，只有在解决它的物质条件已经存在或者至少是在生成过程中的时候，才会产生。大体说来，亚细亚的、古代的、封建的和现代资产阶级的生产方式可以看作是经济的社会形态演进的几个时代。资产阶级的生产关系是社会生产过程的最后一个对抗形式，这里所说的对抗，不是指个人的对抗，而是指从个人的社会生活条件中生长出来的对抗；但是，在资产阶级社会的胎胞里发展的生产力，同时又创造着解决这种对抗的物质条件。因此，人类社会的史前时期就以这种社会形态而告终。

第五章　资本主义社会的本质和运行规律

马克思主义根据生产关系的不同性质，把人类社会的发展过程划分为原始社会、奴隶社会、封建社会、资本主义社会和共产主义社会五种依次更替的经济社会形态。人类历史发展的过程也证明了这一点。在当今世界，大多存在的是资本主义国家和社会主义国家。马克思主义重点对人类历史上最后一个剥削制度进行了剖析，揭示了资本主义的经济制度、政治制度和意识形态的本质，从而阐明了资本主义必然被社会主义所取代的客观规律。马克思主义的资本主义论至今仍是人们认识资本主义，改造旧世界、建设新世界的锐利思想武器。

第一节　资本主义发展的历史进程

一、资本主义生产方式的产生

资本主义社会代替封建社会，是生产关系一定适合生产力发展规律的必然结果。

在封建社会末期，商品经济的发展促进了封建社会自然经济的解体，为资本主义商品经济的产生创造了前提条件。从生产力方面看，商品经济的发展不仅训练了一批手工工匠，而且从劳动工具和制造技术上为资本主义商品生产准备了物质条件。从生产关系方面看，资本主义生产关系需要两个基本条件：一是要有大量的有人身自由的，又失去了任何生产资料的无产者；二是大量货币财富集中到少数人手里以进行资本主义生产。在商品经济条件下，这两个条件得到了实现。具体来说，由于价值规律和竞争的作用，引起了小生产者的两极分化，生产条件好的生产者手中积聚资本，大多数生产条件差的破了产，变成了雇佣工人。资本主义生产关系所需要的条件就这样在封建社会内部产生了，从而资本主义生产关系在历史上诞生了。

资本主义生产关系产生以后，要获得更迅速扩展和普及，仅靠小商品生产者的自然分化是缓慢的。于是，大地主和资产阶级借助国家权力，一方面用野蛮的暴力方式强迫生产者和生产资料相分离，从而将他们变为雇佣工人；另一方面，把生产资料和大量的货币财富集中到少数人手里。这个过程就是资本原始积累。资本原始积累主要是通过两方面进行的：第一，用暴力剥夺农民的土地，以英国最为典型。它从 15 世纪 70 年代开始一直延续到 19 世纪初结束。这就是有名的“圈地运动”。当时，由于毛纺织业的兴起引起羊毛价格上涨，大地主看到养羊比种庄稼更有利，于是他们把大批农民从土地上赶走，并拆毁和焚烧农民的房屋，将土地变为牧场。大批农民离乡背井，到处流浪。这就是当时所谓“羊吃人”的情景。同时，国家又颁布各种血腥法律，用鞭打、监禁甚至处死等方式禁止农民流浪，这就等于强迫他们成为雇佣劳动者，从而为资本主义生产提供了源源不断的劳动力。第二，用野蛮的方式掠夺国内外人民的大量货币财富。在国外，资产阶级对外通过掠夺黄金财物、贩运奴隶和毒品、进行殖民贸易等手段，获得大量血腥财富。在国内，资产阶级用发行国家公债、建立税收制度等手段，剥削和掠夺本国劳动人民的财产。资本的原始积累过程在所有资本主义国家初期都存在过，尽管所采取的形式不同，但其实质都是通过暴力手段进行掠夺的结果。正如马克思所说：“资本来到世间，从头到脚，每个毛孔都滴着血和肮脏的东西。”①

经过原始积累的过程，一方面产生了大批失去生产资料而不得不出卖自己劳动力的无产者，既给资本主义造成了劳动力市场，又给资本主义造成了商品市场；另一方面，巨额的货币和生产资料集中在少数人手里转化为了资本主义生产所需要的资本。劳动力转化为商品和生产资料转化为资本，标志着简单商品生产向资本主义生产过渡。

接着，经过工业革命，资本主义生产方式进一步发展。15 世纪末的地理大发现以及随之而来的殖民地的开拓，使销售市场扩大了许多倍，加速了手工业向工场手工业的转化。资本主义工场手工业比简单协作的手工业大大地提高了劳动生产率。18 世纪，随着主要资本主义国家生产力的发展和进一步的殖民扩张，世界市场的迅速扩大越来越同工场手工业狭隘的技术基础发生矛盾，在这种情况下，第一次工业革命开始了。第一次工业革命是资本主义发展史上的一个重要阶段，是从工场手工业发展到大机器生产的一次飞跃。这次工业革命以蒸汽机等新技术的发明创造和机器的广泛使用为主要标志，首先使纺织工业发生技术革命，随后促使冶金、采矿、机械制造、交通运输等一系列工业部门采用新技术，大量使用机器和蒸汽动力。英国率先完成了工业革命，接着法国和美国等资本主义国家也先后完成了工业革命。资本主义经济制度最终确立起来。资本主义经济制度的基本特征表现为：生产资料归资本家私人所有；实行雇佣劳动制度；资本家占有剩余价值，并在资本家中实行按资分配原则。

经过资产阶级革命，资本主义生产方式最终确立。由于科学技术不断进步和被更多地应用于生产，大大促进了生产力的迅速发展，使资本主义生产关系扩展到一切生产部门。封建的生产关系已成为生产力发展的严重障碍。因此，变革封建生产关系已成为生产力发展的客观要求。同时，随着这种扩展，无产阶级和资产阶级的对抗也进一步扩展，资产阶级和无产阶级两大对抗阶级成为了资本主义社会基本的阶级结构。

---

① 马克思恩格斯全集（第 44 卷）. 北京：人民出版社，2001：871

这种客观要求必然导致反封建统治的革命的爆发。从 17 世纪到 19 世纪，荷兰、英国、法国、德国及其他一些国家先后爆发资产阶级革命，变革了封建制度，为资本主义生产方式取代封建生产方式扫清了道路。在反对封建主义的革命斗争中，农民阶级、无产阶级和资产阶级都是反对封建制度的阶级力量，但当时无产阶级还比较年轻，没有发展成为独立的政治力量，不可能担负起领导的责任。农民阶级深受封建势力的剥削，且人数最多，成为推翻封建制度的主力军，但他们不是先进生产方式的代表，不能成为领导阶级。资产阶级相对于封建主来说，在当时还属于进步的革命阶级，所以充当了革命的领导者。进而，资产阶级利用农民、工人和其他劳动人民的力量，通过资产阶级革命推翻了封建统治，确立了资本主义的统治。

资本主义的产生和发展，具有共同的规律并必然带来类似的后果，但各个国家由于具体的历史条件不同，必然又呈现各自的特点。

资本主义制度代替封建制度是人类历史的飞跃。资产阶级在历史上曾经起过非常革命的作用。它摧毁了落后封建生产关系对生产力的严重束缚，促进了生产力的巨大发展。资本主义在诞生不到一百年的时间里，所创造的生产力就超过过去一切世代的全部生产力。生产力的大发展，促进了资本主义生产工业化、社会化和商品化的进一步发展，从而使资本主义迈向更高的阶段。

二、自由竞争资本主义向垄断资本主义的转变

资本主义经济制度的发展经历了自由竞争资本主义和垄断资本主义两个阶段。资本主义经济制度确立初期，自由竞争占据统治地位。自由竞争是商品生产经营者之间为争夺有利的生产和销售条件进行的不受限制的竞争。这个阶段的特点是：资本积聚与资本集中程度较低，资本家生产经营的规模不大，占有资本较少；资本主义企业之间维持着自由的竞争关系；银行资本的积聚、集中力量较弱，对经济生活缺乏支配力，仅仅是充当借贷双方的信用中介；社会经济运行主要靠市场价格来调节，政府干预少。19 世纪末期，自由竞争资本主义向垄断资本主义转变。垄断资本主义最初的表现形式是私人垄断资本的形成和发展。

（一）私人垄断资本主义的形成

第二次工业革命为垄断的形成提出了要求。第二次工业革命发生于 19 世纪 70 年代，以电、电机和内燃机的发明与应用为主要标志，它使主要资本主义国家的重工业比重第一次超过轻纺工业，成为重工业为主导的工业化国家。第二次工业革命中，自然科学的新发现迅速应用于工业；电力的发明与应用加快机器运转的速度，带动更多工作机形成体系；重化工业取代轻纺工业成为社会生产中具有支配力的部门。重化工业部门要求生产社会化水平高，要求规模经济，进而需要巨额资本。而作为自由竞争时代主体的单个私人资本对此无能为力。于是，通过股份公司制度以及企业并购推动了主要重化工业部门的资本集中和生产集中。19 世纪 70 年代到 20 世纪初，资本主

义经济危机频频爆发，造成大批中小企业的破产并被大企业所吞并。而大企业为了保持竞争优势，纷纷联合和合并，从而使生产和资本的集中达到了更高程度。

生产和资本的集中为垄断提供了可能性与必要性。一方面，为数不多的大型企业彼此之间容易达成联合协议，并且它们的实力雄厚，也有力量操纵和控制该部门的生产和流通，这就为垄断的形成提供了可能性。另一方面，正是企业的规模巨大，既造成竞争的困难和新企业进入的限制，同时也使大企业之间在竞争中两败俱伤。为了避免双方因势均力敌带来的竞争损失，它们也有暂时达成联合协议形成垄断的必要性。于是，不同资本主义企业之间实现联合，垄断出现。所谓垄断，就是指少数资本主义企业凭借其控制的巨额资本、生产经营规模和市场份额，通过协定、同盟、联合、参股等方法操纵与控制一个或几个部门的商品生产和流通，以获取高额利润。

垄断组织的主要形式有以下几种。短期价格协定：这是最简单的形式。卡特尔(Cartal)：是指生产同类商品的企业为了获取高额利润，在划分市场、规定商品产量和商品价格等方面达成协议的一种组织形式。参加卡特尔组织的企业在生产和销售上保持经营的独立性，只是根据协定划分销售市场，确定产量及规定标准价格。辛迪加(Syndicat)：是指同一生产部门的少数大企业为了获取高额利润，订立共同销售产品和购买原材料的协定而形成的同盟组织。参加辛迪加的企业已失去经营流通业务的独立性，只保留了生产经营上的独立性。托拉斯（Trust)：是指生产同类产品或生产上有密切联系的企业为了控制商品生产、原料产地、销售市场和投资范围，以获取高额利润的企业联合组织。参加托拉斯的企业，完全丧失了生产和流通中的经营独立性，各家企业组成一家庞大的企业，由理事会统一经营管理，各个企业的资本家成为托拉斯的股东，按股份获取经济利益。康采恩（Konzarn)：又称财团，是在金融上以某个最大资本家集团为基础的生产、流通、运输、保险、银行企业的联合组织。参加康采恩的企业只保持着形式的独立。

（二）私人垄断资本主义的基本经济特征

在《帝国主义是资本主义的最高阶段》一书中，列宁概括了垄断资本主义的基本经济特征：“（1）生产和资本的集中发展到这样高的程度，以致造成了在经济生活中起决定作用的垄断组织；（2）银行资本和工业资本已经溶合起来，在这个‘金融资本’的基础上形成了金融寡头；（3）与商品输出不同的资本输出有了特别重要的意义；（4）瓜分世界的资本家国际垄断同盟已经形成；（5）最大资本主义列强已把世界上的领土分割完毕。”[①]

具体来说：第一，资本集中与生产集中高度发展，在主要产业部门乃至整个经济生活中产生了居支配地位的垄断组织。第二，工业垄断资本与银行垄断资本日趋融合为金融资本，金融资本的进一步集中又形成金融寡头。银行垄断组织的形成，使银行

① 列宁选集（第2卷）．北京：人民出版社，1995：651

的地位与作用发生了根本性的变化，即由过去的借贷中介人变成了万能的垄断者，并与工业资本日益融合在一起。第三，资本输出具有特别重要的意义。在资本主义自由竞争阶段资本输出就已经存在，但进入垄断资本主义阶段以后，由于生产和资本越来越集中于少数大企业，利润率较高的部门具有较高的进入壁垒，而资本的本性又必然使其对利润率较低的生产部门不屑一顾，从而产生大量的过剩资本。落后国家资本有机构成低，劳动力价格低，这就为资本输出提供了对象和场所。第四，国际垄断同盟从经济上瓜分世界。各国垄断组织为了获取垄断利润，一方面利用国家政权建立关税壁垒，限制国外商品输入，以维护垄断价格；另一方面，又通过绕过关税壁垒及倾销等政策，与外国资本展开较量。这种较量的结果往往给各国垄断组织带来巨大损失。为了避免在国际竞争中两败俱伤，各国垄断组织寻求暂时的妥协，组成国际垄断同盟。第五，主要发达资本主义国家在进入垄断阶段以后，都不同程度地参与了瓜分殖民地、建立殖民体系。为了争夺殖民地和世界霸权，列强之间进行激烈斗争，并最终酿成1914～1918年的第一次世界大战。

（三）垄断资本主义的实质

资本主义垄断的实质是通过对生产和市场的垄断，获得超过平均利润的高额利润。垄断利润主要来自本垄断企业工人创造的剩余价值；作为消费者的劳动人民的部分收入，非垄断企业资本家所剥削的部分剩余价值以及农民和其他小生产者所创造的部分价值；殖民地、附属国和其他国家劳动人民创造的部分价值和剩余价值。

垄断既没有改变资本主义私有制的性质，也没有取消资本主义的商品生产，没有代替、取消竞争。社会上除了占统治地位的垄断组织之外，还存在着大量中小资本主义企业。因此，在垄断资本主义阶段，不仅在国内存在着垄断组织与非垄断组织之间、垄断组织之间以及垄断组织内部的竞争、非垄断组织之间的竞争；而且在国外，有争夺原料产地、投资场所、商品市场的斗争。竞争的参加者不但有不同国家的垄断资本集团，而且有同一国家的不同垄断资本集团。因此，竞争的程度要比自由竞争资本主义时期更加剧烈。而且，除了经济领域的竞争外，还扩展到政治、军事、文化领域等方面。

三、国家垄断资本主义的发展

垄断资本主义发展迄今为止包括两个阶段，即私人垄断资本主义与国家垄断资本主义。国家垄断资本主义形成于19世纪末到第一次世界大战前后；从20世纪30年代大危机到“二战”期间，国家垄断资本主义进入发展的高潮时期；“二战”后，特别是20世纪60年代以来，国家垄断资本主义获得了普遍发展并成为占统治地位的资本形式。私人垄断资本主义向国家垄断资本主义发展绝不是偶然的，而是由垄断资本主义追求最大限度利润的本性所决定的，是生产社会化高度发展的客观要求，是资本主义基本矛盾激化的必然结果。

国家垄断资本主义产生的前提是私人垄断资本主义生产关系具有局限性。在垄断条件下，生产社会化日益发展，而社会化的生产资料和劳动成果却更加被垄断资本家所占有，这就使资本主义的基本矛盾加深，国内各垄断资本集团之间、垄断资本集团与劳动人民之间、各国垄断资本之间的各种斗争都达到了空前尖锐的程度，要求国家干预和协调。战争和危机加速了国家垄断资本主义的产生和发展。战后以来，国家垄断资本主义在新科技革命的推动下又获得了重大发展。以原子能、电子计算机、空间技术的发展为标志的科学技术革命，把生产社会化水平推到了一个新的高度，因为科技革命引起的新兴工业，如航天工业、核电站的兴办和海洋开发等，需要巨额资本和各个行业部门的协调发展。这是私人垄断资本承担不了的。同时，国内生产与世界生产越来越紧密地联系在一起，形成相互联系的有机整体，这就更迫切需要国家对整个国民经济进行调节。

国家垄断资本主义的主要形式有国有公司或国私合营的股份公司。它主要分布于一些公共生产与服务部门及经济发展的基础设施、基础工业部门。它投资数量大、周期长、利润低，在市场调节下，私人垄断不愿或无力兴办，但却是保证社会再生产正常进行所不可缺少的。从西欧和一些发达资本主义国家国有企业的产业分布来看，分布在铁路、电力、电信、煤气、石油、钢铁等部门的国有企业比重较高。另外，在新科技革命的条件下，产业结构转换加快，在某些衰退产业中，私人垄断资本企业技术落后、亏损严重，在市场上缺乏竞争力，资本退出碰到极大障碍。在这种情况下，西方资本主义国家也往往采取国有化的办法，高价收购私人垄断资本的企业。资本主义国有制经济的产生与发展是弥补市场调节不足，为经济发展提供共同条件，以加强国家调控能力的需要。现代资本主义国家的国有制经济从形式上看似乎取得一种“公有制”外貌，资产阶级学者也宣扬他们的国有制是代表全社会利益的。实际上，国有制的性质取决于国家的阶级性质。现代资本主义国家本质上是垄断资本家进行阶级统治的工具。

不仅如此，国家凭借各种经济干预与宏观调控政策对社会经济实行全面调节。一是微观经济干预政策，即对国民经济中某些产业部门中的企业乃至全社会所有企业，在进入和退出市场的资格、产品和服务的质量及价格、企业与企业之间的垄断与竞争关系等等，进行一系列规范与制约，具体表现为以反垄断为核心的一系列规则。二是宏观调控政策，包括以资本供应者和商品供应者及采购者的身份参与社会经济活动，直接调节社会再生产过程中的各种比例关系；国家政府通过财政政策、货币政策、收入分配政策、产业政策等总量及结构调节政策，间接地调节社会经济生活。除此之外，资本主义国家还要进行国际经济调节，通过国际经济组织或国际经济联合对国际经济关系进行调节，其本质是国家垄断资本主义超越国界，为各自利益进行跨国协调。

国家垄断资本主义并没有替代私人垄断资本主义，而是在私人垄断资本主义的基础上国家日益与垄断资本相结合，并在这种结合的基础上，国家作为“总资本家”为垄断资本获取高额利润创造更有利的条件。这就是国家垄断资本主义的本质。

国家垄断资本主义的历史作用表现在两个方面。一方面，国家垄断资本主义属于资本主义生产关系的局部调整，扬弃了传统市场经济的自由放任的运行模式，把市场机制与宏观调控机制有机地结合起来，适应生产高度社会化和新科技革命发展的客观需要。所以，它在一定程度上促进了生产力的发展。同时，国家对失业、养老、医疗等实行强制性保险，对缓和阶级矛盾，调动劳动者积极性起到了一定的促进作用。据统计，1948～1979 年，资本主义世界工业生产增长 3 倍多，年均增长 6.6%，被称为资本主义经济发展史上的“黄金时代”。另一方面，国家垄断资本主义是以私人垄断资本为基础的，这就决定了国家垄断资本主义不仅不会触动资本主义私有制，只是在资本主义生产方式范围内对生产关系作部分调整，没有改变资本主义制度的基本性质，也没有改变垄断资本的本质。国家垄断资本主义的发展进一步激化了资本主义内在矛盾，经济危机频繁，周期缩短。所以，19 世纪 70 年代以后，主要发达资本主义国家相继采取了降低国家干预的程度。从这个意义上说，国家垄断资本主义不可能从根本上解决资本主义的基本矛盾。资本主义的基本矛盾只有通过消除私有制基础，实现生产资料公有制，才能真正解决。

第二节　以私有制为基础的商品经济的基本矛盾

资本主义社会是人类社会历史发展的一个特殊形态。最初的资本主义生产关系是在简单商品生产者两极分化的基础上产生的。资本主义经济是私有制商品经济发展的最高形式，是封建社会商品经济发展的结果。所以，分析资本主义经济要从分析商品经济入手。

一、商品经济的基本矛盾

简单商品生产是在生产资料私有制和个体劳动的基础上为交换而进行的生产。

商品经济是一个历史范畴。它不是从来就有的，也不会永恒存在，而是社会生产发展到一定阶段的产物，并随着社会生产的高度发展而消亡。在人类社会历史发展过程中，在发生第二次社会大分工和生产资料私有制的条件下，才开始出现商品经济的形式。商品经济出现后，迄今已先后在奴隶社会、封建社会、资本主义社会和社会主义社会存在和发展。商品经济的产生和存在需要两个基本条件：一个是社会分工，它使生产者互相依赖，彼此需要对方的产品；另一个是生产资料和劳动产品的私有制或属于不同的所有者。实现生产者之间的经济联系，必须进行产品交换，而交换不能是无偿的，是要有代价的。只有在这种情况下，商品经济才能存在。

在奴隶社会和封建社会中，自然经济占统治地位，商品经济是处于从属地位的简单商品经济。它是以个体私有制和个体劳动力为基础，生产和出卖商品是为了重新购买自己所需要的产品。在资本主义社会中，资本主义经济是私有制商品经济发展的最高阶段，不仅一切劳动产品都成了商品，就连人的劳动力也成了商品。它是以资本主义所有制和剥削雇佣劳动为基础的。生产和出卖商品是为了取得剩余价值，使资本增殖。在社会主义社会里，社会主义经济是在生产资料公有制基础上有计划的商品经济，它是为满足人民日益增长的物质文化生活需要服务的。因此，商品经济是几个社会所共有的经济形式，但又具有不同的基础和特点。

资本主义经济是私有制商品经济发展的最高形式，人们进行生产、分配、交换和消费，都得同商品打交道，它是最常见、最普遍的，已经包含着资本主义一切矛盾的胚芽。所以，马克思运用辩证唯物主义和历史唯物主义，从分析商品经济的内在矛盾、矛盾性质、运动方式、发展趋势开始，进一步深入探讨资本主义生产方式产生、发展和灭亡的规律性，科学地阐明了劳动价值论和剩余价值论的基本原理。

（一）商品的使用价值和价值

商品是用来交换的劳动产品，商品是由使用价值和价值两个因素构成的。

商品的使用价值是指物品的有用性，如粮食可以充饥，衣服可以御寒。使用价值是商品的自然属性，它构成社会财富的物质内容，它本身不体现生产关系。商品的使用价值是通过交换实现的。交换价值被视为一种使用价值同另一种使用价值相交换的量的关系或比例。使用价值是交换价值的物质承担者。

商品的价值是凝结在商品中的无差别的一般人类劳动。价值是商品的社会属性，它体现着商品生产者互相交换劳动的社会关系。由于一切商品作为价值是共同的，从而各种商品就可以互相比较并且按照一定的量进行交换。所以，价值是交换价值的基础，交换价值是价值的表现形式。

商品是使用价值和价值的对立统一体，这就是商品的二重性。使用价值和价值共存于一个商品的统一体内，它们互相依存、不可分割，缺少任何一方面都不能构成商品。但是，对于商品生产者来说，使用价值和价值又是互相排斥、互相矛盾的，二者不可兼得。商品生产者生产商品的目的是实现商品的价值，即通过把商品的使用价值让渡给别人而进行交换。交换成功了，商品的内在矛盾就得到了解决。但在私有制的商品经济中，交换往往不能顺利进行，商品的使用价值不能让渡给别人，商品的价值也就不能实现。于是，商品的内在矛盾就表现出来了。

为什么在私有制的商品经济中交换往往不能顺利进行呢？这是由私有制条件下生产商品的劳动二重性决定的。

（二）劳动的二重性

生产商品的劳动分为具体劳动和抽象劳动。一方面，从劳动的具体形式来讲，生产不同商品的劳动目的、手段、方法和结果是有区别的，是不同形式的劳动，创造出来的是不同的特殊使用价值。这种创造使用价值的劳动就是具体劳动。创造商品使用价值的具体劳动体现着人同自然之间的关系。另一方面，生产各种商品的劳动者都是人类劳动力的耗费，这种无差别的人类劳动，就是抽象劳动。抽象劳动形成商品的价值，是价值的唯一源泉。抽象劳动具有共同性才使各种商品在价值方面具有同质性，从而使不同的商品能互相比较和互相交换，体现着人与人之间互相交换劳动的经济关系。

具体劳动和抽象劳动，不是两种劳动或两次劳动，而是同一劳动过程的两个方面，是生产商品的劳动二重性，决定着商品的内在矛盾。对商品生产者来说，商品的使用价值是用于交换的，如果商品卖不出去，就不能实现它的价值，那么生产这个商品所进行的具体劳动，便不能还原为抽象劳动。可见，商品的使用价值和价值的矛盾，正是具体劳动和抽象劳动矛盾的反映。那么，具体劳动和抽象劳动的矛盾是怎样的呢？

在私有制商品经济条件下，具体劳动和抽象劳动的矛盾体现为私人劳动和社会劳动之间的矛盾。由于每个生产者的劳动都是社会总劳动的一部分，劳动具有了社会性质；但同时，劳动是个人的私事，劳动成果只能归个人所有。这样，每个人的劳动就只有通过商品交换才能得到社会承认，转化为社会劳动。但是，在私有制条件下，商品生产者的商品是否为别人所需要，只有到市场中才能知道。所以，私人劳动和社会劳动的矛盾是私有制下商品生产的基本矛盾。在资本主义制度下，这种矛盾进一步发展成资本主义的基本矛盾，即生产资料的私人占有和生产的社会化之间的矛盾。

生产商品的劳动二重性是马克思首先发现和论证的。马克思把它当做“是理解政治经济学的枢纽”。正是由于这一发现，彻底揭示出了商品经济的内在矛盾，从而把劳动价值论建立在科学的基础上，为剩余价值理论奠定了坚固的理论基石。马克思以前的经济学家把创造价值的劳动和创造使用价值的劳动混为一谈，得出生产资料和劳动共同创造价值的理论，这种错误说法被马克思主义的劳动价值论否定了。

（三）货币的出现

货币的出现是商品内在矛盾发展的必然产物，是价值形式发展的最后结果。交换价值是价值的表现形式。商品的价值形式是随着商品生产和交换的发展而发展的。从历史上看，商品价值形式的发展经历了四个阶段，即简单的或偶然的价值形式、总和的或扩大的价值形式、一般价值形式和货币形式。货币是在商品生产和商品交换的发展过程中自发产生的，是商品内在矛盾发展的必然产物，是价值形式发展的最后结果。

货币是一种特殊商品，是一般等价物的商品。它体现着生产者之间以它为媒介来相互交换劳动的关系，即人和人的社会经济关系。

货币的出现有利于解决商品交换的困难。因为货币的产生，使一切商品的价值有了一个固定的、相对同一的表现形式，这样就使商品内在的使用价值和价值的矛盾发展成为外在的商品和货币的矛盾。一切商品只要转换成货币，商品使用价值和价值的矛盾就能得到解决，从而使商品的价值得到实现。所以，货币的出现，有利于解决商品交换的困难，促进了商品经济的发展。

货币的出现不能根本解决商品经济的矛盾。因为，在货币形式下，整个商品世界分为两极：一极是各种各样的具体商品，它们分别代表不同的使用价值；一极是货币，它只代表商品的价值。这就增大了商品买卖脱节的可能性，促使危机爆发。

二、商品经济的基本规律及其作用

（一）价值规律的内容

商品生产和商品交换的基本规律是价值规律。价值规律的内容是：商品的价值量由生产商品的社会必要劳动量，即社会必要劳动时间决定。价值规律是商品经济的基本规律。凡是有商品生产和商品交换的地方，就有价值规律存在并发生作用。价值规律的客观要求是：商品的价值量决定于社会必要劳动时间，商品必须按照价值量相等的原则进行交换，这是贯彻于商品经济中的一种客观必然性。它既支配着商品生产，又支配着商品的流通。

如前所述，商品的价值不仅有其质的规定性，而且有其量的规定性。商品的价值既然是人类抽象劳动的凝结，那么商品的价值量就是凝结在商品中抽象劳动的劳动量，而劳动量是由劳动的持续时间（小时、日等）计算的，因而劳动时间便成为计算劳动量的天然尺度。但是，生产同一种商品，各个商品生产者所耗费的劳动时间是不相等的，因而商品的价值量就不能由个别劳动时间决定，而是由社会必要劳动时间来决定。社会必要劳动时间是在现有的社会正常的生产条件下，在社会平均的劳动熟练程度和劳动强度下制造某种使用价值所需要的劳动时间。这种社会必要劳动时间，决定商品的价值量。研究劳动量决定价值量时，还要了解生产不同商品的劳动常有复杂劳动和简单劳动的区别。简单劳动是不必经过专门训练的劳动。复杂劳动则是需要经过专门训练的劳动。社会必要劳动时间是以简单劳动为计量单位的。复杂劳动表现为强化的或倍加的简单劳动。在单位时间内，复杂劳动量和简单劳动量的换算比例，不是由人们自觉计算出来的，而是在反复的竞争和交换过程中自发形成的。研究商品的价值量，还必须考察生产商品的劳动生产率。因为社会必要劳动时间是随着劳动生产率的发展而发生变化的。劳动生产率代表劳动者生产某种商品的能力，它通常用单位时间内生产的产品数量或生产单个商品所耗费的劳动时间来衡量。劳动生产率的提高，表现为同一劳动在单位时间里能够生产出更多的产品，或表现为生产单个商品所消耗的劳动时间的减少。因此，商品的价值量与生产这种商品所耗费的劳动量成正比，与劳动生产率成反比。这就是商品价值量变动的规律。

由于生产条件不同，生产同一种商品所耗费的个别劳动时间是不同的。不等的个别劳动时间形成不等的个别价值。但是，社会对于同一种商品只承认社会价值。商品的价值量由社会必要劳动时间决定，意味着商品交换的比例要以它们的价值为基础。商品交换，实际上是双方互相交换自己的劳动。各种商品都按照社会必要劳动时间决定的价值量进行交换，才能使交换成为互利的行为。

商品交换以它们的价值为基础，并不意味着每次商品交换都是按照价值进行交换。实际上，价格和价值经常是不一致的。价格背离价值，主要受商品的供给和需求的变化的影响。在以生产资料私有制为基础的商品经济中，每个生产者并不知道有多少人从事同类商品的生产，不知道有多少同类商品进入市场，也不知道市场对这类商品有多少需求。在这种条件下，市场上商品的供给和需求恰好对等的情况是极其少见的，商品供不应求或供过于求倒是经常发生的。商品供不应求，购买者为了买到商品会抬价，导致商品价格升到价值以上；商品供过于求，卖者为了卖出商品会削价，导致价格会跌到价值以下。当商品价格高于价值时，从事这种商品生产可以获得较大的利益，导致这种商品生产的扩大。随着该种商品供给量的增加，供给和需求会逐渐接近，商品价格就要下跌，逐渐与价值接近。同样，当某种商品的价格低于价值时，从事该种商品生产获利较少，会导致生产缩小，供给减少，促使价格回升，逐渐接近价值。所以，市场上各种商品的价格虽然经常不定，却总是围绕着价值，以价值为中心。价格受供求影响自发地围绕价值波动，正是私有制的商品经济中价值规律强制贯彻的表现。只有在价格不断背离价值的条件下，社会必要劳动时间决定价值才能成为现实。

（二）价值规律的作用

价值规律的作用在不同的社会经济制度下是不完全相同的。在私有制为基础的商品经济中，价值规律的一般作用主要表现在以下三个方面：

首先，价值规律自发地调节着社会总劳动在各生产部门之间的分配。由于商品的价格自发地围绕着价值上下波动，市场价格的涨落便成了商品生产者了解市场供求状况的“晴雨表”。当某种商品供不应求，价格高于价值时，使生产资料和劳动力流入这些部门，导致这些部门生产的扩大和供应的增加；当某种商品供过于求，价格低于价值时，生产资料和劳动力退出这些部门，导致这些部门生产的缩小和供应的减少。价值规律就是这样作为一种在生产商品后的自发力量，调节着社会总劳动在各生产部门之间的分配，调节着商品生产和商品流通。

其次，价值规律促进了商品生产者的优胜劣汰。价值规律自发地刺激着商品生产者改进生产技术和改善经营管理。由于商品的价值量是由社会必要劳动时间决定的，而不是由生产商品的个别劳动时间所决定，因此，那些首先改进了生产技术，提高了劳动生产率的商品生产者的个别劳动时间就低于社会必要劳动时间，但其商品仍按社会必要劳动时间所决定的价值出售，因而他获利就多，在竞争中处于有利地位。这就刺激着商品生产者改进技术、改善经营，以此来提高劳动生产率和降低劳动耗费。竞争迫使每个商品生产者都普遍地这样去做，从而使整个社会生产力获得发展。

最后，价值规律自发地调节社会收入的分配。在实际的生产活动中，生产同种商品的生产者中，实际耗费较少但仍按照较高的社会价值出卖的，获得较多的收入。相反，那些生产条件差、技术水平低的商品生产者，生产同种商品的个别劳动耗费较大，但还要按照社会价值出卖，就会无利可图甚至可能亏本或破产。这样，价值规律就自发地调节了社会收入在不同商品生产者之间的分配。

只有在简单商品经济条件下，商品才是按照价值或者按近于价值进行交换的。资本主义生产方式出现以后，商品已经不是按照价值，而是按照生产价格进行交换了。价值转化为生产价格，价值规律实现的形式虽然变化了，但并没有违背价值规律。因为价值决定生产价格，社会必要劳动时间的增减会影响生产价格的升降；生产价格由商品的成本和平均利润构成，平均利润不过是剩余价值在不同生产部门的重新分配，商品的总价值和总生产价格仍然是一致的。

价值规律在对经济活动进行自发调节时，会产生一些消极的后果。比如，可能导致垄断的发生，阻碍技术的进步。因为首先提高了劳动生产率的商品生产者为了保护其在竞争中的优势，往往会限制技术的扩散，这就在一定程度上阻碍了社会生产力的发展。价值规律在对经济活动进行自发调节时，还可能引起商品生产者的两极分化，一部分具有有利条件的生产者可能积累大量的财富，而一部分处于不利地位的生产者可能亏损甚至破产。此外，价值规律自发调节资源在社会生产各个部门的配置，可能出现比例失调的状况，造成社会劳动的浪费。

三、马克思劳动价值论的意义

第一，马克思在继承古典政治经济学劳动创造价值的理论的同时，提出了劳动二重性理论，第一次确定了什么样的劳动形成价值，为什么形成价值以及怎样形成价值，阐明了具体劳动和抽象劳动在商品价值形成中的不同作用，从而为揭示剩余价值的真正来源奠定了基础。此外，资本有机构成理论、资本积累理论、社会资本再生理论等一系列重要理论的创立也都同劳动二重性理论有关。因此，劳动二重性理论成为“理解政治经济学的枢纽”。

第二，马克思劳动价值论揭示了商品经济的一般规律，包含了关于价值的本质和价值量的决定的理论、关于价值形式的演变和货币的本质的理论、关于价值规律的理论等。这些商品经济的一般规律，不仅适用于资本主义商品经济的发展，而且为社会主义市场经济发展提供了理论指导。

当然，我们现在所处的时代与马克思所处的时代相比，社会经济条件发生了很大变化。根据这种变化，我们必须进一步深化对马克思劳动价值论的认识。比如，对生产性劳动要做出新的界定。马克思重点考察的是物质生产部门，认为物质生产领域的劳动才是生产性劳动并创造价值，而绝大部分非物质生产领域的劳动属于非生产性劳动，不创造价值。但在当今时代，随着第三产业的发展，服务性劳动的地位和作用越来越重要，生产性劳动应当包括大部分非物质生产领域的服务性劳动。对科技人员、经营管理人员在社会生产和价值创造中所起作用要深化认识。马克思对脑力劳动给予了肯定，认为它也是创造价值的劳动，但他重点研究的是物质生产领域的体力劳动。在当今社会，科技劳动和管理劳动等脑力劳动，不仅作为一般劳动在价值创造中起着重要的作用，而且作为更高层次的复杂劳动创造的价值要大大高于简单劳动。因此，应充分提高对脑力劳动创造价值作用的认识，在劳动报酬中给予充分体现，以充分调动和发挥脑力劳动者的积极性和创造性。

第三节 资本主义生产的本质和规律

剩余价值理论是马克思主义经济学的基石。这一理论贯穿于马克思对资本主义生产方式的全部分析之中。本节将在劳动价值理论的基础上，通过对资本主义生产过程的分析，说明剩余价值产生的秘密，揭示资本主义社会中无产阶级与资产阶级对立的经济根源。

一、劳动力成为商品是资本主义商品生产价值增殖的前提和条件

（一）马克思发现资本总公式的矛盾

资本家为了进行生产经营，需要掌握一定量的货币，以便购买生产资料和劳动力。但是，货币本身并不就是资本。作为资本的货币与作为商品流通媒介的货币是有区别的。简单商品流通的公式是：商品—货币—商品（w—G—W），即商品生产者先是出卖自己的商品，取得货币，然后再以货币买进自己所需的商品。在这个公式中，货币是单纯作为流通媒介存在的。资本流通的公式是：货币—商品—货币（G—w—G），即资本家用货币买进商品，然后再把商品卖出去，重新取得货币。这两种流通形式的区别是明显的。简单商品流通的起点和终点都是商品，而资本流通的起点和终点都是货币。流通中的媒介物前者是货币，后者是商品。这说明，商品流通是为买而卖，目的是消费，是要得到另一种使用价值，处在简单商品流通公式两端的两种商品在价值量上是相等的。资本流通是为卖而买，目的是要得到增殖的价值。资本家先用货币购买商品，再出卖商品换更多的货币，也就是说，除了收回在这一过程的始点预付的货币之外，资本家还从流通中取得一笔增加的货币。这样，货币在运动中发生的

价值增殖就转化为资本。资本是能带来剩余价值的价值。

价值规律要求商品交换按照等价原则进行，因而交换的结果只会使价值的表现形式变化，而价值量不会变化。但资本总公式表明货币在流通过程中发生了增殖，而实际上，剩余价值是不可能从流通领域中产生的。在商品流通中，无论是等价交换还是不等价交换，都不能产生剩余价值。那么，剩余价值离开流通过程能不能产生呢？也不能。如果离开流通过程，即货币所有者把货币贮藏起来，不与其他商品所有者发生联系，价值和剩余价值既无从产生，也无法实现。由此可见，剩余价值不能产生于流通过程，但又离不开流通过程，它必须以流通过程为媒介。也就是说，货币所有者必须能购买到某种特殊的商品，这种商品具有特殊的使用价值，通过对它的使用能创造价值，而且能够创造比这种商品自身价值更大的价值。

这种特殊商品就是劳动力。

（二）劳动力成为商品是解释资本总公式矛盾的钥匙

任何社会的劳动力都是生产所不可缺少的基本要素之一。但只有在资本主义制度下，劳动力才成为商品。劳动力成为商品必须具备两个条件：第一，劳动者必须在法律上有人身自由，能够自由地支配自己的劳动力；第二，劳动者被剥夺得一无所有，不得不靠出卖劳动力为生。这些条件是在资本主义生产关系下形成和发展起来的。劳动力成为商品，是资本主义特有的现象。

劳动力作为商品同其他商品一样，也具有价值和使用价值这两种属性。但是，劳动力是特殊商品，其价值和使用价值也具有不同于普通商品的特点。劳动力的价值是由生产和再生产这种商品所耗费的社会必要劳动时间决定的。劳动者是劳动力的载体，劳动力的生产以劳动者的生存为前提。而劳动者要生存，就需要吃饭、穿衣、居住等相应的消费资料。劳动者要掌握一定的生产技术以满足社会生产的技术要求，这也需要花费一定的训练教育费用，这种费用也包括在劳动力的价值当中。总之，劳动力的价值是由生产、发展、维持和延续劳动力所必需的生活资料的价值决定的。劳动力的价值决定还有一个重要的特点，就是它还受到历史和道德因素的影响。同一时期不同国家的劳动力价值是不同的，同一国家不同时期的劳动力价值也是不相同的。随着社会经济和文化的发展，劳动者必要的生活资料的种类和数量也会增加，质量和结构也会变化。不过，在一定国家的一定历史时期，必要生活资料是一个可确定的量，它是确定劳动力价值的标准。劳动力商品也具有使用价值，劳动力商品的最大特点表现在它的使用价值上。一般商品在被消费和使用的过程中，随着使用价值的消失，它的价值也随之消失或转移到新产品中去。劳动力商品则不同，它的使用价值的实现过程就是劳动者进行劳动的过程。作为具体劳动，劳动者的劳动创造某种使用价值；作为抽象劳动，则创造出大于劳动力自身价值的价值来。资本家通过对劳动力的使用，不仅能收回购买劳动力商品时预付的价值，而且能无偿得到增殖的价值。这个超过劳动力价值的价值就是剩余价值，而能够带来剩余价值的价值也就是资本。因而，劳动力的使用价值是剩余价值的源泉。可见，劳动力成为商品是价值增殖的秘密，进而成为解释资本总公式的钥匙，成为货币转化为资本的前提。

（三）资本主义工资的实质

从现象上看，雇佣工人劳动一天就得到一天的工资，或者生产一件合格产品就得到相应的工资。这样，就给人们造成一种假象，工人的劳动公平地得到了报酬。

其实，资本家支付的工资似乎是劳动的价值或价格，而不是劳动力的价值或价格。

劳动力和劳动是两个不同的概念。在资本家同工人的买卖关系中，工人出卖的是劳动力，而不是劳动，能成为商品的只是劳动力，劳动根本不能成为商品。首先，如果劳动是商品，它就应该同其他商品一样也具有价值。价值就是凝结在商品中的人类劳动，说劳动是商品具有价值，那就等于说劳动的价值是由劳动决定的，这属于同义反复。其次，如果说劳动是商品，那么它就应该同其他商品一样在出卖之前就已独立存在，但劳动只有和生产资料相结合，只有在生产过程中才能实现。再次，如果劳动是商品，按照等价交换，资本家应该支付给工人全部劳动形成的价值，这样资本家就得不到任何剩余价值，没有剩余价值，资本主义生产关系也就失去了存在的基础；如果按照不等价交换，则又违背了价值规律。最后，如果劳动是商品，就等于说雇佣工人出卖了不属于自己的商品。因为劳动是在劳动过程开始后才存在的，但当雇佣工人在资本家的工厂里进行劳动时，劳动已经归资本家所有，受资本家支配了，工人也就无权把已经不归自己所有的劳动作为商品出卖了。由此可见，劳动不是商品，它没有价值或价格。

通过以上分析可以说明，工人在市场上出卖的不是劳动而是劳动力。工人在出卖劳动力时，同任何商品出卖者一样，实现劳动力商品的价值，同时让渡劳动力的使用价值，即让渡进行生产的劳动能力。由此可见，资本主义工资不是劳动的价值或价格，而是劳动力的价值或价格，但工资在现象上却表现为劳动的价值或价格。所以，资本主义工资是劳动力价值或价格的转化形式。

二、资本在资本主义商品生产价值增殖中的作用

资本家为了进行生产，就必须先垫付资本，一部分用于购买生产资料，另一部分用于购买劳动力。这两部分资本在剩余价值生产过程或价值增殖过程中所起作用是不同的。按照这种不同，可以把它们区分为不变资本和可变资本。

（一）不变资本

不变资本是用来购买生产资料的那部分资本。不变资本以生产资料形式存在，它在生产过程中被消耗和改变物质形态，生产出新产品。生产资料的价值是通过工人的

具体劳动被转移到新产品中的，尽管转移的方式不同，有的是在一次生产过程中全部转移，有的是在多次生产过程中逐渐转移，但转移的总是生产资料原有的价值量，而不可能形成新增的价值量。以生产资料形式存在的资本在生产过程中不改变自己的价值量，所以叫做不变资本。

（二）可变资本

可变资本是用来购买劳动力的那部分资本。可变资本的价值在生产过程中不是转移到新产品中去，因为资本家购买劳动力支付的价值被工人用于购买生活资料，在生产过程以外消费掉了。劳动力的价值是由工人的劳动创造的新价值的一部分来补偿的。而劳动力在生产过程中发挥作用的结果，不仅再生产出劳动力的价值，而且生产出剩余价值。以劳动力形式存在的这部分资本价值，在生产过程中发生了量的变化，即发生了价值增殖，所以叫做可变资本。

资本在现实生活中总是表现为一定的物，如厂房、机器、设备、商品、货币等。然而，这些物本身并不一定就是资本，只有在特定的历史条件下，当生产资料成为获取工人创造的剩余价值的手段时，它才是资本。但是，剩余价值不是由全部资本产生的，也不是由不变资本产生的，而是由可变资本产生的，即雇佣工人的剩余劳动是剩余价值产生的唯一源泉。

马克思主义对资本的划分，揭示了可变资本产生剩余价值，这就为确定资本家对雇佣工人的剥削程度提供了科学依据。既然剩余价值不是由全部资本带来的，而仅仅是由可变资本带来的，那么，要确定资本家对工人的剥削程度，就应当从全部资本中抽去不变资本，仅考察剩余价值和可变资本之间的比例关系。

剩余价值和可变资本的比率叫做剩余价值率，如果用 m' 表示剩余价值率，m 表示剩余价值，v 表示可变资本，其公式为 $m'=m/v$。剩余价值率所表明的是劳动力受资本家剥削的程度和工人受资本家剥削的程度，因此又称为剥削率。

由于工人的必要劳动是用来再生产劳动力价值即可变资本的价值，而剩余劳动是生产剩余价值的，因此，剩余价值率还可以用剩余劳动与必要劳动的比率，或者剩余劳动时间和必要劳动时间的比率来表示，即：

$$m'=\text{剩余劳动}/\text{必要劳动}=\text{剩余劳动时间}/\text{必要劳动时间}$$

剩余价值率与剩余价值量有密切的联系。根据 $m'=m/v$，所以 $m=m'v$，显然，剩余价值量大小取决于两个因素：一是剩余价值率的高低；二是可变资本量的多少。在可变资本不变时，剩余价值率越高，剩余价值量就越多；在剩余价值率不变时，可变资本量越大，剩余价值量就越多。

（三）产业资本

资本是带来剩余价值的价值，资本的这种职能只有在不断的运动中才能实现。资本的运动过程是生产过程和流通过程的统一。它表现为单个资本的循环和周转，以及社会资本的再生产。在资本的运动过程中，只有产业资本才能发生价值增殖。

产业资本是指按资本主义方式经营的一切生产部门的资本，依次经过购买、生产、售卖三个阶段。第一阶段，货币资本购买劳动力和生产资料，转化为生产资本，为剩余价值的生产准备好条件。第二阶段，劳动力和生产资料以资本主义方式相结合，生产资本转化为商品资本，发生价值增殖，生产出剩余价值，这是具有决定意义的阶段。第三阶段，商品资本转化为货币资本，实现生产过程中创造的剩余价值，完成产业资本的一次循环。

在资本的循环过程中，生产过程起着决定性作用，因为价值和剩余价值是通过生产过程创造出来的，流通过程只发生资本的形态变化，并不引起价值增殖。

（四）流动资本

虽然价值和剩余价值是通过生产过程创造出来的，流通过程不引起价值增殖，但是，资本的循环也不能离开流通过程，否则，产业资本家既无法购买到劳动力和生产资料，也无法实现包含在商品中的价值和剩余价值。在资本循环过程中，产业资本循环的三个阶段是紧密衔接、互相联系的。产业资本家为了不断地获取剩余价值，必须把他的全部资本按一定比例分为三个部分，使之分别处在货币资本、生产资本和商品资本形态上，使三种职能资本形式在空间上同时并存（并存性），在时间上相继进行转化（继起性），资本的循环才能正常进行。因此，产业资本的循环又是三种循环形式的统一。在资本主义制度下，资本的循环是永不停息的、周而复始的过程，这个过程就叫资本的周转。资本周转速度的快慢，对剩余价值的生产有很大的影响。资本的周转速度越快，产业资本家手中一定数量的资本就能发挥更大的作用，带来更多的剩余价值。

固定资本和流动资本的周转速度不一样，进而对剩余价值的产生的影响不同。预付资本的总周转次数等于一年内固定资本周转总值加上一年内流动资本周转总值除以预付资本总值。它不仅影响年剩余价值量的数量，而且影响年剩余价值率的高低，因而加速资本周转的各种方法，都会导致加重对雇佣劳动者的剥削。

总之，各种资本类型在价值增殖过程中所起的作用不同。其中，只有产业资本能发生价值增殖。但剩余价值并非由产业资本家独自占有，而是要被分割为产业利润、商业利润、利息、地租等等。当剩余价值被看做全部预付资本的产物时，剩余价值就转化为利润。剩余价值与全部预付资本的比率，叫利润率。资本主义生产的目的是追求更多的利润。不同生产部门资本家的竞争，使各生产部门的利润率趋于平均化，形成平均利润率和平均利润。平均利润率是剩余价值总量和资本总额的比率。不同部门的资本家，根据资本的大小，按平均利润率分得的一份剩余价值，即平均利润。商业资本家从产业资本家那里瓜分到的一部分剩余价值，叫做商业利润；借贷资本家从产业资本家或商业资本家那里瓜分到的一部分剩余价值，叫做利息。资本主义生产关系不仅遍及工商业，而且发展到了农业部门。大土地所有者把土地出租给农业资本家，农业资本家把从农业工人身上剥削来的剩余价值的一部分转让给土地所有者。农业资本家缴给土地所有者的超过平均利润的那部分剩余价值，叫资本主义地租。它揭示了农业资本家和大土地所有者之间瓜分剩余价值的关系，而且揭示了他们共同剥削农业雇佣工人的关系。因此，无产阶级受到的是整个资产阶级的压迫和剥削，无产阶级只有消灭以私有制为基础的整个资本主义社会制度，才能彻底实现自身的解放，并解放全人类。

三、剩余价值生产是资本主义商品生产价值增殖的过程和方法

劳动力商品被资本家购买以后，就离开流通领域进入生产过程。一般商品生产过程是劳动过程和价值形成过程的统一，但是，资本家的目的是使价值增殖。价值增殖过程是超过一定点而延长了的价值形成过程。就是说，资本主义生产过程的结果绝不会停留在价值形成过程这一点上，而是要超过这一点，于是，价值形成过程就转变为价值增殖过程。资本主义商品生产过程是劳动过程和价值增殖过程的统一。

价值增殖过程就是资本主义生产剩余价值的过程。它主要有两种：绝对剩余价值生产和相对剩余价值生产。

（一）绝对剩余价值生产

绝对剩余价值生产就是指在工人必要劳动时间不变条件下通过工作日的绝对延长来提高剩余价值率的生产方法。资本主义制度下，在工人的必要劳动时间既定的条件下，工作日越长，剩余劳动时间就越长，资本家从工人身上榨取的剩余价值就越多，从而剩余价值率也就越高。此外，资本家还用提高工人劳动强度的方法来榨取剩余价值。提高劳动强度，意味着工人在同样工作日时间内支出了更多的劳动量，实际上等于延长了工作日。这是一种变相地延长工作日时间的隐蔽形式。所以，在资本主义发展的历史上，关于工作日长度的斗争是无产阶级与资产阶级斗争的一个重要方面。

（二）相对剩余价值生产

绝对延长工作日时间生产剩余价值的方法，受到工作日时间长度的限制，又容易引起工人阶级的反抗，不能满足资本家追求更多剩余价值的贪欲。于是，资本家在工作日既定的条件下，通过缩短必要劳动时间来延长剩余劳动时间。怎样才能缩短必要劳动时间呢？由于必要劳动时间是再生产劳动力价值的时间，要缩短必要劳动时间就要降低劳动力的价值。通过提高社会劳动生产率，就降低了生产资料和相关生产资料的价值，从而降低了劳动力的价值，缩短了必要劳动时间，相应延长了剩余劳动时间。在现实的经济运行中，劳动生产率的提高总是从单个企业开始的。单个企业提高劳动生产率不能使资本家获得相对剩余价值，只能获得超额剩余价值。因为商品价值决定于生产商品的社会必要劳动时间，而不是取决于个别劳动时间。所以，单个企业

提高了劳动生产率，它生产商品的个别劳动时间低于社会必要劳动时间，个别价值低于社会价值，但仍然可以按社会价值出售商品，因而就产生出超额剩余价值。个别或少数资本家获得超额剩余价值只是一种暂时的现象，随着激烈的竞争，各个资本家都竞相提高劳动生产率，于是部门的平均劳动生产率将会提高，此时生产商品的社会必要劳动时间降低，从而超额剩余价值也就消失了。但是，超额剩余价值在个别资本家那里消失，整个资产阶级却普遍获得了相对剩余价值。

由此可见，资本主义生产的实质是剩余价值的生产。

四、剩余价值规律是资本主义生产方式的基本规律

在一个社会经济形态的经济规律体系中起主导作用的经济规律，就是基本经济规律。

（一）资本主义的基本经济规律是剩余价值规律

资本主义的生产目的是不断扩大和加重对雇佣工人的剥削以无止境地获取剩余价值，对剩余价值的追求是资本主义生产发展的动力，这就是剩余价值规律。

剩余价值规律决定着资本主义生产的实质。资本主义生产的实质就是增殖资本的价值。资本家从事一切生产经营活动的决定性动机，就是获取尽可能多的剩余价值。资本主义企业生产什么、生产多少和如何生产，都是以能不能获得剩余价值以及获得多少剩余价值为转移的。在资本主义生产方式中，只有生产剩余价值的劳动才是生产劳动。劳动者只是生产剩余价值的工具。他们的个人消费，只有在保证生产剩余价值的限度内，才是资本主义所需要的。对剩余价值的追求是资本主义生产发展的动力。

剩余价值规律决定着资本主义生产发展的一切主要方面和一切主要过程，支配着资本主义生产的各个环节。资本主义的生产和流通、分配和消费等主要方面和主要过程，都是以获取剩余价值为出发点和归宿点的。资本主义生产过程是剩余价值的创造过程；资本主义的流通过程是剩余价值生产的准备过程和剩余价值的实现过程；资本主义的分配过程实质上是分割剩余价值的过程；资本家的个人消费是用无偿占有的剩余价值来满足的；雇佣工人的个人消费是劳动力的再生产，它是资本家剥削工人剩余劳动的必要条件。

剩余价值规律决定着资本主义生产的一切主要方面和主要过程，决定着资本主义生产的高涨和危机、发展和灭亡，决定着资本主义矛盾的全部发展过程和资本主义生产方式发展的历史趋势。资本家为了追求越来越多的剩余价值，总要设法进行技术创新，不断扩大生产规模和销售市场，从而推动了资本主义经济的发展。同时，正是由于资本家为着追逐更多剩余价值，不断扩大和加强对工人阶级和其他劳动群众的剥削，导致不断激化和深化资本主义基本矛盾。这个基本矛盾的发展决定了资本主义生产方式最终必然为更加适应生产力发展要求的新的生产方式所代替。

在当代资本主义的条件下，随着现代科学技术在生产中的广泛应用，机器替代了相当一部分人的体力和脑力劳动，有人对劳动是否是价值的源泉以及剩余价值规律是否仍然是资本主义的基本经济规律提出疑问。其实，生产资料本身只是生产价值的条件，而不是价值的源泉，机器等生产资料同样不是价值和剩余价值的源泉。资本主义条件下，剩余价值的源泉仍然只能是雇佣工人的剩余劳动，剩余价值仍然是资本主义生产方式的绝对规律。

（二）剩余价值规律是无产阶级的强大思想武器

在剩余价值规律的支配下，资本主义再生产的特征是扩大再生产。它是通过把剩余价值的一部分转化为资本来实现的，这就是资本积累。资本积累的趋势，使生产的社会化程度日益提高，客观上要求生产资料社会化，以便对社会生产实行有效的宏观调控和计划管理，并按照社会的需要分配劳动产品，于是以生产资料公有制为基础的社会代替资本主义私有制社会是资本积累发展的必然趋势。与此同时，资本积累总是伴随着先进技术的采用，造成资本对劳动力的需求相对减少，而失业人口相对增加，不断形成相对过剩人口，无产阶级的队伍日益壮大。剩余价值论深刻揭露了资本主义生产关系的剥削本质，阐明了资产阶级与无产阶级之间阶级斗争的经济根源，指出了无产阶级革命的历史必然性。

马克思在分析剩余价值的生产、积累、流通以及分配过程，揭示资本主义经济特殊规律的同时，也揭示了商品经济和社会化生产的一般规律，例如资本循环周转规律、社会再生产规律、积累规律等。这些规律，在资本主义条件下，由于受到资本主义制度的制约，具有了特殊的表现形式。撇开制度因素，这些规律对发展社会主义市场经济也具有重大指导意义。

第四节　资本主义的经济危机和历史命运

一、资本主义经济危机和基本矛盾

（一）资本主义经济危机

经济危机，一种是来自天灾人祸造成的生产严重不足的经济危机，一种是由于社会制度造成的生产相对过剩的经济危机。资本主义经济危机属于后一种危机，它是一种周期性的生产相对过剩的经济危机。经济危机的周期性爆发是资本主义经济发展过程中最普遍、最突出的现象。每一次经济危机，都会使社会生产力遭到巨大破坏，造成社会资源的严重浪费。自 1825 年爆发第一次资本主义经济危机以来，每隔一定时期，在主要资本主义国家或大部分资本主义国家就要爆发一次经济危机，如 1836 年、

1847～1848年、1857年、1866年、1873年、1882年、1890年、1900～1903年、1907年、1920～1921年、1929～1933年、1937～1938年、1948年、1957～1958年、1973～1975年、1979～1982年都爆发了资本主义经济危机。

经济危机的爆发并没有使社会经济完全停滞下来，在危机中，随着商品价格的下降以及部分商品被销毁，产品的过剩现象逐步得到缓解和消除，市场的供求关系逐步恢复平衡，整个社会经济状况不再进一步恶化，而是处于一种不景气的萧条之中。在萧条阶段，一部分企业继续破产和倒闭，另一部分企业则积极进行生产调整和产品创新，加速技术和设备的更新，从而使社会经济逐步得以复苏。在复苏阶段，市场供求关系进一步好转，企业开工率逐步提高，工人就业规模继续扩大，社会购买力进一步提高，资本周转加快，企业利润增加，社会投资更加活跃，社会生产达到危机前的最高水平，社会经济出现繁荣景象，达到新一轮高涨阶段。但是，资本主义内在矛盾的尖锐化，必然引发新一轮的经济危机。资本主义经济就是在危机—萧条—复苏—高涨—危机的起伏中发展的，呈现出一定的周期性。

经济危机的周期性爆发，使经济资源和社会劳动周期性地被破坏和浪费。尽管当代发达资本主义国家采取了一系列宏观经济政策对社会再生产过程进行调节和调整，从而在一定程度上缓解了经济危机，但是不可能完全避免经济危机的爆发。因为资本主义经济危机从产生的根源来说，在于资本主义经济的基本矛盾。

《共产党宣言》指出：在商业危机期间，总是不仅有很大一部分制成的产品被毁灭掉，而且有很大一部分已经造成的生产力被毁灭掉。在危机期间，发生一种在过去一切时代看来都好像是荒唐现象的社会瘟疫，即生产过剩的瘟疫。社会突然发现自己回到了一时的野蛮状态；仿佛是一次饥荒、一场普遍的毁灭性战争，使社会失去了全部生活资料；仿佛是工业和商业全被毁灭了，——这是什么缘故呢？因为社会上文明过度，生活资料太多，工业和商业太发达。社会所拥有的生产力已经不能再促进资产阶级文明和资产阶级所有制关系的发展；相反，生产力已经强大到这种关系所不能适应的地步，它已经受到这种关系的阻碍；而它一着手克服这种障碍，就使整个资产阶级社会陷入混乱，就使资产阶级所有制的存在受到威胁。资产阶级的关系已经太狭窄了，再容纳不了它本身所造成的财富了。——资产阶级用什么办法来克服这种危机呢？一方面不得不消灭大量生产力，另一方面夺取新的市场，更加彻底地利用旧的市场。这究竟是怎样的一种办法呢？这不过是资产阶级准备更全面更猛烈的危机的办法，不过是使防止危机的手段越来越少的办法。

（二）资本主义基本矛盾

商品经济的基本矛盾，我们前面叙述过。由于货币的出现，货币的流通手段的职能使商品的买和卖在时间上和空间上发生了分离，从而使流通过程存在中断的可能性，货币的支付手段的职能则形成了商品所有者之间连锁的债权债务关系，只要债务链条的一个环节发生中断，就会引起连锁反应，造成支付危机，进而影响正常的生产和流通秩序。但是，在资本主义以前，货币的职能只是为经济危机提供了形式上的可能性，资本主义经济的基本矛盾才使经济危机成为现实，即成为一种必然的经济现象。

在资本主义条件下，小商品生产的基本矛盾——私人劳动与社会劳动的矛盾转化为生产社会化与资本主义私人占有形式之间的矛盾，形成资本主义的基本矛盾。

资本主义生产的历史前提是以私有制为基础的简单商品生产，即小商品生产。小商品生产的特征是：基本生产资料私人占有，生产者用自己的劳动资料，以自己手工劳动进行生产，产品归劳动者个人所有。在小商品生产条件下，由于社会分工，商品生产者之间是相互联系、相互依存的，都为社会提供商品。所以，每一个商品生产者的劳动都是社会总劳动的一部分，具有社会劳动的性质。同时，由于生产资料私有制，每个商品生产者的劳动又都是他们私人的事情，生产什么，生产多少，全由他们自己决定，劳动成果归他们自己所有。所以，他们的劳动又具有私人的性质。这就产生了私人劳动与社会劳动的矛盾，这一矛盾贯穿简单商品经济社会的始终。

在资本主义条件下，小商品生产的基本矛盾——私人劳动与社会劳动的矛盾转化为生产社会化与资本主义私人占有形式之间的矛盾，形成资本主义的基本矛盾。资本主义生产经过简单协作、工场手工业和机器大工业三个阶段，社会生产发生了革命性的变革：生产资料由个人使用的生产资料变为由大批人共同使用的生产资料，实现了生产资料使用的社会化；生产过程由原来的一系列个人行动变为由许多人协同进行的生产活动，实现了生产过程的社会化；产品也由个人生产的产品变为许多人共同生产的产品，实现了产品的社会化。生产社会化客观要求生产资料和产品占有的社会化，而资本主义条件下，生产资料还像以前一样由个人占有。于是，社会化的生产同生产资料资本主义私人占有之间就发生了矛盾。总之，资本主义基本矛盾是小商品生产基本矛盾的转化，是在资本主义生产方式下生产力和生产关系矛盾的具体表现。它贯穿于资本主义制度的始终，是资本主义一切矛盾的总根源。

资本主义基本矛盾，一方面在社会生产上表现为社会化的生产同生产资料资本主义私人占有之间的矛盾，另一方面，在阶级关系上表现为无产阶级和资产阶级的对立。在资本主义生产方式中，资产阶级占有生产资料，并把生产资料变为资本，作为剥削雇佣劳动的手段。它是资本主义生产关系的代表者、维护者。无产阶级则和生产资料彻底分离，成为一无所有的雇佣劳动者，被迫把自己的劳动力当做商品出卖，受资本家的剥削。但它是社会化生产的承担者，是现代生产力的代表。它的利益和要求同社会化生产发展的客观要求是完全一致的，也就是要求破除生产资料的私人占有，实现生产资料的社会占有。因此，生产社会化同资本主义私人占有之间的矛盾，在阶级关系上必然表现为无产阶级和资产阶级的对立和斗争。

二、社会化生产的双重性质

社会总资本的扩大再生产是指资本家把剩余价值的一部分转化为追加资本，生产在扩大的规模上重复进行。资本主义再生产的特征就是扩大再生产。理解社会总资本扩大再生产的实现问题，不仅要理解社会总产品实现的含义，而且要知道社会总资本扩大再生产的前提条件和实现条件。社会总产品，是指社会在一定时期内（通常为一年）所生产的全部物质资料的总和。资本家剥削的剩余价值是包含在工人所生产的总产品当中的，所以就整个资本主义社会来说，剩余价值是包含在社会总产品当中的。这样，社会总产品的实现问题，也就必然包含着剩余价值的实现问题。

社会总产品实现的含义。社会总产品有物质形式和价值形式。在物质形式上表现为生产资料和消费资料，在价值形式上表现为不变资本价值（c）、可变资本价值（v）和剩余价值（m）。社会总产品的实现问题，就是社会总资本再生产条件下的价值补偿和实物补偿问题。考察社会总产品的实现问题是考察社会资本再生产的出发点和核心问题。社会总产品的价值补偿是要说明一定时期内已经消耗的资本价值如何补偿；社会总产品的实物补偿是要说明一定时期内已经在生产和生活中消耗掉的物质资料如何替换。具体地说，社会总产品的实现是要说明两方面问题：第一，社会总产品如何从商品形式转化为货币形式，以实现价值补偿；第二，社会总产品的价值补偿实现后，再如何由货币形式转化为商品形式，也就是资本家如何重新获得生产资料，工人和资本家如何获得消费资料，以实现实物的补偿。

社会总资本扩大再生产的前提条件。首先，社会总产品在物质形式上分为生产资料和消费资料两大类，与此相适应，社会生产也分为生产生产资料的第一部类（Ⅰ）和生产消费资料的第二部类（Ⅱ）。其次，为了进行扩大再生产，必须具备两个前提条件：第一，Ⅰ（v＋m）＞Ⅱc。第一部类的可变资本价值与剩余价值之和，必须大于第二部类的不变资本价值。第二，Ⅱ（c＋m－mx）＞Ⅰ（v＋mx）。第二部类的不变资本价值与用于积累的剩余价值之和，必须大于第一部类的可变资本与资本家个人消费的剩余价值之和。也就是说，只有当第二部类生产的全部消费资料在满足两大部类维持简单再生产所需的消费资料后还有剩余时，才能提供扩大再生产所需要追加的消费资料。

社会总资本扩大再生产的实现条件。首先，要了解社会总资本扩大再生产的实现过程，即社会总产品是通过三方面的交换来实现的：第一，第一部类所需的生产资料通过第一部类内部的交换得以实现；第二，第二部类工人和资本家个人消费的消费资料通过第二部类内部交换也得以实现；第三，第一部类所需的消费资料和第二部类所需的生产资料相交换，各自从实物形式和价值形式上得到补偿。通过这三方面的交换，社会总产品全部在价值和实物上得到了补偿。其次，把握社会总资本扩大再生产的三个实现条件：第一，第一部类原有可变资本的价值、追加的可变资本价值、本部类资本家用于个人消费的剩余价值三者之和，等于第二部类原有的不变资本价值与追加的不变资本价值之和，用公式来表示就是Ⅰ（v＋Δv＋mx）＝Ⅱ（c＋Δc）；第二，第一部类全部产品的价值，等于两大部类用来补偿不变资本价值和追加不变资本价值之和，用公式表示为Ⅰ（c＋v＋m）＝Ⅰ（c＋Δc）＋Ⅱ（c＋Δc）；第三，第二部类全部产品的价值，等于两大部类用来补偿已经消费掉的可变资本价值、追加的可变资本价值和资本家用于个人消费的剩余价值之和，用公式表示为Ⅱ（c＋v＋m）＝Ⅰ（v＋Δv＋mx）＋Ⅱ（v＋Δv＋mx）。在这三个实现条件中，第一个条件是基本条件，它集中反映了两大部类之间互为市场、互相依存、相互制约的关系。第二和第三个条件则是由第一个条件派生而来的，其中第二个实现条件反映了第一部类生产资料的生产与社会对生产资料需求之间的比例关系，第三个条件则反映了第二部类消费资料的生产和社会对消费资料需求之间的比例关系。社会总资本扩大再生产的三个实现条件共同表明了保持两大部类之间及其内部适当比例关系的重要性。

马克思主义社会化生产理论揭示了社会化生产的双重性质。一方面，资本主义条件下，由于基本矛盾带来各种矛盾的结果，社会资本再生产所需要的比例关系遭到破坏，社会化无法得到保障。另一方面，生产的社会化必然要求对生产资料占有的社会化，从而为资本主义向更高的社会形态转化准备了物质基础。

三、资本主义为社会主义代替的历史必然性

资本主义基本矛盾是生产社会化与资本主义私人占有形式之间的矛盾，它是资本主义社会生产力和生产关系之间矛盾的具体体现。从资本主义发展的实践看，资本主义基本矛盾总是随着生产社会化程度的提高和资本主义制度向广度和深度发展而不断扩大和加深。原因是资本主义生产关系的自我调整和扬弃，都是在资本雇佣关系范围内进行的，无论是自由竞争向垄断资本发展，还是私人垄断资本向国家垄断资本的发展，都只不过是资本占有形式的改变，而不是资本主义占有性质的改变，而且每一次的调整或扬弃又都在一定程度上提高了生产和资本的社会化程度。

资本主义社会化生产不仅为资本主义向更高的社会形态转化准备了物质基础，还培育着新社会的主人公，自己的掘墓人。随着资本主义的发展，工人阶级的数量在扩大，质量在提高。资本主义社会生产力与生产关系矛盾运动的必然结果，工人阶级同资产阶级两大对抗阶级之间的阶级斗争的必然结局，将是社会主义代替资本主义。资本主义的灭亡和社会主义的胜利，同样是不可避免的。

当然，资本主义的灭亡不可能是笔直地走向坟墓的过程，而是一个长期的、曲折发展的历史过程。资产阶级还在努力延长资本主义制度，表现为在资本主义范围内进行局部生产关系调整，以适应生产力发展的要求。当然，这种调整并不可能改变资本主义生产关系的性质。它虽然能暂时地使资本主义经济得到迅速发展，但它并没有消除资本主义所固有的矛盾，只能延缓资本主义灭亡的历史进程，而不能改变这一历史发展的必然趋势。

总之，社会主义必然代替资本主义，这就是资本主义的历史命运。

第五节 资本主义政治制度和意识形态

资本主义政治制度是与资本主义经济制度相适应并为其服务的政治上层建筑，是资产阶级实现其阶级专政的统治方式和方法的总和。资产阶级意识形态，是资本主义社会占统治地位的思想体系，它集中反映资本主义的经济和政治，并在思想上维护资本主义制度。

一、资本主义的政治制度及其本质

了解资本主义国家制度，首先要了解国家是如何产生的。而阶级的出现又是国家产生的基础。

阶级，就是由于人们在一定的社会经济结构中所处的地位不同而形成的社会集团。列宁对阶级给出了经典的论述："所谓阶级，就是这样一些大的集团，这些集团在历史上一定的社会生产体系中所处的地位不同，同生产资料的关系（这些关系大部分是在法律上明文规定了的）不同，在社会劳动组织中所起的作用不同，因而取得归自己支配的那份社会财富的方式和多寡也不同。所谓阶级，就是这样一些集团，由于它们在一定社会经济结构中所处的地位不同，其中一个集团能够占有另一个集团的劳动。"

阶级是如何产生的呢？

阶级是个历史范畴，它不是从来就有的，也不会永远存在下去。阶级的产生，首先在于剩余产品的出现，社会分工的发展和产品交换的扩大，社会开始分裂为经济利益根本对立的人群共同体。其次，私有制的出现是阶级产生的现实经济前提，也是其中最根本的因素。任何的阶级"都是自己时代的经济关系的产物"。历史上所经历的三种不同形态的阶级社会，就是以经济结构的不同为标志的，即由于人们对生产资料的占有关系不同，在生产过程中的作用不同，参与产品的分配方式和数量不同，因而根据利益关系的不同，划分为不同的利益体，即阶级。阶级和等级、阶层是既有联系又相互区别的范畴。等级，一般根据社会成员的地位、身份、门第、职业、种族等来划分，它反映了人们之间的政治法律关系。如在封建社会，封建国王或皇帝具有至高无上的权利，封建官僚和封建贵族自上而下分为许多等级，普通百姓处于社会政治经济最底层。等级制度是封建社会制度的重要组成部分。阶层，通常是指在同一阶级中，由于经济地位不同而分成的若干层次。

国家是如何产生的呢？

国家也是个历史范畴，它不是从来就有的，也不会永远存在下去。关于国家起源，马克思主义认为，国家是阶级矛盾不可调和的产物，是阶级矛盾斗争的结果。各阶级不能协调矛盾，而社会又需要正常运行，于是需要超越各阶级的力量把阶级矛盾控制在一定的范围之内。于是，国家就出现了。另一方面，马克思主义认为，国家也是从人群共同体本身分化出来的政治共同体，是社会管理职能独立化后的需要。但从本质上讲，国家是一个阶级概念、政治范畴，它是阶级统治和压迫的工具，是经济上占统治地位的阶级镇压被统治阶级的暴力工具。

（一）资本主义国家政治制度的内容和本质

资本主义政治制度是在资本雇佣剥削关系取代封建土地剥削关系过程中逐步形成的。资产阶级革命的胜利最终确立了以议会民主制为主要内容的资本主义政治制度。资本主义的政治制度包括国家制度、民主制度、政党制度等等，是资本主义上层建筑中最重要的组成部分，以各自特有的形式维护着资产阶级的阶级利益和阶级统治。

国家制度，也称国家体制。通常，国家制度指国体，即国家的阶级属性。它是规定社会各阶级在国家中所处地位的根本制度。马克思主义认为，国家是统治阶级用来进行阶级统治的组织。在剥削阶级社会里，剥削者依靠占有生产资料在经济上实行统治，这种统治必须有政治统治来维护和巩固；国家作为一个机器，是由许多部件组成的互相联系的复杂有机体，它的特征在于拥有强制的能力。总之，国家的本质就是一个阶级对另一阶级的专政。资本主义国家的实质就是资产阶级专政。

国家的本质决定了它的职能。国家职能是国家本质的外部表现，性质不同的国家，其职能也不同。国家职能包括对内职能和对外职能，两者互相联系、互相依存，服从于共同目的，反映统治阶级的利益和意志。资本主义国家的对内职能有政治的、经济的、文化的等各个方面。资产阶级往往强调其管理公共事务的一面，而回避其阶级统治和阶级专政的实质。资本主义国家的对外职能，除了保卫领土，防止外来侵略外，竭力通过侵略扩张，与其他资本主义国家协调关系，扩大商品和资本输出，执行资产阶级的对外路线和政策。对内职能是对外职能的基础和后盾，对外职能是对内职能的继续和延伸，不能把二者割裂开来。如一个国家在处理对外关系的时候也要从本国的利益出发。国家代表整个社会，只有在阶级消灭的条件下才能实现。

（二）当代资本主义国家的政权组织形式

国家的本质是通过一定国家形式来体现的。国家形式指政体和国家机构。政体是国家政权的组织形式。当代资本主义国家采取不同的政权组织形式，主要有君主立宪制、民主共和制。

君主立宪制的国家，国家元首是君主（女王、天皇）。君主是世袭的，或是选出的，其权利受宪法限制。在这类国家中，议会为最高立法机关，内阁（政府）由议会产生，对议会负责，掌握实权。政府首脑（首相或总理）由议会中多数党（执政党）领袖担任。

民主共和制。其特点是国家权利机关和国家元首由选举产生。从总统和议会、政府的关系上看，民主共和制可以分为议会制共和制和总统制共和制。

议会制共和制有一院制议会共和制和两院制议会共和制之分。其基本特征是议会为国家政治活动中心，具有最高权力机关性质，享有立法、组织、监督政府的权利。政府由议会中拥有多数议席的一个政党或几个政党联盟组阁，并对议会负责。议会对政府可以通过不信任案推翻内阁。议会共和制总统由选举产生，它只具有“虚位元首”的性质，没有实权，不负实际责任。

总统制共和制，总统既是国家元首，又是政府首脑，掌握最高行政权。总统直接任命、领导政府。政府不是由议会产生，也不对议会直接负责。总统不能解散议会，议会也不能将总统解职，除非对总统弹劾并加以定罪。

国体和经济基础是决定政体的主要依据，但除此而外，政体还受当时阶级力量对比、地理条件、民族特点、历史传统和国际环境等多种因素的影响。根据不同的国家形式，资本主义国家建立了相应的国家机构，但一般都按“三权分立”原则建立行政、立法和司法。政府即行政部门，是国家机构的核心，也是资产阶级通过国家实施其统治的主要机关；立法机关又叫议会或国会，它有权制定、修改或废止法律，通常采用两院制（上院和下院、参议院和众议院），是资本主义民主制的主要支柱之一；司法机关是从行政和立法机关分立出来专门行使司法权的国家机构，通常包括法院和检察院，其工作原则最重要的是司法独立原则，议会和政府都不得干涉。“三权分立”是资本主义国家设立政府机构的一种分权原则。战后，资本主义国家的行政体制随生产力发展而变化：削弱虚位元首和议会的权力，加强行政机构的权力；加强管理部门，运用先进科技手段进行管理；重视专家治理和专家咨询，改革文官制度，设立相互的咨询性国家机构。

（三）资产阶级进行阶级统治的重要方法

资产阶级进行阶级统治的方法主要包括：政党制度，常任文官制度，公民权利制度，政治统治和管理方式实行“法治”原则。

资产阶级政党对资本主义国家政治制度的存在和运转发挥着不可缺少的重要作用。政党围绕着取得政权和保持政权这个主要目的，在国家整个政治生活中进行有组织的活动，发挥其组织作用。其方式主要包括：操纵选举；控制议会；控制政府（这是资产阶级政党最核心的作用）；在整个社会生活中，从意识形态到人民团体，从舆论到宗教，都有很大的作用。发达资本主义国家的政党制度大体上有两类：两党制和多党制。

常任文官制度有以下主要内容和特点。第一，遵循“自由竞争”、“机会均等”的原则，实行“公开考试”、“择优录用”，以此取代“恩赐”和“分赃”原则。第二，职务常任的原则。把政府官员分为两类，即政务官和事务官。政务官随所属党派进退，而事务官“无过失不受免职处分”。第三，“中立”原则。即文官在政府中的地位相对“独立”，不对议会和选民负责，一切责任都由主管部长代负。第四，严厉的官风、官纪，如必须忠于职守，保守机密，不得公开发表与政府相悖的意见，不得从事盈利性质的事业等。第五，高薪养廉。政府给文官以就业保障和优厚的待遇。常任文官制度保证了资本主义政治制度的相对稳定，为维护资本主义政治制度造就了一支进行幕后统治的大军。

公民权利制度的基本内容，是公民拥有选举权和被选举权，拥有言论、信仰、和平集会、结社等方面的自由。资产阶级的公民权利制度相对于以等级和世袭为特征的封建特权是历史的进步，但仍然是剥削阶级狭隘的特权，归根到底是维护资产阶级的所有权。

资产阶级夺取权利以后，“法治”成为资本主义国家政治统治和管理的方式。资产阶级“法治”的价值取向是在法律许可的范围内保障人身和财产的自由，要求必须实行“依法治国”原则，政府的组成、权利及其行使都必须依照法律规定，遵循法定程序，要依宪执法。人民也必须遵守宪法和法律，法律面前人人平等，司法独立，依法公断。

军队是国家机器的重要组成部分。资本主义军队是资产阶级对外侵略和掠夺的主要工具，是帝国主义争夺世界霸权的战争机器，是资产阶级的国际宪兵。

二、资产阶级的意识形态

资产阶级意识形态是资本主义上层建筑的重要组成部分，是资本主义社会占统治地位的思想体系。它包括资产阶级的政治思想、法律思想、经济思想、文艺思想、道德、哲学和宗教等各种观念形式，并渗透到社会生活的各个领域，形成错综复杂的巨大精神网络。资产阶级意识形态是资本主义经济关系的产物，它集中地反映资本主义的经济和政治，并从思想上维护资本主义制度。

（一）资产阶级意识形态的历史进步性和阶级局限性

资产阶级意识形态是伴随着资本主义生产关系的萌芽而产生，伴随着资本主义经济政治的发展而发展的。它与它所依附的阶级一样，既具有历史的进步性，又具有阶级的局限性。

资产阶级意识形态的历史进步性，首先表现在反封建方面。历史上每一种社会形态都是生产方式内部矛盾运动的结果。当一种新的社会形态将要取代旧的社会形态的时候，思想理论的准备是必不可少的，资产阶级意识形态正是在封建社会内部孕育、发展起来的。资本主义生产关系的产生，使以新兴资产阶级、平民为一方的革命力量与封建统治阶级之间的矛盾冲突日趋激烈，这也在意识形态领域中有所表现。革命力量反封建的矛头必然首先指向封建教会和封建神学，这对人民摆脱封建束缚，解放思想，促进商品经济的发展和资本主义制度的发展，起到了强大的推动作用。

资产阶级意识形态的历史进步性，还表现在实现和推动了人类精神文明的发展。

资本主义意识形态所包含的政治思想、法律思想、经济思想、道德、哲学、艺术等等，虽然在本质上都是资本主义经济政治的反映，是为资本主义服务的，但是，其中也包含有许多优秀思想文化的结晶。许多思想家、政治家和理论家写下了许多抨击封建制度和讴歌自由、平等、博爱的诗歌、散文、戏剧、小说，创立了代表社会发展趋势、体现新生资产阶级革命精神的哲学、政治学、伦理学、经济学等新理论。这些诗歌、散文、小说和哲学、政治、经济新理论，提倡以人为本，反对神权统治，提倡个性解放，反对封建束缚，提倡树立理性权威，反对蒙昧主义和神秘主义，丰富了人类思想文化的宝库。

但是，资产阶级意识形态毕竟是资产阶级的思想体系，作为与资本主义经济基础相适应并为之服务的资产阶级意识形态，当然不能摆脱经济基础对它的制约，不能超出资产阶级的阶级局限。资产阶级的“理性王国”充满非理性掠夺；“博爱”成为掩盖对雇佣劳动者压榨的遮羞布。只要存在资本主义私有制，无产阶级和劳动人民同资产阶级之间就不可能有真正的自由和事实上的平等。资产阶级的意识形态有着它自身无法克服和超越的阶级本性及局限性，因此，马克思主义认为，不论民主和自由、平等、博爱的观念、思想具有多大的进步意义，具有多高的理想、道德价值，它们都无一不打上阶级的烙印。只有在废除私有制之后，无产阶级和广大劳动人民的利益和地位得到了根本保障，才能完全摒弃资产阶级对于这些观念的说教的虚伪性和欺骗性，同时有原则地继承并赋予它们崭新的内容和意义。总之，在资产阶级意识形态中，精华与糟粕混杂，合理性与违理性共生。它一方面高举“人权”的旗帜，推动最广大人民群众与封建主义进行顽强的斗争，并取得了重大胜利，建了和发展了近现代西方文明；另一方面，又掩藏着维护资本主义剥削和压迫的牢固的思想根基。

（二）资产阶级意识形态的核心是个人主义

资产阶级意识形态在反对封建主义的过程中，曾起到过非常积极的革命性作用；然而，伴随着资本主义基本矛盾的激化和政治立场的日益反动，资产阶级的意识形态和文化的发展也逐渐陷入困境。

资产阶级意识形态的核心是个人主义。由于资本主义经济是私有制商品经济的最后的最完备的形态，因此个人主义在资产阶级身上发展到了顶峰。

西方个人主义是一个复合含义的概念。个人主义是一种关于人性的判断，认为人的本性是平等的、自由的、利己的，这是天赋的人权。在资本主义上层建筑中，“天赋人权”论占有极其重要的位置，它是资产阶级意识形态的基础内容之一。“天赋人权”论认为只有符合人的天性、人的自然本性的社会和国家才是合理的，否则就是不合理的；自由、平等、博爱、利己等等是人永恒不变的自然本性；财产权、自由权、生存权、幸福权等是人与生俱来的不可剥夺的自然权利；一个合理的社会或政府就是这样一些自然权利得到充分保障的“理性王国”。作为一种价值观念，个人主义价值体系主要包括三方面的含义：强调个体价值的目的性；强调平等的价值；强调自由的价值。作为一种个人生活态度和生活方式，个人主义强调个体的独立性、个性的发展和个人隐私权，崇尚个人竞争。作为一种财产制度和社会秩序原则，个人主义倡导私有财产制度，鼓励个人通过努力去获得财富，维护契约自由。作为一种政治哲学，个人主义主张有限权力的政府，强调政府以尊重和保护个人自由、权利为应有的责任，同时独立的个体应自觉承担和履行对社会的责任、义务。个人主义是西方社会历史发展的产物，是西方文明的主要内容。它支配和体现了西方社会生活的方方面面，是西方价值体系的核心。作为西方的主要价值观和主体精神，西方个人主义强调人的主体精神，强调发展人的个性和创造性，鼓励竞争、探索和创新。西方个人主义对西方物质和精神文明有巨大的推动力。西方社会突飞猛进的发展，其个人主义的价值取向和主体精神起到了主要的促进作用。

西方个人主义也存在极其严重的消极方面。它过于强调个人自由，从而导致“自由”放纵、个人主义盛行、极端利己主义膨胀等等，形成了一种极端的个人主义——利己主义。

（三）资本主义意识形态的理论基础

资本主义意识形态除了有它产生的经济基础外，还有它产生的理论基础，这就是资产阶级人性论。

资产阶级人性论或人道主义产生于西欧从封建社会向资本主义社会过渡的历史时期。14～15 世纪欧洲文艺复兴时期的人文主义、18 世纪法国启蒙运动时期的理性人道主义、19 世纪费尔巴哈的人本主义，就是资产阶级人性论或人道主义的典型形式。资产阶级人性论就是把人仅仅看做自然存在物，抹杀人的社会性、阶级性，从抽象的人出发论证人的普遍本性，把资产阶级的人性及其要求，泛化为人的普遍的永恒的自然本性和要求。在资产阶级看来，人的天然本性就是自私自利，并且天生就有同等的权利追求个人的利益和幸福。霍布斯认为，自然界创造的人类，在身体和心灵机能上平等，由此便产生了对于达到个人目的之希望的平等。所以有两个人为求同一事物，而这一事物又不能为他们共同享受时，他们彼此就成了敌人，这就是所谓的“人对人像狼一样”，确认人性是恶的，是自私自利的。爱尔维修也认为，自然从我们幼年起就铭刻在我们心里的唯一情感是对我们自己的爱，在任何时代、任何国家，人们过去、现在和未来都是爱自己甚于爱别人的。卢梭在《社会契约论》中同样主张，人的第一条法则是维护自己的生存，人最先关怀的是自己。不难看出，资产阶级利己主义的思想意识是建立在人的自然性的人性论基础之上的。这种人性论是非科学的，在实践中往往只是空洞的说教。

马克思主义并不一般地反对人性、反对自然性；相反，认为人性、人的自然性都是存在的。人有两种属性，自然性和社会性。自然性是人的生理基础，是由人的肉体组织决定的。社会性是人的社会本质，是由人的社会关系决定的。自然性和社会性既相互联系又相互制约，构成具体的现实的人性。一方面，人的自然性使人具有生理和生活的需要，使人得以存在和繁殖。没有人的这种自然性也就没有人的存在和发展，也就没有人的社会性。另一方面，人的自然性是受社会性制约的。如果人的自然性离开了人的社会性，人就把自己降低到动物的水平。人和动物的本质区别就在于人的社会性。马克思说："吃、喝、性行为等等，固然也是真正的人的机能。但是，如果使这些机能脱离了人的其他活动，并使它们成为最后的和唯一的终极目的，那么，在这种抽象中，它们就是动物的机能。"所以，人的自然性和社会性是不可分的。但是，在两者的关系中，社会性属于主导的方面，自然性则处于从属地位。只有把它们历史地具体地统一起来，着重地从社会性来规定人的本质，才能认识具体的人性。资产阶级割裂人的自然性与社会性的关系，片面地从自然性出发认识人性，必然导致资产阶级的利己主义。

资本主义意识形态的演变归根到底是由资本主义基本矛盾决定的。资本主义生产力的不断发展推动的资本主义经济、政治的变化，必然会促进社会教育、科学、文学艺术、新闻出版、广播电视、卫生体育等各项文化事业日益发展，促进资本主义政治思想、经济思想、法律思想等日益成熟。可是，资本主义经济基础和上层建筑的不断发展，却又使资本主义意识形态具有停滞甚至倒退的趋势。随着资产阶级经济和政治统治的确立，资本主义经济基础和上层建筑由促进生产力到阻碍生产力的转变，必然使反映资本主义经济关系和政治关系的资本主义意识形态逐渐停滞不前，最终为新的意识形态所代替。

对待资本主义的政治制度和意识形态，既要认清本质，又不能全盘否定，要善于吸收和借鉴其科学、合理的成分。

第六节　资本主义的历史地位、新变化与最终命运

一、资本主义的历史地位

资本主义在历史上起过巨大的革命作用。资本主义制度的建立，使生产力冲破封建主义生产关系的控制，获得巨大发展。资产阶级在它不到一百年的阶级统治中所创造的生产力，比过去一切世代创造的全部生产力总和还要多，还要大。同时，资本主义制度使科学、技术、文化、教育的发展也呈现了前所未有的新局面。资产阶级所以能起如此巨大的革命作用，根本原因在于它适应了历史发展的要求，以资本主义生产关系代替不能再适应生产力发展的封建主义生产关系，为生产力的发展开辟了广阔的道路；在于它作为新的资本主义生产方式的代表者而成为推动历史前进的革命力量。

但是，由于其私有制的经济基础所决定的基本矛盾的存在，资本主义制度在其发

展过程中，逐渐地丧失生机和活力。资本主义的基本矛盾具体表现为资本主义再生产过程中的困难和矛盾，无产阶级与资产阶级的根本对立，资本的剥削延伸到国外所产生的奴役与反奴役、掠夺与反掠夺、控制与反控制的对抗性，等等。资本主义基本矛盾是一切矛盾的总根源，决定了资本主义的历史进程。

总之，资本主义制度同封建制度相比，是一种新的私有制度和剥削制度。它和封建制度是一脉相承的，必然逐步丧失它的历史进步意义。

《共产党宣言》指出：

资产阶级在历史上曾经起过非常革命的作用。

资产阶级在它已经取得了统治的地方把一切封建的、宗法的和田园诗般的关系都破坏了。它无情地斩断了把人们束缚于天然尊长的形形色色的封建羁绊，它使人和人之间除了赤裸裸的利害关系，除了冷酷无情的“现金交易”，就再也没有任何别的联系了。它把宗教虔诚、骑士热忱、小市民伤感这些情感的神圣发作，淹没在利己主义打算的冰水之中。它把人的尊严变成了交换价值，用一种没有良心的贸易自由代替了无数特许的和自力挣得的自由。总而言之，它用公开的、无耻的、直接的、露骨的剥削代替了由宗教幻想和政治幻想掩盖着的剥削。

……

资产阶级除非对生产工具，从而对生产关系，从而对全部社会关系不断地进行革命，否则就不能生存下去。

……

资产阶级在它的不到一百年的阶级统治中所创造的生产力，比过去一切世代创造的全部生产力还要多，还要大。自然力的征服，机器的采用，化学在工业和农业中的应用，轮船的行驶，铁路的通行，电报的使用，整个整个大陆的开垦，河川的通航，仿佛用法术从地下呼唤出来的大量人口，——过去哪一个世纪料想到在社会劳动里蕴藏有这样的生产力呢？

二、资本主义的新变化

20世纪40年代至60年代发生了以电子计算机的广泛使用为核心，涉及原子能、宇航、新材料、生物技术、海洋工程等领域新的第三次科技革命。这次新技术革命以群体形式出现，涌现出一批新技术群或新产业群；自然科学与技术的关系更加密切，新的科技革命直接是自然科学应用的结果，并且科学技术应用的周期大为缩短；不同以往产业革命局限于一两个部门，新技术革命全面应用于工业、农业、交通运输业等国民经济各部门。新科技革命首先由美国开始，迅速扩展到西欧、日本乃至全世界，极大地促进了战后世界经济的“一体化”。在这样的背景下，资本主义出现了一些新的变化，进入到现代资本主义发展的历史新时期。

（一）垄断新发展

1. 资本国际化和全球化

《共产党宣言》在当时就预测了资本主义发展的这个趋势：

不断扩大产品销路的需要，驱使资产阶级奔走于全球各地。它必须到处落户，到处开发，到处建立联系。

资产阶级，由于开拓了世界市场，使一切国家的生产和消费都成为世界性的了。使反动派大为惋惜的是，资产阶级挖掉了工业脚下的民族基础。古老的民族工业被消灭了，并且每天都还在被消灭。它们被新的工业排挤掉了，新的工业的建立已经成为一切文明民族的生命攸关的问题；这些工业所加工的，已经不是本地的原料，而是来自极其遥远的地区的原料；它们的产品不仅供本国消费，而且同时供世界各地消费。旧的、靠本国产品来满足的需要，被新的、要靠极其遥远的国家和地带的产品来满足的需要所代替了。过去那种地方的和民族的自给自足和闭关自守状态，被各民族的各方面的互相往来和各方面的互相依赖所代替了。物质的生产是如此，精神的生产也是如此。各民族的精神产品成了公共的财产。民族的片面性和局限性日益成为不可能，于是由许多种民族的和地方的文学形成了一种世界的文学。

资产阶级，由于一切生产工具的迅速改进，由于交通的极其便利，把一切民族甚至最野蛮的民族都卷到文明中来了。它的商品的低廉价格，是它用来摧毁一切万里长城、征服野蛮人最顽强的仇外心理的重炮。它迫使一切民族——如果它们不想灭亡的话——采用资产阶级的生产方式；它迫使它们在自己那里推行所谓的文明，即变成资产者。一句话，它按照自己的面貌为自己创造出一个世界。

生产的国际化必然要求资本的国际化。主要资本主义国家的资本输出也增长迅速。资本输出的方向出现多元化，不仅向发展中国家，发达资本主义国家之间相互进行资本输出的趋势也十分明显。而且，发达资本主义国家对发展中国家的资本输出中直接投资比重上升，从获取廉价原料、利用低廉的劳动力，转变到占领和控制发展中国家的主要产业及市场。在这个过程中，国家资本输出增长迅速，日益占重要地位，并且大多采取所谓对外“援助”的形式。如美国政府在1945～1976年间，以这种形式进行的资本输出高达2210亿美元。

在资本运动国际化的基础上，又进一步形成了资本全球化的趋势。资本追求利润的本性决定了资本必然在最大范围内流动，寻求增殖的最大化。世界各国资本项目的逐步开放，经济全球化趋势的加强，信息传输技术的进步，使资本在全球的跨国流动更为便捷，因而形成巨大的国际资本市场。就资金流向而言，由于许多新兴发展中国家纷纷进行金融自由化的改革与放宽资本流动限制，加上经济快速发展，外资大幅流入。据世界银行（1998年全球金融发展）资料显示，过去流向发展中国家的资金以工业化国家所提供的官方发展援助为主，如今已逐渐由私人资本所取代。国际民间资金的巨额与快速流动，使得汇率波动加剧，不但影响各国中央银行管理汇率的能力，削弱各国财政与货币政策的有效性，而且若大量外资涌入货币市场、资本市场和房地产等虚拟经济领域，很容易出现泡沫经济。再加上各国经济彼此间互动关系已更为密切，一国的经济力量已经很难抵挡国际游资的冲击了，传统条件下也许根本不会发生大规模经济危机的经济体，在全球化的条件下就完全有可能爆发严重的金融甚至经济全面的危机。

2. 垄断形式发生变化

新技术革命的推动下，资本集中的速率加快。战后，在美国最大的100家工业公司的名单中，几乎每隔10年左右，就有1/3的大公司被排挤出去。从1955～1983年的战后28年中，一半以上的大公司都在竞争中消失了。新技术革命也引起了生产集中形式的新变化。战后，企业合并与兼并越来越冲破产业部门的界限，实行跨部门的横向合并与多样化经营。1968年，美国制造业和矿业中大型企业合并共有192宗，其中横向合并为14宗，占7%；纵向合并为17宗，占9%；而混合合并却高达101宗。企业混合合并进一步节约生产和经营费用，同时也分散单一产品生产和经营的市场风险。跨部门的混合合并导致一种现代垄断组织形式——混合联合公司的诞生。所谓混合联合公司，指一种跨部门的多样化经营的新型康采恩组织。混合联合公司的发展，使资本与生产进一步集中在少数最大垄断公司手中，极大地加强了金融寡头的实力，阻碍着新的大垄断组织的出现，壮大了垄断财团的实力。

资本的国际化，产生了国际垄断资本。跨国公司是垄断资本主义高度发展的产物，是从事国际生产、销售和其他经营业务，以获取高额垄断利润为目的的国际化垄断企业。20世纪70年代后半期至80年代中期，西方国家的跨国公司不论是数量、经营规模、活动范围都空前扩大。目前，资本主义世界几乎所有的重要工业部门和产品的销售市场都被跨国公司所控制。跨国公司的发展，极大地促进了生产社会化在国际范围内的扩展，促进了世界经济的一体化。另一方面，由于世界范围的生产越来越由少数跨国公司控制，其影响力已不仅仅局限在经济领域，还渗透到政治、文化领域。跨国公司的剥削和掠夺、对别国内政的粗暴干涉，都严重损害了所在国主权，引起所在国特别是发展中国家人民的反对。以跨国公司为主体的资本国际化，进一步加强了垄断资本的国际剥削和国际统治。

（二）社会化程度进一步提高

在资本的所有权方面，通过发行小额股票，使股票分散化、大众化，实现所谓的“资本民主化”。其实，这种股票分散化是垄断资产阶级在社会化大生产条件下筹集资金、广泛吸收社会游资的一种方法，以扩大增强垄断资本的实力。所以，资本分散化不仅没有把资本从资本家那里转到工人阶级手里，相反，把广大劳动群众的一部分消费资金纳入金融资本的统治范围，为资本增殖服务，工人和雇佣劳动者的社会地位仍然没有改变。

在社会经营管理方面，推行一种直接生产者参与企业部分决策、监督、检查和管理的所谓管理民主化和行为科学的管理制度，如公司董事会中的工人代表制、工人委员会中的工人代表制、职工建议制等。管理民主化在一定程度上缓和了劳资关系的矛盾，但实质上是在生产高度社会化、现代化、自动化条件下垄断资本家加强企业管理的需要。

在收入再分配方面，通过推行各种“福利制度”建立“福利国家”。推行“社会福利制度”对于资本主义社会的稳定和发展起着一定的作用，也有利于广大人民物质文化生活条件的改善。但是，福利基金都是来自工人的必要劳动和剩余劳动，福利支出不过是工人创造的价值的再分配，工人获得的社会福利不过是劳动力价值的转化形式。所以，把资本对工人的剥削关系进一步掩盖起来了。

在阶级结构上，由于新技术革命兴起和产业结构的变化，使无产阶级和资产阶级的内部结构发生了一些变化：垄断资产阶级力量相对加强，少数垄断资产阶级垄断了国家的经济命脉和政治权力；工人阶级的范围进一步扩大，不仅包括从事体力劳动的直接生产工人，而且包括越来越多的从事脑力劳动的科学家、工程技术人员、管理人员和一般职员，工人阶级的绝对数量在增加。但是，资本主义生产方式决定了无产阶级与资产阶级仍然是当代资本主义世界体系中两个最基本的阶级，它们之间的矛盾仍然存在并有扩大的趋势。因此，无产阶级反对资产阶级的斗争必将持续地发展下去。

（三）基本矛盾的新表现

随着生产国际化和资本国际化的发展，世界各国、各地区逐渐形成了一个互相依存的世界经济体系。资本主义基本矛盾也随之在更大范围内展开。

发达资本主义国家之间的矛盾。国际垄断没有消除国际竞争。为了追求最大的利润，各国垄断资本之间展开了激烈的竞争，从而使发达资本主义国家之间的矛盾始终存在。战后，帝国主义经济政治发展不平衡呈加强的趋势，经济发展不平衡引起了各国政治、军事实力对比发生变化，使发达资本主义国家在政治、军事等各个领域展开了斗争。国家发展不平衡和为此争夺高额垄断利益，决定了发达资本主义国家之间的矛盾不会根本消除。虽然当代发达资本主义国家之间通过建立各种国际经济组织协调它们之间的关系，采取一些共同行动，但是它们之间的妥协和协调只是暂时的、不稳定的，而它们之间的矛盾和斗争则是长期的、绝对的，矛盾激化的趋势并没有改变。世界大战虽然不再是不可避免的，但由帝国主义发动、策划和支持的各种形式的局部战争连绵不断，这就表明帝国主义仍然是现代战争的根源。

发达资本主义国家同发展中国家之间的矛盾。战后，殖民地、半殖民地国家经过民族解放斗争，先后获得民族解放和国家主权，帝国主义殖民体系全面瓦解。但是，现在的经济体系仍属于少数发达资本主义国家与大多数不发达国家或发展中国家并存的格局，这是当代资本主义世界经济体系的基本特征；不合理、不公正的国际经济秩序，依然是发达资本主义国家剥削发展中国家的工具。具体来说，资本主义生产体系，是以发达国家对工业制成品生产的垄断和发展中国家畸形单一制的经济结构为基本特征的。国际贸易体系，是发达国家凭经济实力和技术优势，利用在国际贸易中的垄断地位，对发展中国家进行剥削为基本特征的。国际货币金融体系，是发达国家对国际金融的控制，它制定并通过有利于发达国家而不利于发展中国家的规章制度，从而使发展中国家蒙受巨大的损失。因此，在发达资本主义国家与发展中国家之间仍然存在着矛盾。

同时，还存在国际无产阶级与国际资产阶级的矛盾。战后，随着科学技术革命的兴起和社会生产力的迅速发展，当代发达资本主义国家在不危害垄断资产阶级根本利益的前提下，对社会经济关系和政治关系作了一定程度的调整和改革，变换了一些新的统治手段，推行了一些新的剥削形式，但这并没有改变现代无产阶级与现代资产阶级之间的矛盾。无产阶级与资产阶级之间的矛盾，仍然是当代资本主义世界体系中的基本矛盾。

三、正确认识资本主义历史地位、新发展与最终命运

（一）资本主义发展趋势不可避免

从产业革命和资本主义生产关系确立到现在的两百多年中，资本主义制度先后经过了自由竞争、私人垄断、国家垄断或混合经济三种主要体制，发生了许多变化，出现了一些新的特点。应该看到，这些变化在很大程度上体现了现代市场经济发展的要求，在一定程度上缓和了资本主义固有的基本矛盾，使资本主义的生产关系比较适应生产力发展，因而有些资本主义国家特别是发达资本主义国家的科技水平、管理水平、整个经济发展程度都有较大的提高，继续居于世界领先地位。资本主义的这些做法是可以为社会主义制度的自我完善和经济发展提供某些可供借鉴的经验的。

但是，同时也应该看到，不管今天的资本主义制度发生了多么大的变化，其雇佣劳动制度的本质特征没有变，变化的只是它的具体体制形式。在今后的相当长的时间内，资本主义还会继续发生变化，特别是还会利用其在军事、经济、科技上的优势在世界上获取更多的利益，从而促使其继续发展甚至出现较长时间的繁荣，但发达不可能永远消除危机，繁荣只能暂时掩盖矛盾，资本主义基本矛盾还会以新的形式表现出来。

（二）资本主义向社会主义过渡是长期的、复杂的历史过程

人类社会发展的历史证明，一种新的社会经济制度代替另一种过时的旧的社会经济制度，都经历了漫长的历史过程。资本主义也不例外。资本主义在全世界的消亡和社会主义在全世界的胜利不可能是一朝一夕就能实现的，它要经历一个相当漫长和复杂的历史进程。主要原因是：

首先，资本主义加强国家的调节作用。国家垄断资本主义形成以后，为了缓和供

给膨胀和需求相对不足、社会生产与社会消费、剩余价值生产条件与实现条件之间的矛盾，发达资本主义国家高度重视宏观干预政策，积极制定和采取宏观经济干预措施，通过加强财政政策和货币政策、经济计划化的实施，力图对经济进行预测、规划、协调，以避免或克服仅靠市场机制带来的弊端。这在一定程度上适应了生产社会化的客观要求，有效地促进了生产力的发展。美国、日本、德国、瑞典等国家无一不是这样，从而在一定程度上保证了战后发达国家经济发展的稳定性。

其次，资本主义是一个庞大的世界体系。在这个体系中，各国政治经济发展存在着不平衡性。有些是已经走上垄断阶段的帝国主义国家；有些是正在向垄断阶段过渡的资本主义国家；还有些是正在走上资本主义发展道路的发展中国家。而即使是发达的资本主义国家，其生产关系也有可能随着生产社会化程度的提高而不断得以局部调整，并在较长时期内容纳社会生产力的进一步发展。另一方面，目前现存的社会主义国家又都是通过突破资本主义的薄弱环节诞生起来的，这不仅增加了社会主义生产力发展的复杂性、艰苦性，而且这些社会主义国家的发展还不足以构成对资本主义体系的致命打击。因此，资本主义自身发展的不平衡性决定了资本主义的灭亡和社会主义的胜利不可能在所有资本主义国家同时发生，也不可能一蹴而就地完成整个过程，而只能在各个国家逐步进行，而且需要各国无产阶级进行长期艰苦的努力和斗争。

最后，公有制代替私有制是历史上前所未有的一场深刻的社会变革。历史上曾经发生的一切社会变革都不是直线前进的。无疑，社会主义代替资本主义、公有制代替私有制的社会变革的过程一定更具有复杂性、艰巨性和长期性，因为社会主义公有制与资本主义私有制是性质互相对立的两种生产方式。社会主义公有制的产生和建立，意味着对资本主义私有制的根本否定，这决定了社会主义公有制的生产关系不可能从资本主义私有制母体内产生，资本主义生产关系的灭亡不是一个自行消亡的自然过程。此外，资本主义经济区域化和多极化发展趋势和国内福利政策的实施，一方面会加强资本主义生产关系的国际联合力量，另一方面会借以缓和阶级矛盾，这势必延缓资本主义自身的灭亡进程。但是，无论社会主义公有制取代资本主义私有制的过程及公有制自身的发展和完善进程多么复杂、曲折和艰巨，资本主义灭亡的历史命运是不可能改变的。

复习思考题

1. 资本主义生产方式是如何确立的？
2. 结合社会生活实际，说说价值规律是如何发挥作用的。
3. 试论述资本主义剩余价值的生产。
4. 为什么说剩余价值规律是资本主义生产方式的基本规律？
5. 如何正确认识作为资产阶级意识形态核心的个人主义？

活动建议

针对某个具体的资本主义国家，全面分析其政治、经济、文化等情况，并结合新时期资本主义的新变化，探讨资本主义历史命运。

原著导读

《〈政治经济学批判〉序言》介绍了马克思研究政治经济学的经过，了解这个经过，可以帮助我们理解马克思是如何考察资产阶级经济制度的。以下是部分内容节选：

我考察资产阶级经济制度是按照以下的顺序：资本、土地所有制、雇佣劳动；国家、对外贸易、世界市场。在前三项下，我研究现代资产阶级社会分成的三大阶级的经济生活条件；其他三项的相互联系是一目了然的。第一册论述资本，其第一篇由下列各章组成：(1) 商品，(2) 货币或简单流通，(3) 资本一般。前两章构成本分册的内容。我面前的全部材料形式上都是专题论文，它们是在相隔很久的几个时期内写成的，目的不是为了付印，而是为了自己弄清问题，至于能否按照上述计划对它们进行系统整理，就要看环境如何了。

我把已经起草好的一篇总的导言压下了，因为仔细想来，我觉得预先说出正要证明的结论总是有妨害的，读者如果真想跟着我走，就要下定决心，从个别上升到一般。不过在这里倒不妨谈一下我自己研究政治经济学的经过。

……

1848 年和 1849 年《新莱茵报》的出版以及随后发生的一些事变，打断了我的经济学研究工作，到 1850 年我在伦敦才能重新进行这一工作。不列颠博物馆中堆积着政治经济学史的大量资料，伦敦对于考察资产阶级社会是一个方便的地点，最后，随着加利福尼亚和澳大利亚金矿的发现，资产阶级社会看来进入了新的发展阶段，这一切决定我再从头开始，批判地仔细钻研新的材料。这些研究一部分自然要涉及到似乎完全属于本题之外的学科，在这方面不得不多少费些时间。但是使我所能够支配的时间特别受到限制的，是谋生的迫切需要。八年来，我一直为第一流英文的美国报纸《纽约每日论坛报》撰稿（写作真正的报纸通讯在我只是例外），这使我的研究工作必然时时间断。然而，由于评论英国和大陆突出经济事件的论文在我的投稿中占着很大部分，我不得不去熟悉政治经济科学本身范围以外的实际的细节。

我以上简短地叙述了自己在政治经济学领域进行研究的经过，这只是要证明，我的见解，不管人们对它怎样评论，不管它多么不合乎统治阶级的自私的偏见，却是多年诚实研究的结果。但是在科学的入口处，正像在地狱的入口处一样，必须提出这样的要求：

“这里必须根绝一切犹豫；

这里任何怯懦都无济于事。”

第六章 社会主义社会的建立和发展

历史唯物主义揭示了社会形态的更替是同一性与特殊性的统一。一方面，各个国家和民族的历史，在没有外来干涉的条件下，按其自然历史过程一般都应从低级到高级依次经历原始社会、奴隶社会、封建社会、资本主义社会、社会主义社会，最后进入共产主义。另一方面，不同国家、不同民族的历史具有各自的特点，社会形态的更替总是以多种多样的特殊的具体的形态表现出来。20 世纪社会主义社会的建立和发展就鲜明地体现了这一点。

第一节 社会主义代替资本主义的历史必然性和长期过程

一、社会主义制度代替资本主义制度的历史必然性

社会主义制度代替资本主义制度是历史发展的必然。资本主义制度建立的初期，其生产关系适合生产力发展的要求，因而推动了生产力的巨大发展。到了垄断资本主义这一资本主义制度的后期，生产社会化程度得到很大的提高，这时的资本主义生产关系就越来越成为生产力发展的桎梏，必然要求以社会主义制度代替资本主义制度。生产力的社会化发展要求突破和否定了资本主义私有制，这种不可抗拒性，即社会主义制度代替资本主义制度的必然趋势，实际上已经在资本主义生产关系发展的自我“扬弃”中顽强地表现出来。

19 世纪后期新科技革命的出现，推动了资本主义生产社会化程度进一步提高，资本主义基本矛盾进一步加深，从而促使垄断资本主义的产生。垄断的产生和发展，是资本主义生产关系在自身范围内的又一次“微调”。第二次世界大战后，特别是在又一次新科技革命推动下，资本主义生产力又获得新的发展，生产社会化程度又达到一个新的高度，促使国家垄断资本主义迅速发展，并日益占有重要地位，标志着有相当大的资本已在形式上取得了社会性质，使资本主义生产关系出现了又一次较大的局部调整。

资本主义生产关系的局部调整，并不意味资产阶级自觉地认识和利用了生产关系一定要适合生产力状况的规律，而是生产社会化发展的客观现实，迫使资产阶级为了

维护自身的阶级利益，在不触动资本主义私有制的范围内，对生产关系进行部分调整。这种调整在一定时期和一定程度上促进了生产力的发展，但是这种调整不能根本解决资本主义生产关系与生产力之间的对抗性矛盾。解决矛盾的根本途径只能是由社会主义制度代替资本主义制度。

二、社会主义制度代替资本主义制度是一个长期和曲折的历史过程

人类社会的发展历史已经证明，一种新的社会经济制度取代旧的社会经济制度，总是要经历一个长时期的、复杂曲折的历史过程，社会主义制度代替资本主义制度更是如此。这主要是因为：

第一，一种社会经济制度彻底退出历史舞台，必须是它的生产关系已经不可能继续容纳社会生产力的发展。马克思指出："无论哪一个社会形态，在它们所能容纳的全部生产力发挥出来以前，是决不会灭亡的。"① 在资本主义制度走向衰退的过程中，资产阶级对资本主义生产关系进行着部分调整，这在一定时期内、一定程度上有利于资本主义社会生产力的发展。这种情况使得资本主义社会基本矛盾有所缓和，从而使社会主义代替资本主义是一个长期的历史过程。

第二，一种新社会制度要彻底战胜旧的社会制度，归根到底要求新社会制度比旧社会制度创造出更高的劳动生产率。但迄今为止，建立在经济发展比较落后基础上的社会主义制度，在劳动生产率上很难和具有数百年经济发展历史的高度发达的资本主义国家相比。这种状况决定了社会主义制度创造高于资本主义的劳动生产率，需要一个相当长的历史过程。

第三，在资本主义经济政治发展不平衡规律的作用下，各国社会主义革命条件成熟状况必然出现不平衡，特别是革命主观条件更是各国不同。同时，垄断资本主义国家利用各种手段缓和国内的阶级矛盾，并通过多种途径对社会主义国家实行"和平演变"，分裂国际共产主义运动，使得战后国际共产主义运动逐渐趋于低潮，使得社会主义代替资本主义不仅是长期的，而且是一个复杂曲折的历史过程。

三、社会主义革命可能首先在一个或者几个国家取得胜利

这是由资本主义经济政治发展不平衡规律决定的。经济政治发展不平衡是资本主义的一条客观规律。垄断资本主义时期，这种规律更呈现新的特点：

第一，垄断资本主义各国的经济政治发展不平衡进一步加剧，从而引发垄断资本主义国家之间的战争。这种战争削弱了垄断资本主义的力量，从而使垄断资本主义的整个统治链条上出现薄弱环节。这种状况为无产阶级社会主义革命在这些薄弱环节上首先突破，提供了可能。

---

① 马克思恩格斯选集（第2卷）. 北京：人民出版社，1995：33

第二，垄断资本主义的战争使广大人民陷入水深火热之中，这就促使人民的觉悟日益提高，并团结起来反对战争，革命形势的高涨也为无产阶级革命的胜利提供了可能。

第三，各国经济政治发展的不平衡，使得各国革命的主客观条件成熟程度产生很大差别，因而，无产阶级社会主义革命同时在所有的资本主义国家爆发并获取胜利更加困难。

总之，资本主义经济政治发展不平衡的规律，为无产阶级革命首先在一个或几个国家取得胜利提供了可能。而且，这种规律也决定了无产阶级革命首先发生在垄断资本主义统治链条上最薄弱的环节。这个最薄弱的环节，首先是指那些垄断资本主义各种矛盾最集中、阶级矛盾十分尖锐、统治阶级十分腐败而无法继续维持其统治的国家和地区；其次是指阶级力量对比有利于无产阶级的国家和地方。在这些国家和地方，统治阶级的力量比较薄弱而无产阶级和劳动人民的革命力量相当强大，足以推翻资产阶级的统治，取得革命的胜利。

现实的社会主义的产生和发展，就是无产阶级在认识和把握资本主义政治经济发展不平衡规律的基础上，利用有利的革命形势，带领广大劳动群众成功地取得革命的胜利，建立社会主义国家。

第二节　社会主义的建立和发展

社会主义社会的产生和发展经历了从空想到科学、从理论到实践、从一国实践到多国实践的曲折历程，这使得 20 世纪的世界历史高潮迭起，波澜壮阔。

一、社会主义从空想到科学

建立一种没有剥削和压迫的美好社会，是几千年来劳动人民的理想。随着资本主义生产方式的出现，这种理想观念演变为社会主义思潮。1516 年英国莫尔《乌托邦》一书发表，19 世纪初三大空想社会主义的产生使社会主义思潮达到了顶峰。当然，这种社会主义思想属于空想社会主义。

早期空想社会主义分析了私有制是社会贫富两极分化的根源，主张废除私有制，建立财产公有、没有阶级差别、社会组织生产劳动和人人平等的社会等等。18 世纪，空想社会主义认为应废除私有制，消灭阶级特权和阶级差别，建立人与人之间政治权利和个人社会地位真正平等的完善的社会制度。他们都强调依法治理国家和社会，用法律条文的形式对自己的理想制度进行详细的规定。19 世纪空想社会主义者更是揭露和批判资本主义制度的种种罪恶。空想社会主义提出的关于未来社会制度的天才构想，具有重大的理论意义和思想启蒙意义。但由于他们的学说远离现实的基础，没有能够为无产阶级的解放斗争提供有效的思想武器。19 世纪 40 年代，随着第一次工业革命的完成和资本主义内部基本矛盾的暴露，为社会主义由空想变为科学创造了条件。马克思、恩格斯顺应时代的潮流，在批判地继承前人思想文化成果的基础上，创立了唯物史观和剩余价值学说，从而使社会主义从空想变成科学。

建立在唯物史观和剩余价值学说基础上的科学社会主义，论证了资本主义制度被社会主义制度取代的历史必然性，从而指明了人类社会的光明前景。空想社会主义者虽然对资本主义制度进行了深刻的批判，但这些批判只是针对资本主义所产生的结果，而不是针对资本主义本身，自然就不可能认识到资本主义的历史命运，看不到社会主义是历史发展的必然。科学社会主义认为在资本主义社会，生产力与生产关系的矛盾体现为生产的社会化与生产资料私人占有之间的矛盾。生产的社会化要求生产资料的占有也必须社会化，资本主义实现和壮大了生产社会化，但生产资料、生产成果却为资本家私人占有，这就使资本主义生产方式陷入了不可克服的矛盾之中。资本主义基本矛盾是资本主义社会一切矛盾冲突的总根源。解决这个矛盾，唯有建立以生产资料公有制为基础的新的社会主义的生产关系，使生产关系与社会化大生产发展要求相适应。因此，生产资料的社会占有是历史发展的必然趋势，社会主义必然代替资本主义。这样，科学社会主义就克服了空想社会主义把社会主义看做精神产物的缺陷，为无产阶级和其他劳动群众埋葬资本主义制度、建立社会主义和共产主义制度的斗争提供了可靠的理论依据。

建立在唯物史观基础和剩余价值学说上的科学社会主义，还论证了无产阶级的历史使命，从而指出了埋葬资本主义制度、建立社会主义和共产主义制度的社会力量。空想社会主义者把变革资本主义制度的希望寄托在上层统治者身上；与空想社会主义者不同，科学社会主义不仅把无产阶级看做受苦受难的阶级，而且把这个阶级看做变革资本主义制度的基本社会力量。科学社会主义认为，无产阶级是随着社会生产发展和科学技术进步而不断壮大的阶级，是最先进生产力的代表者，是人类历史上最有前途的阶级。而且，无产阶级除了自己的劳动力以外一无所有，除了奴役他们的锁链外，再没有任何东西可以在斗争中丧失掉。这就决定了这个阶级是最富有革命彻底性的阶级。同时，资本主义的大工业不仅造就了人数众多的无产阶级，而且培育了其组织纪律性和团结互助精神，共同的社会地位必将使无产阶级在斗争中联合起来。科学社会主义基于对无产阶级经济地位和阶级特征的分析，论证了无产阶级是埋葬资本主义制度、建立社会主义和共产主义制度的伟大社会力量。

建立在唯物史观基础和剩余价值学说上的科学社会主义，进一步为无产阶级斗争指明了正确的道路。空想社会主义者主张通过阶级调和的和平方式实现社会改革。马克思和恩格斯则认为，无产阶级解放的最基本条件就是消灭一切阶级剥削和阶级压迫，使全人类获得解放，而与其他反动阶级一样，资产阶级不可能自动退出历史舞台，无产阶级要消灭一切阶级剥削和压迫，与资产阶级的斗争不可避免。因此，马克思和恩格斯在创立科学社会主义的时候，公开宣称这个学说是为无产阶级解放斗争服务的。科学社会主义进一步认为，无产阶级要在斗争中获胜，首先要建立起自己阶级的政党；无产阶级要获得解放，必须摧毁资产阶级的国家机器；在摧毁旧国家机器中，必须建立起自己阶级的政治统治，继而实现对剥夺者的剥夺，建立起社会主义的公有制度。

二、社会主义从理论到实践

科学社会主义是无产阶级的行动科学，与无产阶级革命斗争的联系最紧密，是直接指导无产阶级革命斗争的理论。马克思、恩格斯在《共产党宣言》中比较全面地阐述了科学社会主义理论，并在与工人运动相结合的社会主义运动实践中，进一步完善和发展了科学社会主义的基本原理。

马克思、恩格斯在《共产党宣言》中阐述了科学社会主义的基本原理：

第一，关于资本主义必然灭亡、社会主义必然胜利的理论。资产阶级是随着自己的生存条件发展起来的，是历史长期发展过程的产物。资产阶级在历史上曾经起过非常革命的作用。但资本主义制度本身包含着不可克服的内在矛盾：生产社会化与资本主义私人占有生产资料之间的矛盾。这一矛盾将导致周期性的经济危机和阶级矛盾的激化，并最终将导致资本主义灭亡，被社会主义所代替。

第二，关于无产阶级历史使命的理论。无产阶级是完成社会主义代替资本主义伟大历史使命的阶级力量。因为，无产阶级是大工业的产物、社会先进生产力的代表，是最有组织纪律性的阶级，是最富有革命的彻底性和坚定性的阶级。无产阶级的阶级特点是资本主义的掘墓人和共产主义社会的创建者。

第三，关于无产阶级革命和无产阶级专政理论。无产阶级革命和无产阶级专政，是实现从资本主义到共产主义革命转变的根本方式。无产阶级只有通过革命才能夺取政权，通过无产阶级专政才能完成改造社会的任务。

第四，关于无产阶级政党的理论。无产阶级要取得革命的胜利并完成改造社会的任务，必须组织自己的政党。共产党是工人阶级的政党，它没有与整个无产阶级利益不同的利益。无产阶级政党的最近目标是推翻资产阶级的统治，由无产阶级夺取政权；其最终目标是消灭阶级对立和阶级差别，实现共产主义。

科学社会主义理论与工人运动的密切结合，促进了国际工人运动的发展，迎来了第一次无产阶级革命高潮——巴黎公社起义。尽管巴黎公社仅存在 72 天就被反动势力扼杀，但它作为世界上第一个无产阶级政权，具有重要历史意义。

马克思、恩格斯十分重视将理论与工人运动的实践相结合，并对工人运动的经验和教训进行新的总结，从而深化和发展了科学社会主义理论，包括无产阶级必须打碎旧的国家机器建立新型的无产阶级政权的理论、无产阶级革命的胜利必须同农民结成联盟等等。列宁剖析了资本主义发展到垄断阶段的特点，并进一步据此发展了科学社会主义。

正是在科学社会主义的指导下，俄国十月革命取得了伟大的胜利，社会主义制度由理想变成现实。

三、社会主义从一国发展到多国

（一）世界上第一个社会主义国家的建立

通过深入研究垄断资本主义及其发展规律，列宁揭示了垄断资本主义经济政治发展不平衡的规律，全面论述了孕育社会主义革命的主客观条件，创立了社会主义首先在一国或数国胜利的理论，创造性地发展了科学社会主义。在这一思想理论指导下，俄国无产阶级及其政党领导人民取得了十月社会主义革命的胜利，开创了建设社会主义制度的人类历史新纪元，极大地鼓舞了全世界被压迫人民、被压迫民族争取解放、赢得独立自由的斗争，引来了 20 世纪社会主义的胜利进军。列宁的“一国胜利论”主要包括：第一，在特定的历史条件下，社会主义革命可以在一国首先取得胜利；第二，经济文化相对落后的俄国可以首先建立无产阶级政权，逐步走向社会主义；第三，俄国一国可以首先开始社会主义建设，在工农政权和苏维埃制度的基础上赶超西方发达国家。列宁关于“一国胜利论”的理论是在新的历史背景下科学社会主义的重要发展，标志着马克思主义发展的新阶段。列宁关于“一国胜利论”的理论对落后国家的社会主义革命和建设产生了积极而深远的影响，至今仍是指导我们建设中国特色社会主义事业的宝贵精神财富。

苏维埃俄国经过十月革命建立起来。十月革命是当时主客观形势共同作用的结果。

从客观方面来说，20 世纪初叶，俄国已经是一个帝国主义国家，但垄断资本发展极不平衡，经济发展落后，资产阶级对沙皇制度存在依赖性，社会各种矛盾错综复杂，其中，沙皇俄国成为帝国主义各种矛盾的焦点。1905 年，俄国人民进行了第一次资产阶级民主革命，沉重地打击了世界帝国主义体系的力量，为在俄国推翻资产阶级，摆脱帝国主义战争，实现社会主义革命创造了条件。

从主观方面来说，俄国已有强大的革命力量。无产阶级处于社会最底层，是最革命的阶级，是俄国革命的领导力量；占全国人口大多数的农民群众是无产阶级可靠的同盟军；俄国有坚强的无产阶级革命政党——布尔什维克党。同时，列宁在第一次世界大战期间论证的由于资本主义经济政治发展不平衡的规律，社会主义有可能在少数国家甚至单独一国首先获得胜利的理论，鼓舞了俄国无产阶级向资本主义展开进攻。

面对革命形势的出现，布尔什维克党在列宁关于“变现时的帝国主义战争为国内战争”策略思想的指导下，于 1917 年 2 月推翻了沙皇政府，取得了资产阶级民主革命的胜利。二月革命胜利后，俄国出现两个政权并存的局面：一个是掌握国家政权的资产阶级临时政府，另一个是工兵代表苏维埃。资产阶级为了稳定统治，运用各种手段削弱和消灭工兵代表苏维埃，力图建立单一的资产阶级政府。1917 年 7 月，资产阶级临时政府制造了“七月事变”，血腥镇压了彼得格勒十万工人和士兵的和平示威游行。在革命的紧急关头，在以列宁为首的布尔什维克党的领导下，彼得格勒工人赤卫队、革命士兵于 1917 年 11 月 7 日（俄历 10 月 25 日）在首都彼得堡进行武装起义，推翻了资产阶级临时政府，建立了人类历史上第一个工人阶级领导的社会主义国家。

（二）世界上其他社会主义国家的建立

第二次世界大战后期，在欧洲，苏联军队发起大反攻，解放了东南欧一系列国家，并直捣德国法西斯老巢柏林，为反法西斯战争取得最后胜利起了关键性的作用。欧洲战场结束后，苏军又挥师东向支援亚洲战场，帮助解放了中国东北地区和朝鲜半岛北部。苏联军队和苏联人民在反法西斯战争中的出色表现，极大地提高了苏联的国际地位和苏共的国际声誉，显示了社会主义制度的优越性，巩固了世界社会主义阵地，为战后国际共产主义运动的大发展创造了十分有利的环境和条件。同时，各国共产党站在反法西斯斗争的最前列，领导本国人民英勇战斗，承受了巨大的牺牲，作出了不可磨灭的贡献，赢得了人民群众衷心的信赖和拥护。一些国家的共产党利用反法西斯民族解放战争不断取得胜利的有利形势，在反法西斯统一战线的基础上，领导建立了人民民主国家，并逐渐向社会主义过渡。

世界上其他社会主义国家的建立大致分为三种情况：

一是主要依靠本国人民的武装力量建立革命根据地，进而建立民主政权。如南斯拉夫联邦人民共和国、阿尔巴尼亚人民共和国以及越南民主共和国。中华人民共和国的建立也属于这个类型。中国人民的抗日战争，是世界反法西斯战争亚洲战场的主体。中国共产党是团结抗战的中流砥柱，通过广泛发动、组织和武装以农民为主力的各阶层群众，开展游击战、运动战，使日本侵略者陷于人民战争的汪洋大海之中。在消灭和牵制敌人大量兵力的同时，党自身也在抗日烽火中迅速发展壮大，抗日民主根据地面积也不断扩大。所有这些，为夺取整个新民主主义革命的胜利，建立新中国，奠定了坚实的基础。

二是在苏军大反攻的有利条件下，本国人民武装积极配合，推翻法西斯傀儡政府，建立人民政权。如波兰人民共和国、保加利亚人民共和国、匈牙利人民共和国、捷克斯洛伐克共和国。

三是完全由苏联红军解放，并在苏联帮助下走上社会主义道路。如德意志民主共和国。

新建立的人民民主国家，加上在苏联帮助下走上社会主义道路的蒙古人民共和国，社会主义国家由苏联一国扩展到整个欧亚大陆。拉丁美洲的古巴共和国也在民主革命胜利的基础上，走上社会主义道路，并与社会主义各国加强了联系。印度支那人民取得抗美战争胜利后乘胜前进；老挝人民革命党（共产主义政党）领导人民废除君主制，成立人民民主共和国，走上社会主义道路；柬埔寨共产党领导人民夺取全国政权，进行社会主义改造。

社会主义国家从一国到多国的发展，空前壮大了国际共产主义运动的规模和实力。世界政治力量对比发生了根本性改变，人民民主力量大大增强，不断推动世界形势朝着和平、民主、进步的方向发展。

第三节 苏联的社会主义建设

马克思、恩格斯当年设想的社会主义革命将在主要资本主义国家同时取得胜利没有实现，而是在经济落后国家实现。这就为马克思主义者提出了新的课题。经济落后的社会主义国家能否单独建成社会主义？在资本主义包围的情况下能够维持社会主义的进一步发展吗？

一、由战时经济政策到新经济政策的转变

战时共产主义政策是苏维埃政权在经济已严重破坏的情况下，在粉碎剥削阶级的叛乱和外国武装干涉的严酷战争中，采取的应急措施和非常政策。主要措施有：工业企业普遍国有化；实行余粮收集制；取消一切商品贸易；实行配给制，强制劳动。这些措施的推行，使苏维埃控制了全部经济，取消了商品生产，运用法令调节社会生产，并对产品特别是无代价收集的粮食进行平均分配。这实际上是带有共产主义色彩的军事统治政策。在当时所处的战争条件下，这种政策基本上是正确的。因为它最大限度地集中了全国的财力、物力，保障了红军军事上的胜利，保卫和巩固了新生的苏维埃政权。从这个历史作用来讲，实行战时共产主义政策是一种功劳。但是战时共产主义政策不符合经济发展的客观规律，触犯了农民阶级的切身利益。战时共产主义政策不是无产阶级向社会主义经济过渡的正确途径。

1921 年制定了新经济政策。新经济政策的核心是恢复、发展商品生产和商品交换。新经济政策的四个要点无不与商品经济相联系。用固定粮食“税”代替余“粮”收集制，纳税后由农民支配的粮食除口粮外，立即变成商品涌入市场；工业方面，允许资本家经营中小企业等，体现了商品经济多种经营的形式和利用利润刺激生产的原则；允许自由贸易，疏通了商品流通的渠道；实行按劳分配（工资级别制）更是劳动力商品价值的反映。在新经济政策的具体措施中，从实施的背景、过程和结果来看，重点是固定粮食税，而自由贸易则是新经济政策的重要杠杆。新经济政策是列宁对小农占优势的国家如何建设社会主义问题的探索。列宁找到了一条向社会主义过渡的正

确途径，即利用市场和商品货币关系来扩大生产。

正是在列宁思想的指导下，俄共（布）果断停止战时共产主义政策，创造性地提出新经济政策，领导人民迅速恢复了国民经济，成功地进行了社会主义改造。随着新经济政策的全面实施，苏俄工农业生产和经济状况迅速好转。1922 年 3 月，列宁在俄共（布）第十一次代表大会的政治报告中信心百倍地宣告：我们正在同从小农经济中成长起来的、得到小农经济支持的俄国资本主义进行最后的斗争。苏联的社会主义建设为国际共产主义运动和各国革命运动提供了一个样板，初步显示了人类历史上第一个社会主义制度的优越性和前景。

从“战时共产主义”政策向新经济政策的转变，是列宁的社会主义价值追求向俄国社会现实基础落实的过程。新经济政策是列宁把马克思主义历史观和价值观创造性地运用于俄国实践的产物。它的实施，使苏维埃政权迅速摆脱了危机，同时开启了社会主义建设的新思路。

二、苏联一国建成社会主义

斯大林提出一国建成社会主义的理论，对于苏联坚持社会主义道路，具有重要的指导意义。

在列宁逝世后，苏联党内对俄国社会主义前途问题提出了许多疑问。第二国际的庸俗经济论者认为，像苏联这样的经济落后国家是不可能先于西欧先进资本主义国家进入社会主义的，只要西欧先进资本主义国家没有进入社会主义，苏联只能继续处于向社会主义的过渡时期。斯大林关于一国建成社会主义的理论是在 20 世纪 20 年代中期、在同托洛茨基等人的争论中，在《十月革命和俄国共产党人的策略》、《俄共（布）第十四次代表会议的工作总结》、《论列宁主义的几个问题》、《再论我们党内的社会民主主义倾向》等著作中提出和阐述的。

斯大林认为，在苏联建成社会主义就是在斗争进程中用本身的力量战胜苏联的资产阶级。在无产阶级专政建立以后，问题就归结为能不能用本身的力量建立社会主义的经济基础。而建立社会主义经济的基本问题是工业和农业、工人和农民的相互关系问题。无产阶级国家能够吸引农民参加社会主义建设，是一国建成社会主义的重要内部条件和保证。

斯大林批判了托洛茨基关于无产阶级取得政权以后，会和广大农民发生“敌对冲突”的理论，认为农民经济是站在资本主义和社会主义间的十字路口的小商品经济。由于社会主义道路能使劳动农民生活不断提高，所以劳动农民就可能和无产阶级一道走社会主义道路。

关于建成社会主义的资金问题，斯大林认为有了国有化的土地、工业、交通、商业等，就有了追加资本的源泉。苏联能够走自力更生的道路来建成社会主义。

斯大林认为，苏联还具有一国建成社会主义的外部条件。他进一步发挥了列宁关于资本主义政治经济发展不平衡规律的理论，分析了当时的国际环境，指出帝国主义阵营内的矛盾、帝国主义和殖民地国家之间的矛盾、殖民地和附属国解放运动的发展、资本主义国家中革命运动的发展、全世界无产者对苏维埃共和国同情的增长等，使苏联有了“喘息”时机，在帝国主义包围之中一国建成社会主义；而不必像托派所说的那样，等到西方无产阶级取得胜利以后对苏联实行“直接的国家援助”。

斯大林还批驳了托派关于苏联经济只能“和世界经济结合起来”、“处于世界经济的控制之下”的论调，指出社会主义经济并不是闭关自守的。它和其他国家都需要输出输入，互通有无；但依赖是相互的，而且它同各国经济的独立性是两回事。社会主义国家同外国建立经济关系，但仍可保持自己的独立性。斯大林把一国建成社会主义问题同社会主义的最后胜利问题区别开来，认为后者只有国际无产阶级共同努力才能取得。他还批判了托派把一国建成社会主义当成“民族狭隘性”的观点，阐述了一国建成社会主义同无产阶级国际主义的一致性。

苏联国民经济恢复基本完成后，为社会主义建设建立了强大的物质技术基础。1925 年联共（布）“十四大”通过了社会主义工业化的方针，决定把苏联从农业国变为工业国。社会主义工业化在十分艰难困苦的历史条件下进行。这次大会标志着有计划大规模实现社会主义工业化时期的开始。1927 年末，苏联的工业生产达到并超过第一次世界大战前最高水平。然而，以落后的个体小农经济为基础的农业，不能适应工业的迅速发展。1927 年 12 月，联共（布）“十五大”通过了逐步开展农业集体化的方针。1929 年，在苏联全国范围内，开展了大规模的农业集体化运动。农业集体化的实现，为苏联农业机械化、现代化开辟了广阔道路，也为苏联的社会主义工业化创造了条件。随着国家工业化和农业集体化的实现，生产资料公有制在国民经济中已经占绝对支配地位。

从 1928 年至 1985 年，除 1941 年苏联卫国战争爆发，第三个五年计划被迫中断外，完整地执行了 10 个五年计划，取得了巨大成就。1932 年，“一五”计划完成时，苏联已从农业国变为了工业国，建立了独立的国民经济体系，基本上实现了以重工业为中心的国家工业化，增强了综合国力。苏联大大缩小了与发达资本主义国家在经济上的差距。“二五”计划完成时，苏联的工业总产值超过德、英、法，跃居欧洲第一位，世界第二位。

三、苏联社会主义建设的经验和教训

苏联在建设社会主义初期是比较成功的。在政治方面，以工人阶级为领导、工农联盟为基础的社会主义政治制度，从根本上改变了劳动人民的政治命运，保证了他们的主人翁地位，实现了人与人之间、民族与民族之间的政治平等，使人民的积极性和创造性得到空前的调动和发挥。在经济方面，苏联在很不宽松的国际环境中一国建设社会主义，又不得不实行高速工业化的方针，决定了它必须建立高度的计划经济体

制。它主要以中央政府的指令性计划来调整经济。指令性计划具有法律的强制效力，地方和企业必须执行；指令性计划不仅覆盖了经济建设的全过程，甚至包罗了经济生活的方方面面，弥补了当时苏联经济管理人才非常缺乏、经济信息非常不灵、经济资源非常短缺的不足，最大限度地调动了人力、物力和财力外，避免了重复投资、重复建设造成的浪费。在文化方面，以马克思主义为指导，面向现代化、面向世界、面向未来的社会主义文化，铸造了社会的共同理想和精神支柱，不断满足人民群众日益增长的精神文化需要，提高全体人民的思想道德素质和科学文化素质，为经济发展和社会全面进步提供了强大的精神动力和智力支持。

通过这条道路和模式，苏联在一国范围内建立起社会主义制度，高速实现了工业化，成为社会主义强国，为后来战胜法西斯侵略并成为世界大国，打下了基础。其建设成就和速度曾为世人瞩目。社会主义优越性的发挥，对资本主义国家的统治集团形成压力，迫使它们对资本主义制度进行改良，对无产阶级和劳动人民做出一些让步，以维持自己的统治。

但是，后来由于脱离了本国实际，苏联的体制逐步陷入僵化，逐步形成了一套以高度集权为特征的苏联社会主义模式，也叫斯大林模式。

其基本特征是：实行高度集中的计划经济，否认和限制商品货币关系；实行单一的社会主义公有制；实施优先发展重工业的工业化战略。

政治上实行高度集权，片面强调权利集中和领袖的个人作用，使苏联人民的社会主义建设的积极性受挫，社会主义对部分群众和部分国家的吸引力削弱。

第四节　社会主义在实践中探索和发展

一、社会主义发展道路的多样性

苏联作为世界上第一个建立社会主义制度的国家，形成了一套社会主义建设模式，加上它对各国共产党领导的反法西斯斗争、成立社会主义国家所提供的各种形式的支持和帮助，使得各国把苏联模式神圣化。同时，苏联与战后社会主义国家之间签订了一系列以苏联为主导的经济、政治和军事合作协议，建立共产党情报局、华沙条约、经互会等相关组织，借此反对并压制各国共产党人探索具有本国特色的社会主义建设道路的思想和做法。随着苏联高度集中的政治经济模式发展弊端的显现，照搬苏联搞社会主义的模式，带来很多问题。这种现实越来越要求每个社会主义国家积极探索适合自己特色的社会主义革命和建设道路。

各个社会主义国家社会主义发展道路的多样性，根源于各国、各民族政治、经济、文化以及民族特性之不同。这种不同就要求各国把科学社会主义基本原则与各国、各民族的特点和实际情况相结合，探索具体的社会主义发展道路。对此，马克思、恩格斯强调指出，对于科学社会主义基本原理的实际运用，“随时随地都要以当时的历史条件为转移”。恩格斯指出，要根据各国国情和历史文化特点来确定社会主义发展道路，想要使所有国家的运动都采取统一的形式是荒谬的。列宁从俄国革命的实际出发，明确地指出：“一切民族都将走向社会主义，这是不可避免的，但是一切民族的走法都不会完全一样，每个民族都会有自己的特点。”①

各个社会主义国家社会主义发展道路多样性的必然和可能，也由社会主义从一国到多国的实践表明了。如以列宁为首的俄国共产党人，以城市武装起义的方式，取得了十月社会主义革命的成功；以毛泽东为核心的中国共产党人，在半封建半殖民地的社会条件下，在农民占人口绝大多数的国度中，创造性地把马克思列宁主义与中国革命的具体实践相结合，坚持毛泽东关于以农村包围城市的理论，建立了中华人民共和国，取得了社会主义的胜利。

社会主义发展道路多样性的理论，是科学社会主义的一个基本理论。这一理论告诉我们，在坚持社会主义统一性原则的前提下，要坚持一切从实际出发，从具体的国情出发，探索适合本国特色的社会主义道路，开辟多样性的社会主义发展道路。任何将科学社会主义的基本原理教条化，无视社会主义发展道路的多样性的做法，只能葬送社会主义的前途。

二、对社会主义的认识和探索在实践中不断深化

社会主义制度同世界一切其他社会制度一样，都有一个产生、发展和完善的过程；人们对社会主义发展规律的认识，也有一个由浅入深、由片面到全面的过程。

（一）在实践中深化对社会主义发展阶段的认识

马克思、恩格斯在对资本主义社会运动及其历史趋势的考察中，对未来社会的基本特征及其发展阶段进行了划分和科学预测。1875 年马克思第一次明确指出，共产主义社会的发展除了要经历从资本主义社会转变为共产主义社会的过渡时期外，还要经历两个阶段，即共产主义社会的第一阶段和完全成熟的共产主义的高级阶段。

至于经济文化落后的国家取得社会主义革命胜利后，还要经历哪些发展阶段，列宁明确提出了社会主义社会还需要划分若干阶段的重要思想。他认为社会主义社会是一个相当长的历史阶段，也有一个产生、发展和成熟的过程。这就是经过不发达的或不完全的社会主义，然后到发达的或完全的社会主义。他说：“既然存在着工人和农民，也就存在着不同的阶级，因而也就不能有完全的社会主义。”他还指出，怎样想象出一个发达的社会主义并不困难，但怎样具体地从旧的资本主义过渡到新的、还没有稳固基础的

① 列宁全集（第 28 卷）. 北京：人民出版社，1985：163

社会主义，却是一个最困难的任务。这里，发达的社会主义就相当于马克思、恩格斯设想的共产主义第一阶段；没有稳固基础的或不完全的社会主义，实际上指的是与发达的社会主义社会相区别的不发达的社会主义社会。1920 年，列宁明确地表示俄国的过渡时期结束之后还不可能较快地达到发达社会主义阶段，还需要经过一个初级形式的社会主义发展阶段，然后才能进入发达的社会主义发展阶段。列宁关于经济不发达国家社会主义要划分为两个阶段的思想，已为后来的社会主义实践所证实。

毛泽东在中国生产资料私有制社会主义改造完成以后，对社会主义社会的发展作了理论概括。他指出：社会主义社会可划分为两个阶段，第一阶段是不发达的社会主义社会，第二阶段是发达的社会主义社会。后一阶段可能比前一阶段需要更长的时间。

中国共产党十一届三中全会以后，进一步发展了社会主义社会阶段性理论。1981 年党的十一届六中全会通过的《关于建国以来党的若干历史问题的决议》，首次提到我国的社会主义还处于初级阶段。党的十二大报告和十二届六中全会通过的《关于社会主义精神文明建设指导方针的决议》又重申了这一论断。可是，这三处论述不是针对当时的特定问题提出来的，都没有从全局的角度加以阐述。党的十三大报告中，把正确认识我国正处于社会主义初级阶段，作为建设有中国特色的社会主义的首要问题，作为我们制定和执行正确的路线和政策的根本依据提出来了。社会主义初级阶段包括两层含义：第一，我国社会已经是社会主义社会，我们必须坚持而不能离开社会主义；第二，我国的社会主义社会还处在初级阶段，我们必须从这个实际出发，而不能超越这个阶段。社会主义初级阶段不是泛指任何国家进入社会主义都会经历的起始阶段，而是特指我国在生产力落后、商品经济不发达条件下建设社会主义必然要经历的特定阶段。我国从 20 世纪 50 年代生产资料私有制的社会主义改造基本完成，到社会主义现代化的基本实现，至少需要上百年时间，这都属于社会主义初级阶段。我国社会主义之所以必须经历一个初级阶段，这是因为我国原来是一个半殖民地半封建的大国，生产力水平远远落后于发达的资本主义国家，需要经历一个很长的初级阶段，去实现别的许多国家在资本主义条件下实现的工业化和生产的商品化、社会化、现代化。我们党提出的社会主义初级阶段理论，是对马克思主义社会主义社会发展阶段理论的创造性发展。

正确地划分社会主义社会的发展阶段，弄清各个阶段的区别、联系和特征，对于社会主义革命的建设，具有重大意义。

（二）在实践中深化对社会主义基本特征的认识

马克思和恩格斯对社会主义社会的认识集中体现在《哥达纲领批判》和《反杜林论》中。马克思、恩格斯从社会主义社会的生产力、所有制、分配方式、社会生产、国家制度和本质规定等六个方面，较为全面地概括了社会主义社会的基本特征。第一，生产力的高度发展。第二，生产资料社会所有。第三，实行按劳分配的原则。第四，有计划地组织社会生产。第五，国家开始消亡。第六，社会成员将获得自由全面的发展。

十月革命后，列宁从当时俄国实际情况出发，对社会主义特征提出了不同的设想。列宁认为，不同的国家有不同的历史条件，绝不能简单地把马克思、恩格斯对社会主义社会的设想，当做落后国家社会主义社会的标准。列宁在《论合作制》中指出，集体所有制的合作社已经不像马克思、恩格斯所说的那样，本身就是社会主义性质的。既然社会主义社会仍然存在两种形式的公有制，社会主义社会就不可避免地要保留商品生产和货币交换。同这种经济状况相联系，阶级和阶级差别不可能在短期内全部消灭。

列宁晚年在总结苏维埃俄国仅有几年的社会主义建设实践后指出，社会主义最终胜利的根本保证，是创造出比资本主义更高的劳动生产率。在夺取政权以后，要实现党和国家工作重心从革命到建设的转变；无产阶级掌握着国家政权，国家支配着一切大的生产资料；只有社会主义才可能广泛推行和真正支配根据科学原则进行的产品的社会生产和分配，以便使所有劳动者过最美好最幸福的生活；生机蓬勃的创造性的社会主义，是由人民群众自己创立的；社会主义国家应当大力帮助农民，消除城乡对立；必须发扬民主，反对官僚主义，最大限度地发挥人民群众的积极性和创造性；必须时时处处巩固党同群众的联系，关心人民群众的个人利益；公有制和人民政权条件下的合作制也是社会主义所有制度，等等。

中国共产党人在经历了曲折的过程后，也在实践中深化了对社会主义基本特征的认识。党的十一届三中全会以来，以邓小平为核心的第二代领导集体，把马克思主义与当代中国实际和时代特征相结合，对社会主义基本特征的认识取得了突破性的进展。

中国特色社会主义经济的基本特征：坚持和完善以社会主义公有制为主体、多种所有制经济共同发展的基本经济制度；坚持和完善社会主义市场经济体制，使市场在国家宏观调控下对资源配置起基础性的作用；坚持和完善按劳分配与按生产要素分配相结合的分配制度；实行对外开放，积极参与国际经济合作和竞争；保持国民经济持续、健康、快速地发展；满足人民日益增长的物质和文化生活的需要；允许一部分地区、一部分人先富起来，带动和帮助后富，逐步实现共同富裕。

中国特色社会主义政治的基本特征：坚持和完善工人阶级领导的以工农联盟为基础的人民民主专政的国体；坚持和完善人民代表大会制度的政体、共产党领导的多党合作和政治协商的政党制度；坚持民族区域自治制度；发展民主，健全法制，建设法治国家；形成社会安定、政府廉洁高效、全国各族人民团结和睦、生动活泼的政治局面。

中国特色社会主义文化的基本特征：坚持以马克思主义为指导思想的社会主义意识形态；建设面向现代化、面向世界、面向未来的，民族的、科学的、大众的社会主义文化；发展社会主义精神文明，培育有理想、有道德、有文化、有纪律的公民，形成科学、健康、文明的生活方式和友爱、和谐、团结、互助的人际关系。

考察当今的社会主义社会，它们在经济体制、政治体制和文化体制方面具有明显不同的特点。从生产资料所有制结构看，有单一的公有制，还有公有制为主的多种所有制并存；公有制有国家所有制和集体所有制，社会所有制或者社会股份所有制；非公有制形式有个体所有制，还包括外资、内外合资、私人股份所有等多种形式。从消费品分配结构看，按劳分配的工资水平有的由国家统一规定，有的国家只控制总额，具体由企业决定，或者企业单位根据收入状况自行决定分配方法和分配标准。从政权结构来看，各社会主义国家都是劳动人民当家作主的政权，但存在不同的具体形式，如人民民主专政、苏维埃、联邦自治等等。

（三）在实践中深化社会主义的本质的认识

离开生产力抽象地谈论社会主义，是社会主义传统观念的一个主要缺陷。在过去很长一个时期中，我们只注重马克思、恩格斯所讲的社会主义社会的一般条件，却没有充分认识到自己所处的社会主义社会的特殊条件，即生产力水平低、经济文化落后等，从而没有把发展生产力放到首位。

建立生产资料公有制本身并不是社会主义的根本目的。社会主义的根本目的是在新的生产关系下发展生产力，满足人民日益增长的物质文化需要，使社会全面发展。社会主义的实践告诉我们，解放生产力的问题不可能一劳永逸地解决。在社会主义制度建立以后，随着独立的比较完善的工业体系和国民经济体系的建立，传统的计划经济体制束缚生产力发展的弊端日益显露，因此必须进行改革，建立起充满生机和活力的社会主义经济体制，促进生产力的发展。所以，改革也是解放生产力。

邓小平在深刻总结社会主义革命和建设正反两方面的经验教训，在探索中国特色社会主义基本特征理论的同时，将社会主义的认识提高到了一个新的高度，提出社会主义本质论。他认为："社会主义的本质是解放生产力，发展生产力，消灭剥削，消除两极分化，最终达到共同富裕。"①

邓小平关于社会主义本质的概括突破了单纯从生产关系方面来认识社会主义的本质，而是从生产力和生产关系相统一的方面来认识这一问题。邓小平的社会主义本质论是具有内在逻辑联系的整体，其核心是在解放和发展生产力的基础上实现共同富裕，体现了社会主义社会生产力与生产关系的统一、社会主义根本任务与根本目标的统一、社会主义的物质基础与社会关系的统一、社会主义发展过程与最终目的的统一。这一科学论断，不仅为改革束缚生产力发展的经济体制和完善公有制的实现形式提供了理论依据，而且在坚持科学社会主义理论和实践的基础上又推进了科学社会主

---

① 邓小平文选（第3卷）．北京：人民出版社，1993：373

义，使我们对社会主义的认识达到前所未有的水平。

党的十三届四中全会以来，以江泽民为核心的党的第三代领导集体，进一步丰富和发展了我们党关于社会主义社会本质及其基本特征的认识。江泽民认为，社会主义是以经济建设为重点，全面发展的、全面进步的社会主义；要促进社会主义物质文明、精神文明、政治文明协调发展，促进人的全面发展；要团结全国各族人民，调动一切积极因素，加快社会主义现代化建设；要始终代表中国最广大人民的根本利益，始终保持党和人民群众的血肉联系，实现好、维护好、发展好最广大人民的根本利益；要正确处理新形势下的人民内部矛盾，正确反映和兼顾不同方面群众的利益；要坚持稳定压倒一切的方针，正确处理改革、发展和稳定的关系；要把改善人民生活作为促进改革发展与维护稳定关系的结合点。

以胡锦涛为总书记的党中央根据新世纪、新阶段的新要求、新形势、新特点，提出了构建社会主义和谐社会的理论。他认为，和谐社会就是民主法制、公平正义、诚信友爱、充满活力、安定有序、人与自然和谐相处的社会；必须树立和落实科学发展观，以经济建设为中心，促进物质文明、精神文明、政治文明与和谐社会全面发展；必须坚持以人为本，始终把最广大人民的根本利益作为党和国家的根本出发点和落脚点；在经济发展的基础上，不断满足人民群众日益增长的物质文化需要；促进人的全面发展，必须尊重人民群众的创造精神，通过深化改革创新调动一切可以调动的积极因素，激发全社会的创造活力；要加强和改善党对构建社会主义和谐社会的领导，要提高各级领导构建社会主义和谐社会的能力。构建社会主义和谐社会的主张和理论表明，我们党对社会主义社会本质及其基本特征的认识达到了新的水平。

三、中国特色社会主义

建设中国特色社会主义的理论，是马克思列宁主义基本原理与当代中国实际和时代特征相结合的产物，是毛泽东思想的继承和发展，是全党和全国人民集体智慧的结晶。它第一次比较系统地初步回答了中国这样经济文化比较落后的国家如何建设社会主义、如何巩固和发展社会主义的一系列基本问题，用新的思想、观点，继承和发展了马克思主义。这一伟大理论是指引我们实现新时期历史任务的强大思想武器。

中国经过社会主义改造建成了社会主义制度。随着社会经济、政治、文化的发展和时代条件的变化，社会主义原有的旧体制日益暴露出与生产力发展不相适应的矛盾。中国共产党人的探索出现了多次失误，遭受了严重的挫折。面对西方发达资本主义国家相对稳定发展的挑战，面对社会主义生机和活力受到严重束缚的现实，面对新科技革命的迅速发展，中国共产党人意识到，国家要走上富强、民主、文明和现代化，必须走有中国特色的社会主义建设新路。建设中国特色社会主义理论就是在这种历史大背景下形成和发展起来的。

中国特色社会主义这一概念，有两层含义：一是“社会主义”，二是“中国特色”。建设中国特色社会主义，是这两层含义的内在统一。

首先，建设中国特色社会主义，包含了科学社会主义理论所揭示的社会主义的本质和基本特征以及共同发展规律，是扎根于当代中国的科学社会主义。邓小平在视察南方的重要谈话中指出，社会主义的本质，是解放生产力，发展生产力，消灭剥削，消除两极分化，最终达到共同富裕。这一重要论断，从生产力和生产关系辩证统一的高度，深刻地揭示了社会主义的本质。解放和发展生产力，是社会主义本质的要求和体现，只有在生产力高度发展的基础上，才能最终消灭剥削，消除两极分化，达到共同富裕。离开了生产力的高度发展去谈共同富裕，只能导致普遍贫困。邓小平对社会主义本质的揭示，把握住了科学社会主义理论体系中最核心的内容，使人们对什么是社会主义有了更加科学的认识，也清除了一些人附加在社会主义名下的条条和框框。关于社会主义的基本特征，主要是指那些能够体现出社会主义本质的基本制度，包括以公有制、按劳分配为主体的基本经济制度，以及无产阶级专政的基本政治制度。关于社会主义的共同发展规律，则主要是指社会主义发展的必然趋势是共产主义，实现全人类的解放。很显然，在中国特色社会主义中，内在地包含了科学社会主义的本质、基本特征及共同发展规律。

其次，中国特色社会主义，是以中国的国情为基础建立起来的社会主义，具有鲜明的中国特色。这表明，一方面，中国特色社会主义不是完全按照马克思、恩格斯的设想建立的。马克思、恩格斯以其坚定的无产阶级立场、科学的世界观和敏锐的洞察力，揭示了社会主义必然代替资本主义的客观规律和一系列普遍原理，使社会主义由空想变成科学，成为无产阶级解放的行动指南。但是他们没有经历社会主义建设的实践，他们对共产主义第一阶段即社会主义基本特征的设想是以发达资本主义国家无产阶级爆发革命，并同时取得胜利为前提的。因此，他们认为共产主义第一阶段是生产资料全社会共同占有，消灭了商品和货币，消灭了阶级和原来意义上的国家，是比资本主义有更高的劳动生产率的社会。而现实的社会主义却是在经济文化比较落后的国家出现的，而我国原来的经济、文化更落后。在这样的基础上，照套马克思、恩格斯的设想去搞社会主义建设，其后果是不言而喻的。另一方面，中国特色社会主义与过去那种僵化的模式不同。包括我国在内的第二次世界大战后出现的一批社会主义国家，过去基本上都是按照苏联的经验进行社会主义建设的，把苏联在一定的历史条件下形成的经济、政治体制当做固定的标准模式，结果形成了一整套僵化的体制，使本来应该生机盎然的社会主义失去了活力，严重影响了社会主义优越性的发挥。中国特色社会主义，就是要从我国的实际出发，通过改革，兴利除弊，冲破过去那种僵化模式的束缚，建立新的经济、政治体制，使社会主义充满生机和活力。再一方面，中国特色社会主义与资本主义根本不同。为了建设中国特色社会主义，必须采取适合中国国情的特殊政策，提出马克思主义著作中没有提出过的理论，建立适应商品经济发展的经济、政治体制，同时还必须吸收和借鉴资本主义发达国家的一切反映现代化社会生产规律的先进经营和管理方法。我们不能因此就认为中国特色社会主义只有“中国特色”，没有“社会主义”。中国特色社会主义是属于科学社会主义体系的。它坚持了马克思主义的普遍真理，坚持了社会主义的一般本质，坚持了社会主义公有制经济占主体和共同富裕的根本原则，因而它与资本主义相比，具有根本不同的本质。

建设中国特色社会主义理论是马列主义、毛泽东思想在当代的大发展。这一理论，第一次比较系统地初步回答了中国这样的经济文化比较落后的国家如何建设社会主义、如何巩固和发展社会主义的一系列基本问题，用新的思想、观点继承和发展了马克思主义。这标志着我们党对我国国情和社会主义社会发展规律的认识有了一个新的飞跃，标志着我国社会主义事业走上了健康发展的轨道，标志着我国的社会主义现代化建设进入了一个新的历史时期。这是马列主义、毛泽东思想在当代的一个最重大的发展，是我们党在70多年走过的把马克思主义与中国具体实际相结合道路上树立的又一个新的里程碑。

第五节　社会主义在实践中发展和完善

社会主义是在把马克思主义基本原理与各国实践相结合中发展壮大的。社会主义首先在经济文化比较落后的国家取得胜利，各国各具自身的特殊性，且受主客观条件的局限，社会主义国家在建设社会主义的进程中必然显现出长期性、艰巨性和曲折性的特征，在探索社会主义发展道路上呈现出多样性，并在改革中推进社会主义的自我发展和完善，不断开创社会主义建设的新局面。

一、经济落后国家建设社会主义的长期性和艰巨性

社会主义基本上都是脱胎于经济、政治、文化落后的国家。这些国家先于发达资本主义国家进入社会主义社会，而社会主义建设要在原有社会的基础上进行。在探索和推进社会主义事业，逐步实现社会主义宏伟目标的进程中，社会主义国家必然要受到主客观条件的制约，表现出长期性和艰巨性。

第一，从经济基础来看，社会主义建设是在经济比较落后的基础上进行的。马克思主义认为，社会主义只有建立在高度发达的社会化大生产之上才能取得最终的全面胜利。而走上社会主义道路的国家虽然具备了建设社会主义的一定的经济基础，但这些国家生产力水平低，经济落后，科技不发达，工业化水平不高。多数国家的工业产值所占国民生产总值不足50%，而且生产的社会化程度低，商品经济不发达，自然经济、半自然经济仍占很大比重。要从经济上实现社会主义的建设目标，就必须首先改变自然经济、半自然经济的状态，大力发展商品经济和市场经济，解放和发展生产

力，创造高度发达的社会化大生产。这些都不是一蹴而就的事情，需要一个长期和艰难的过程。

第二，从封建主义影响来看，社会主义社会在各方面深受封建主义的不良影响。走上社会主义的国家，由于没有经过资本主义的充分发展，农民还占人口的多数，工人阶级人口相对较少，封建主义还有着广泛深远的影响。经济上自然经济、半自然经济占很大比重；政治上个人集权制、等级制、宗法制、家长制严重；文化上封闭、狭隘、保守的观念及文化专制主义根深蒂固。封建主义影响极大地阻碍着社会主义经济建设、政治建设及文化建设，阻碍着商品经济和市场经济的发展，增强了民主法制建设的难度，也阻碍着社会主义国家解放思想，更新观念，实施改革开放政策，从而增加建设社会主义的困难程度。

第三，从面临的国际环境看，社会主义国家处于强大的资本主义世界的包围之中。贪婪侵略的本性，霸权主义、强权政治的野心，决定了国际资本主义不容许社会主义制度的存在和发展。消灭社会主义，重建资本主义的一统天下，是资本主义永远也不会改变的既定政策。“二战”以前，资本主义社会对社会主义社会战略主要以武力进攻为主。如苏维埃成立之初，英、法、美等 14 国的武装干涉。“二战”以后，国际资本主义对社会主义的战略则主要以“和平演变”为主。一是通过施加军事、政治压力，进行经济、科技方面的所谓“援助”，迫使一些社会主义国家屈从它们的政治意图，最终达到颠覆社会主义制度的目的。新中国成立后，以美国为首的帝国主义国家对中国进行了长达二十多年的军事和经济封锁。二是通过金钱收买、政治影响、文化渗透，培植社会主义国家内部的反共反社会主义的政治势力，制造思想混乱、政治混乱，夺取政权，复辟资本主义制度。东欧剧变、苏联解体，就是在这样的国际背景下发生的。发达资本主义国家经济、科技、军事和物质文化生活水平比发展中的社会主义国家高得多。这种敌强我弱的国际态势在一个相当长的时间内不会发生根本的改变。随着经济全球化进程的加快，科技革命日新月异的迅猛发展，社会主义将面临越来越严峻的挑战。

第四，从经验来看，社会主义建设没有现成的经验可以借鉴。社会主义是一项开创性的事业，没有现成的模式可以遵循，没有成熟的经验可以参考，需要共产党人团结和带领人民去不断地实践、认识、再实践、再认识，在实践中发展马克思主义，探索适合本国发展的社会主义建设道路和模式。探索的过程是漫长而艰难的，有时也会跌宕起伏，无疑会增加建设社会主义的艰巨性。

第五，从肩负的使命看，社会主义的历史使命是解放和发展生产力，消灭剥削，消除两极分化，实现共同富裕，为全人类创造一个自由、平等、和谐、幸福的崭新世界。社会主义代替资本主义与一种私有制代替另一种私有制有着本质的区别。社会主义与传统所有制关系实行最彻底的决裂，同传统观念实行彻底的决裂，开辟了人类历史发展的新纪元。社会主义任务艰巨，使命远大，所以，社会主义建设是一个更为漫长、更为艰巨的历史过程。

二、社会主义的自我发展和完善

马克思主义认为，生产力是最活跃最革命的因素，是社会发展的最终决定力量。生产力与生产关系、经济基础与上层建筑的矛盾，构成社会的基本矛盾。这个基本矛盾的运动，决定着社会性质的变化和社会经济政治文化的发展方向。社会主义社会的基本矛盾仍是生产力与生产关系、经济基础与上层建筑的矛盾。社会主义社会之所以能够自我发展和自我完善，是因为具有调整社会主义社会基本矛盾的动力机制——改革。社会主义社会的实践表明，改革是社会主义社会不断发展和完善的必由之路。

改革是社会主义基本矛盾的内在要求。事物发展的根本原因在于事物内部的矛盾运动。社会主义具有优越性的根本原因，是社会主义以公有制为主体的生产关系和与之相适应的上层建筑，从总体上基本适应了社会化大生产中先进生产力的发展要求。所以，我们必须坚持社会主义制度，不应该、也绝不允许否定社会主义而搞资本主义。同时，社会主义生产关系和生产力之间、上层建筑和经济基础之间，在某些环节上和具体实现形式以及运行方式方面，还存在着矛盾，还有不相适应的一面，其主要症结在于体制。为了把社会主义不断推向前进，从一个发展阶段推向另一个更高的发展阶段，就需要通过不断改革政治、经济等诸领域妨碍生产力发展的体制，即适时地调整生产关系和上层建筑中同生产力发展不相适应的环节和方面，使之同生产力的发展相适应。所以，社会主义国家的改革，是社会主义基本矛盾运动的内在要求，是社会主义本质的必然反映，是进一步解放生产力和发展生产力的客观要求。改革必然贯穿于社会主义社会发展的全过程。不改革，只能葬送社会主义。

改革是社会主义发展完善的必然要求。社会主义制度是人类历史上崭新的社会制度，处在幼年时期。社会主义在经济、政治、文化等体制方面还存在着种种弊端，严重地影响着生产力的发展。当然，这种不完善绝非社会主义本质的体现，而是有其自身的原因。社会主义社会都是在经济文化相对落后国家中诞生的，带有旧社会的明显痕迹，生产关系和上层建筑必然存在不够完善之处。社会主义事业由不完善走向完善，必须进行社会主义改革。所以，社会主义改革，是社会主义制度的自我完善和发展，不是社会主义制度的根本质变，只是在坚持社会主义基本原则基础上，变革生产关系和上层建筑中不适应生产力发展的环节。因此，坚持社会主义制度就成为改革的一项基本原则。只有这样，改革才能真正有利于社会主义经济、政治制度的巩固，才能有利于加速社会主义现代化建设事业的发展。

改革是适应新技术革命的要求。资本主义在发展进程中经历了三次技术革命。第一次是 18 世纪中叶至 19 世纪中叶发生的以蒸汽机为标志的技术革命；第二次是 19 世纪下半叶至 20 世纪初的以发电机、电动机为标志的技术革命；第三次则是从 20 世纪中期开始的以微电子技术、新能源技术、新材料技术、宇宙航天技术、海洋工程、生物技术工程等尖端技术群的发展和应用为标志的新技术革命。新技术革命的兴起，导致世界迅速向经济一体化、政治多元化的方向发展。在新技术革命推动下，西方发达资本主义国家开始利用经济上的优势向包括中国在内的社会主义国家施加种种压力，进行和平演变，妄图把社会主义国家纳入其资本主义发展的政治体系。因此，社会主义国家要适应第三次科技革命的浪潮，坚持改革开放，大力发展科学技术这一第一生产力，积极加入世界经济体系，缩小与发达资本主义国家在科技、经济上的差距，进而体现出社会主义制度的优越性，增强社会主义的吸引力。

三、马克思主义政党是领导核心

马克思主义政党是工人阶级的先锋队。马克思主义是工人阶级的科学世界观，也是马克思主义政党的指导思想。马克思主义政党是具有鲜明的政治纲领的党，是为共产主义事业而奋斗的党。

马克思主义政党是社会主义革命的领导核心。在社会主义革命中，马克思主义政党的坚强领导作用主要体现在：首先，马克思主义政党在革命斗争中起着思想领导的作用。马克思主义政党以科学的革命理论为指导，并结合实际条件对广大群众进行革命的宣传，使他们认识到自身的根本利益，起来进行革命斗争。没有马克思主义政党在人民群众中进行的有效的思想宣传和教育工作，社会主义革命是难以广泛发动并取得最终胜利的。其次，马克思主义政党在革命斗争中起着政治领导的作用。马克思主义政党能够把握社会主义革命斗争的全局，制定和提出符合实际要求的斗争目的和步骤。党由于集中了阶级中的先进分子，特别是党的领导机关和领导集体又经过理论和实践的锻炼具有丰富的经验，因而能够站得高些，看得远些，能够把握斗争形势，并带领群众前进。最后，马克思主义政党在革命斗争中起着组织领导的作用。马克思主义政党本身是一个十分严密、具有很强战斗力的革命组织。党完全可以发挥自身的组织优势，通过各级组织和广大党员，用一切可能的形式把革命群众组织起来，形成一支庞大的革命队伍。

马克思主义政党是社会主义建设的领导核心。首先，社会主义建设需要党的思想领导。克思主义政党能够在科学理论指导下，结合本国的建设实际，集中人民群众的智慧，在实践中不断推进理论创新，形成并不断丰富和发展指导社会主义建设事业的正确理论，为社会主义国家各项事业提供思想指导、精神动力和智力支持。其次，社会主义建设需要党的政治领导。只有坚持马克思主义政党正确的政治领导，才能排除各种阻力，保证社会主义建设沿着正确方向前进。最后，社会主义建设需要党的组织领导。通过马克思主义政党的组织领导，把党的路线、方针、政策上升到法律的地位，进行大规模的社会主义建设。

第六节 社会主义是走向共产主义的必由之路

一、共产主义理想不是乌托邦，不是凭空猜测

中外历史上出现过很多关于人类解放的理想，尤其是空想社会主义者，在揭露和批判资本主义制度各种弊病的同时，提出了社会主义社会的设想。在他们设想的理想社会里，没有私有财产，一切生产资料归全民所有；人们共同劳动，共同享受，各尽所能，按需分配。他们认为未来社会是政治清明、道德进步的自由、平等和幸福的社会。但他们都没有找到解放人类的切实途径。

马克思主义所揭示的共产主义是科学的共产主义。马克思和恩格斯从历史唯物主义出发，深入研究社会历史发展的一般规律，深入分析资本主义社会的本质和发展规律，总结19世纪国际工人运动的经验，在批判地吸取空想社会主义的积极成果的基础上，提出对未来共产主义社会的基本特征和发展趋势的科学预见，创立了科学的共产主义理论。马克思、恩格斯在揭示人类社会发展一般规律的基础上，运用唯物史观分析资本主义社会发展的历史趋势，得出共产主义社会必然为更加美好的社会，而且指明了实现力量和革命道路。

工人阶级特殊的社会地位和历史使命，决定了它只有解放全人类才能使自己最后得到彻底的解放。恩格斯指出，现代被剥削被压迫的阶级即工人阶级，“如果不同时使整个社会一劳永逸地摆脱一切剥削、压迫以及阶级差别和阶级斗争，就不能使自己从进行剥削和统治的那个阶段（资产阶级）的奴役下解放出来”①。争取共产主义社会制度的最终实现，不仅是无产阶级彻底解放的标志，也是全人类得到解放的根本要求和体现。

共产主义理想是能够实现的理想，要根据对社会结构的认识，从生产状况、生产关系状况、社会生活和精神生活等方面去把握共产主义社会的基本特征。现实的社会主义事业每向前推进一步，也就是向着共产主义走近一步。

二、共产主义社会的基本特征

马克思、恩格斯不仅揭示了人类社会发展的一般规律和资本主义社会发展的特殊规律，而且对共产主义社会做出了科学的展望。

1. 物质财富极大丰富，消费资料按需分配

社会生产力高度发展，产品极大丰富，是共产主义社会实现的必要条件，也是

---

① 马克思恩格斯选集（第1卷）. 北京：人民出版社，1995：257

共产主义社会本身的一个重要特征。共产主义制度的建立不仅以高度发展的生产力为基础，而且将使未来社会的生产力得到更高的发展。适应高度发展的社会化大生产的需要，共产主义社会将彻底废除私有制，自由平等的劳动者联合体共同占有和使用生产资料。与生产资料的社会占有相适应，共产主义社会将按照自然资源的情况和社会成员的需要，对生产进行有计划的组织和管理。由于全社会占有生产资料和共同组织生产，以及共同分配产品，个人劳动与社会劳动、个人利益直接在社会利益中得到实现，劳动者个人的劳动将不再通过交换的形式来进行了。于是，“以交换价值为基础的生产便会崩溃”，在资本主义私有制基础上得到充分发展的商品生产将被超越。

2. 社会关系高度和谐，人们精神境界极大提高

到共产主义社会，阶级将消亡。由于生产高度发展已经使所有人的物质利益都得到了保障，由于分工不再具有经济利益划分的性质，由于全体社会成员根本利益的一致，社会已不再会因为经济利益的不同而划分为不同的社会集团并进行相互间的斗争了。于是，阶级消灭了，阶级剥削和压迫不复存在，阶级斗争也随之消失。于是，国家失去了它的镇压对象，作为阶级压迫工具的军队、警察、监狱等将失去作用。恩格斯指出：“随着阶级的消失，国家也不可避免地要消失。在生产者自由平等的联合体的基础上按新方式来组织生产的社会，将把全部国家机器放到它应该去的地方，即放到古物陈列馆去，同纺车青铜斧陈列在一起。”[①] 随着国家的消亡，人类第一次作为统一的社会而存在和发展，各民族和国家的历史发展为统一的世界历史。在共产主义社会，由于社会生产力的巨大发展，工业与农业的差别、城市与乡村、脑力劳动与体力劳动的差别——“三大差别”必然归于消失。

在共产主义社会，由于阶级消灭、国家消亡和“三大差别”消除，社会关系实现了高度和谐。与社会生产力的高度发展和社会关系的高度和谐相联系，人们的精神境界得到极大提高。

3. 每个人自由而全面地发展，人类从必然王国向自由王国飞跃

实现人的自由而全面的发展，是马克思主义追求的根本价值目标，也是共产主义社会的根本特征。在共产主义社会，人的发展是自由的发展，是建立在个体高度自由自觉基础上的发展，而不是强迫的发展。人摆脱了自然经济条件下的对“人的依赖关系”，也摆脱了商品经济条件下对“物的依赖性”，实现了人的“自由个性”的发展。[②] 人的发展是全面的发展，不仅体力和智力得到发展，各方面的才能和工作能力得到发展，而且人的社会联系和社会交往也得到发展。共产主义社会中人的自由而全面的发展指的是全体社会成员的发展，或每一个人的发展。社会发展与个人发展实现

---

① 马克思恩格斯（第 4 卷）. 北京：人民出版社，1995：174

② 马克思恩格斯选集（第 30 卷）. 北京：人民出版社，1995：107～108

了真正的统一，社会发展不再以牺牲某些个人的发展为代价。

共产主义是人类解放的实现，那时人类将最终从支配他们生活和命运的异己力量中解放出来，实现从必然王国向自由王国的飞跃，开始自觉地创造自己的历史。恩格斯对此曾经作过精彩的阐述："一旦社会占有了生产资料，商品生产就将被消除，而产品对生产者的统治也将随之消除。社会生产内部的无政府状态将为有计划的自觉的组织所代替。个体生存斗争停止了。于是，人在一定意义上才最终地脱离了动物界，从动物的生存条件进入真正人的生存条件。人们周围的、至今统治着人们的生活条件，现在受人们的支配和控制，人们第一次成为自然界的自觉的和真正的主人，因为他们已经成为自身的社会结合的主人了。人们自己的社会行动的规律，这些一直作为异己的、支配着人们的自然规律而同人们相对立的规律，那时就将被人们熟练地运用，因而将听从人们的支配。人们自身的社会结合一直是作为自然界和历史强加于他们的东西而同他们相对立的，现在则变成他们自己的自由行动了，至今一直统治着历史的客观的异己的力量，现在处于人们自己的控制之下了。只是从这时起，人们才完全自觉地自己创造自己的历史；只是从这时起，由人们使之起作用的社会原因才大部分并且越来越多地达到他们所预期的结果。这是人类从必然王国进入自由王国的飞跃。"①

三、实现共产主义是十分艰巨的事业

全世界实现共产主义，首先将取决于社会主义国家的巩固和发展，取决于这些国家所经历的社会主义建设的历史进程。共产主义只有在社会主义社会充分发展和高度发达的基础上才能实现。社会物质财富的充分涌流，人们精神境界的不断提高，共产主义新人才的培养和成长等，都需要很长的历史时期。因而，社会主义的充分发展并向共产主义过渡将是一个漫长的历史过程。社会主义社会作为共产主义的初级阶段是一个长期的历史时期，它在自身的发展中也会经历从低级到高级的发展阶段，在一切条件具备之后才能实现向共产主义社会过渡。我国现在尚处在社会主义社会的初级阶段，对于整个社会主义时期究竟会有多长、究竟要经历哪些发展阶段、社会主义发展到何时才开始并怎样向共产主义社会过渡，尚需要随着历史的发展进一步地去认识和探索。历史经验证明，我们对社会主义时期的长期性应有充分的估计，宁肯把时间设想得长一些，也绝不能超越阶段急于向共产主义过渡，否则会欲速不达，带来严重的后果。历史经验也证明，在社会主义的过程中，也还存在着遭受严重挫折甚至发生资本主义复辟的可能性，对此也必须始终保持头脑清醒。邓小平指出："我们搞社会主义才几十年，还处在初级阶段。巩固和发展社会主义制度，还需要一个很长的历史阶

① 马克思恩格斯选集（第3卷）．北京：人民出版社，1995：633～634

段，需要我们几代人、十几代人，甚至几十代人坚持不懈地努力奋斗，决不能掉以轻心。”[①] 这是对历史经验的深刻总结。

当代资本主义的灭亡和向社会主义、共产主义的转变也是一个长期的过程。共产主义只有在全世界范围内才能实现，也就是说，实现共产主义不仅有赖于社会主义国家的巩固和发展，也有赖于现存资本主义国家向社会主义的转变，以及转变后向共产主义的发展。资本主义作为一个社会形态，走向灭亡是一个长期的过程；从资本主义向社会主义转变的完成，也需要一个或长或短的过渡时期；资本主义在完成向社会主义的转变以后，也要经过一个社会主义阶段，最后才能向共产主义过渡。现存的资本主义国家将来不论发达到何种程度，当其实现根本性制度变革的时候，也只能是首先进入共产主义的低级阶段即社会主义社会，而不可能直接达到共产主义高级阶段。因为资本主义所能容纳的生产力毕竟是有限的，而且“刚刚从资本主义社会中产生出来的”社会，“在各方面，在经济、道德和精神方面都还带着它脱胎出来的那个旧社会的痕迹”[②]。要消除这些旧社会的痕迹，实现新社会在自身基础上的发展，也需要经过一个或长或短的时期，即社会主义时期。

马克思、恩格斯在《共产党宣言》中提出了资本主义必然灭亡和社会主义必然胜利的“两个必然”（也称“两个不可避免”），后来，马克思在《＜政治经济学批判＞序言》中又提出了“两个决不会”，即“无论哪一个社会形态，在它所能容纳的全部生产力发挥出来以前，是决不会灭亡的；而新的更高的生产关系，在它的物质存在条件在旧社会的胎胞里成熟以前，是决不会出现的”[③]。“两个必然”和“两个决不会”是对资本主义灭亡和共产主义胜利必然性以及这种必然性实现的时间和条件的全面论述。当今世界，资本主义为了维护生存和发展，对生产关系的某些环节作了调节、改良和改善，从而使得资本主义生产关系能够容纳现实的生产力。但应该看到，资本主义的基本矛盾最终将导致资本主义的灭亡。全面准确地学习和把握“两个必然”和“两个决不会”，既有利于人们坚定资本主义必然灭亡、共产主义必然胜利的信心，同时也有利于人们坚持科学态度，充分尊重客观规律，在当前艰苦的实践中坚定地为共产主义的实现而奋斗。

四、社会主义是走向共产主义的必由之路

实现共产主义是一个长期循序渐进的过程。马克思主义者并不期望在一个早晨突然进入理想境界，而是把实现最终理想看做一个有着不同历史阶段的过程。在每一个阶段上都有相应的目标，这些阶段性目标彼此联结，通向共产主义。

实现共产主义不能超越社会主义发展阶段。马克思把共产主义社会划分为第一阶

① 邓小平文选（第3卷）．北京：人民出版社，1993：379～380

② 马克思恩格斯选集（第3卷）．北京：人民出版社，1995：304

③ 马克思恩格斯选集（第2卷）．北京：人民出版社，1995：33

段和高级阶段，列宁分别把这两个阶段称为社会主义社会和共产主义社会。列宁指出："社会主义和共产主义之间的科学区别，只在于第一个词是指从资本主义生长起来的新社会的第一阶段，第二个词是指它的下一个阶段，更高的阶段。"① 正确把握社会主义和共产主义的关系，一方面必须看到二者在性质上的一致性，看到它们同属一个社会形态，另一方面也要看到这两个阶段发展程度和成熟程度上的重大区别。列宁在讲到社会主义公有制的时候说："既然生产资料已成为公有财产，那么'共产主义'这个名词在这里也是可以用的，只要不忘记这还不是完全的共产主义。"②

社会主义是共产主义的低级阶段，也是实现共产主义的必由之路。高级阶段是建立在低级阶段基础上的，没有低级阶段的发展，也就不会有高级阶段的到来。为了最终实现共产主义，必然坚定不移地走社会主义道路。可以说，继续坚持社会主义道路，坚持社会主义制度，这是我们在当代世界为共产主义事业作出的重要贡献。放弃社会主义道路也就是放弃对共产主义理想的追求，就是对共产主义事业的背叛。

虽然社会主义阶段离共产主义社会尚远，而且社会主义本身也是不完善的，但我们必须满腔热忱、脚踏实地为建设社会主义而奋斗。正像在新民主主义革命阶段，如果对民主革命不热心、不积极，就不是一个自觉和忠诚的社会主义者一样，在当前如果对社会主义不热心、不积极，也就不是一个自觉的忠诚的共产主义者。

复习思考题

1. 简述列宁的"一国胜利"理论。

2. 社会主义国家的建设经历了怎样的过程？

3. 现实的社会主义国家是如何在继承马克思主义的基础上，不断深化对社会主义的认识的？

4. 联系社会主义国家实际，谈谈你是如何认识经济落后国家建设社会主义的长期性和艰巨性的？

活动建议

课外阅读：20 世纪世界社会主义发展史。

① 列宁选集（第 4 卷）. 北京：人民出版社，1995：10

② 列宁选集（第 3 卷）. 北京：人民出版社，1995：200

原著导读

《共产党宣言》（以下简称《宣言》）是共产主义者同盟第二次代表大会委托马克思、恩格斯起草的同盟纲领。1848 年 2 月 24 日《共产党宣言》在伦敦第一次出版。1872～1893 年，马克思和恩格斯先后为《宣言》的德文、俄文、英文、波兰文、意大利文版撰写了七篇序言。七篇序言简要说明了《宣言》的基本思想及其在国际共产主义运动中的历史地位，指明《宣言》的理论原理是历史唯物主义，并根据无产阶级革命的经验和教训，对《宣言》作了补充和修改。

《宣言》包括引言和正文四章。引文说明了《宣言》产生的历史背景和目的任务。第一章“资产者和无产者”论述了马克思主义的阶级斗争学说。第二章“无产者和共产党人”说明了无产阶级政党的性质、特点、目的和任务，以及共产党的理论和纲领。第三章“社会主义和共产主义的文献”批判了当时流行的各种假社会主义，分析了各种假社会主义流派产生的社会历史条件，并揭露了它们的阶级实质。第四章“共产党人对各种反对党派的态度”论述了共产党人革命斗争的思想策略。《宣言》是科学共产主义的第一个纲领性文献，它标志着马克思主义的诞生。

第七章 人的本质、价值和人在社会历史中的作用

第一节 人的本质

一、人类探索人的本质的历程

人类从刚刚脱离动物界的时候，就已经开始了对人的本质的探索和思考，如各民族的原始神话和原始宗教中，几乎都有关于人类起源及其在世界中地位的传说。人类探索自身本质的过程经历了一个漫长的过程。

在古代，人们一般局限于从人的直接存在即“人性”上，把人性同物性直观地区分出来。进入近代，人们开始把决定人的普遍性质看做具体人性、直接存在的决定者。经验主义传统强调人的自然的、固有的本性，认为它是由具体的个别的人性中归纳出来的共同性；认为人就其本性来说，就是自然的、个体的、由生理欲求支配的。理性主义传统则认为人性是现象形态，是由深层的即人的理性、伦理本质决定的，强调人的本质具有超自然的、应有的性质；认为人本质上应该是精神的、族类的、按伦理规范行动的。

在人的本质问题上，以往的思想家普遍抽象地考察人的本质。而实际上，人的自然属性和精神属性、社会性和个性、能动性和受动性都植根于社会历史实践之中。

二、马克思主义的人的本质观

以往的思想家之所以无法真正揭示人的本质，其根本原因就在于他们的世界观和方法论是不科学的，特别是社会历史观，无一例外地都是唯心主义的。要创立科学的人的本质理论，必须首先实现世界观的革命，创立革命的科学的世界观和方法论。马克思、恩格斯在批判德国古典哲学和清算自己信仰的过程中做到了这一点。他们在实践的基础上改造了黑格尔和费尔巴哈哲学，把辩证法同唯物主义基础结合起来，创立了辩证唯物主义；又将辩证唯物主义的自然观同社会历史观结合起来，创立了历史唯物主义。由于有了辩证唯物主义和历史唯物主义的科学世界观和方法论，又批判地吸取了人类历史上有关人的本质问题研究的积极成果，才使得他们有关人的本质的理论达到了科学的水平。

1. 人是自然属性与社会属性的统一体

历史唯物主义认为，人具有自然属性和社会属性两重属性，是自然属性与社会属性的有机统一体。

人的自然属性，即指人的肉体组织、生理结构以及饮食、男女的需要等，它体现了人与一般动物的共性。人的自然属性是人类社会和人本身存在的基础和前提。

人的社会属性，即人的社会性。人和动物的根本区别在于劳动和生产。而人的生产和劳动、人的实践活动带有社会性，脱离社会而单独进行实践活动是不存在的。人的生产劳动不仅为人类提供社会生活的物质基础，而且在生产过程中形成的生产关系又是人类一切社会关系的基础。

2. 人的本质是一切社会关系的总和

人是自然属性和社会属性的统一体，不能撇开社会历史进程，孤立地把人当做一个抽象物来理解人的本质，也不能从生物的角度去理解现实中的人的本质，而应当从现实社会关系的总和中去把握人的本质。人的本质并不是单个人所固有的抽象物。在其现实性上，它是一切社会关系的总和。

第一，人的本质不存在于孤立的个人之中，而是存在于人与人的社会关系中。因此，人的本质不应到人的天性中寻找，而应当从他们在生产活动中结成的一切社会关系中去寻找。现实的人总是处在特定的社会关系中的人，这种社会关系决定了人的社会地位。人是社会关系的承担者。

第二，社会关系是多方面、多层次的，因而人的本质也是复杂的多层次的。人与人的关系既有经济的、物质的关系，也有政治的、思想的关系，这些关系都从一个方面规定着人的本质。在各种关系中，经济关系是一切社会关系的基础，因而它是决定人的本质的最基本的关系。因此，分析人的本质必须从多方面来研究，不可片面地看问题。社会关系是多方面的，其中经济关系起着支配作用。在探讨现实的人的本质时，既要看到社会关系的总和，又要注意经济关系的决定作用。

第三，社会关系处于不断变化发展之中，作为社会关系总和的人的本质不是凝固不变的抽象物，而是具体的、历史的。

从人的本质在其现实性上是一切社会关系的总和，从人总是现实的、具体的人出发，不难发现，人性的最根本的特性是人的社会性。

抽象的人性论离开社会关系来认识人的本质，否认人的本质是社会的、具体的和历史的，把人的本质归结为自然属性或生理属性；否认人的阶级性，认为人具有超社会、超历史、超阶级的永恒不变的本质。这种观点是错误的。

第二节 人的价值及其实现

一、人的价值

人的价值是价值关系的特殊形式，是以人本身及其活动作为价值客体的一种价值关系。它是作为价值客体的人对于自身、他人或社会的有用性，这种有用性是以人的劳动创造活动为内在根据的。人的价值是一种与任何物的价值相区别的能够创造价值的价值。

马克思主义认为：

要想真正理解“人的价值”问题，从而进一步探求“人的价值实现”问题，就不能离开社会发展的具体情况，离开个人同他人、同集体、同阶级、同社会的关系，来抽象、孤立地谈论所谓“人的价值”问题。

人的价值在本质上是一种社会关系，具有社会历史性。这是人的价值区别于物的价值的根本特点。对人类总体来说，这种关系具体地表现为个体与社会、个人和他人、个人对自身的关系等，这些关系本质上都是社会关系。人必须存在于一定的社会关系中，离开社会关系也就没有什么价值问题。人也只有在一定的社会关系中进行交往，才能获得自身的价值。另一方面，人的价值包括人的需要、人的活动能力和价值目标，这些都是一定的社会历史条件的产物，受一定历史条件的制约。在不同的社会历史条件下，人的价值是不同的。人的价值与人所处的社会历史条件相适应，同时又随着变化的社会历史条件而发展。

人的价值是人的自我创造、自我实现，是目的与手段的统一。由于人的实践本质，即人既是需要的主体，又是能以自身的生产劳动和实践活动来满足自身需要的，所以作为需要和目的，人的价值本质上不同于物的价值；作为条件和手段，人的价值同物的价值相一致，它们共同构成满足人的需要和实现人的目的的主客观因素。在人的活动与人自身的价值关系中，人既是目的又是手段。

人的价值是目的性与工具性、个人价值与社会价值的统一。人的价值具有目的性。当人按照自己的需要去占有价值的时候，人是价值主体，人的价值的这一方面称为个人价值。人的价值又具有工具性。当人作为价值客体去满足他人和社会的需要时，人的价值的这一方面称为社会价值。个人价值就是作为个体人的存在对于自身的意义，表现为个人对自己存在的肯定，通过生产、劳动、改造世界来满足人发挥自己体力和智力的需要，肯定自我价值；还表现为人的自尊、自爱、自强的需要。社会价值就是个人行为对他人和社会的意义。自我价值和社会价值不仅是相互依存的，而且是可以相互转化的。人改造世界既是自我价值的实现过程，又是向社会价值的转化。一个人不能只有自我价值而无社会价值，也不可能只有社会价值而无自我价值。抬高自我价值而否认社会价值，或者片面拔高社会价值而否认自我价值，都是错误的。

人的价值还是价值活动和价值目标的统一。人的活动具有一定的目的性和计划性，人在活动之前就确定活动的目标，人的活动具有满足自身需要的价值，这也是人的价值区别于物的价值的重要表现。任何动物的生命活动都谈不上受自己的思想观念的支配，人则以有意识、有目的的主体性表现在自己的活动之中。价值目标是人的需要的观念形态，它规定着人的价值活动的性质和发展方向。由于价值目标的存在，使人的价值的实现成为一个自觉的能动的过程，使人的价值与物的价值区别开来。因此，人的价值与物的价值的区别不仅表现为人的价值是目的和手段的统一，而且表现为人是价值活动和价值目标的统一。人的满足自身需要的价值活动与正确的价值目标结合起来，才有其积极的价值和意义。

总之，人的价值是社会价值与自我价值的统一、创造和享用的统一、贡献和待遇的统一、义务和权利的统一。从人类社会的整体和长远过程看，个人为社会作出的贡献越多越大，社会就越进步，人的价值的实现条件也就越充分。个人的解放和幸福同无产阶级以至全人类的解放和幸福紧密结合，互为条件，相得益彰。

二、人的价值实现

一般说来，人的价值实现过程包括三个方面：个人具有价值能力，个人价值能力的充实和提高是实现人生价值的前提；对社会尽职尽责，作出贡献和奉献是人的价值形成的根本内容；社会对个人的贡献作出回答、尊重和满足。三个方面紧密相连、相互作用，使人的价值最终得以实现。

一般说来，人的价值实现包括两方面条件：个人的主观努力与必要的社会条件。

主观条件：首先要有崇高的价值目标，这是追求人生价值的精神支柱。人的任何一个行动都是有目的有计划的，人的一生也必然有一个理想，有一个奋斗的目的和目标。其次，要有一定的知识和能力储备，只有有充分的知识和能力储备，才能够为人类创造更多的物质财富和精神财富，才能实现崇高的价值。最后，要实际去做，这是实现人生价值的必然过程。

客观条件：首先是社会为个人价值的实现提供现实的物质基础。不同的社会能提供的条件是不同的，社会主义社会为人的价值充分实现创造了条件，但是还存在着诸多影响和制约人们价值发挥的弊端。其次，社会还对个人的各种正当需要给予满足。总之，人的价值表现为社会对个人的尊重和满足及个人对社会的责任和贡献。

三、人的社会价值和个人价值

人的社会价值是指个人通过自己的实践活动为满足社会或他人物质的、精神的需要所做出的贡献和承担的责任。人的社会价值的大小，取决于个人对社会所作奉献的多少。一个对社会不承担任何责任的人，对社会、对他人没有任何奉献的人，就是一个没有社会价值的人。反之，一个人对社会所作贡献越多、越大，他的社会价值也就越高，他的人生也就越有意义。

人的社会价值和个人价值是不可分割的。个人价值是社会价值的必要前提；社会价值是个人价值的外在体现。一方面，社会应尽可能地创造条件，使人的个人价值得到保证，即为满足个人发展自己的个性和才能的需要，提供必要的物质的和精神的条件；个人的个性和才能越发展，其为社会创造的物质和精神财富就越丰富，社会的物质、精神财富越丰富，社会的文明程度就越高，发展的速度也就越快。另一方面，个人必须努力对社会尽责，尽可能地奉献自己的才能和智慧。我们主张在实现社会价值的过程中，实现人的个人价值。歌德说，你若要喜爱你自己的价值，你就得给世界创造价值。

我国正处于社会主义初级阶段，一方面，它为个人价值的实现创造了同旧社会无可比拟的优越条件；但另一方面，我们毕竟还是生产力比较落后的国家，社会主义制度也不完善，这就要求我们必须把为社会作奉献、为人民服务放在第一位，当个人价值同社会价值发生矛盾时，要自觉地服从社会价值，有时甚至要勇于牺牲个人价值，去维护、实现社会价值。

第三节　人民群众是历史的创造者

马克思主义为我们提供了丰富的认识人类社会发展规律的理论，揭示出人类社会是按照自身的客观规律发展的。那么，在社会发展的历史主体中，谁可以体现和把握社会发展的客观规律呢？人的社会实践对于社会的发展具体起到怎样的作用呢？

一、两种不同的认识

在马克思主义产生以前，唯心主义英雄史观长期占据着统治地位。它从社会意识决定社会存在的基本前提出发，否认人民群众对历史发展的决定作用，极力宣扬少数英雄人物创造历史的观点。

英雄史观的两种基本形态是唯意志论和宿命论。

唯意志论。这是主观唯心主义的主要表现形式。他们夸大少数帝王将相、英雄豪杰、所谓天才人物的作用，认为他们的愿望、意志、品格和才能决定历史的进程。广大人民群众则被看做被动的，是这些少数英雄人物的盲目追随者。

宿命论。这是客观唯心主义的主要表现形式。他们虽然认为历史不是由个人随心所欲创造的，但认为决定社会历史发展的是某种神秘的精神力量，如“上帝”、“天命”、“神”、“绝对精神”等等。这种精神力量早已安排好了社会历史的一切，而英雄人物只是这诸种精神力量的体现者。

同历史唯心主义相反，历史唯物主义从社会存在决定社会意识和物质资料的生产方式是人类社会存在和发展的基础的基本原理出发，认为人类历史首先是生产发展的历史，是物质生产的承担者——劳动群众的历史，于是得出了人民群众是历史的创造者的科学结论。

二、马克思主义的回答

（一）人民群众是历史的创造者

这里的人民群众是唯物史观重要的社会历史范畴。从量的规定性来说，即指人群中的大多数。从质的规定性来说，凡是顺应历史潮流，能促进生产力发展，推动社会进步的社会力量，都属于人民群众。其中，从事物质资料生产的劳动人民总是人民群众的主体和核心。

人民群众对于历史发展的作用体现在社会生活的各个方面。

人民群众是物质财富的创造者。人民群众之所以能成为人类历史的创造者，从根本上来说，在于他们是社会发展的最终决定力量——社会生产力的体现者，是推动历史前进的最伟大的物质力量。人民群众在生产中创造的物质资料是人类社会存在和发展的物质基础。同时，人民群众在生产和再生产过程中，不断积累生产经验，改善生产工具，扩大生产领域，促进生产力发展，从而引起生产关系的变革，推动人类社会向前发展。

人民群众是精神财富的创造者。人民群众的物质资料的生产活动为精神文化的产生创造了物质前提；人民群众的实践活动是一切精神财富的源泉，人类社会的一切科学文化成果，归根到底是人民群众所进行的生产斗争、科学实验和阶级斗争等实践活动的经验总结。

人民群众是社会变革的决定力量。社会的发展，归根到底是社会基本矛盾运动引起的，但社会基本矛盾的根本解决、社会基本矛盾的运动及其发展的客观规律，从来不能自发地实现，在阶级社会中必须通过激烈的阶级斗争来实现。人民群众是社会革命的主力军，历史上一切真正的革命运动，实际上都是人民群众自己起来摧毁旧制度的斗争，只有这种群众性的社会革命，才能推动社会形态由低级向高级发展。人类的精神产品和物质产品一样，也凝聚着劳动人民智慧和集体劳动的结晶。例如，中国宋代发明活字印刷的毕昇，英国发明高效率蒸汽机的瓦特，美国电学理论家富兰克林和发明电灯、电影、留声机的爱迪生，俄国文学家高尔基等，他们都来自社会的下层，但都对人类科学文化的发展做出了重要贡献。

当然，人民群众的创造活动本身要受社会历史条件的制约。社会历史条件，是指一切现存社会要素的总和，大体上分为经济的、政治的和精神的三种类别。历史条件既为人民群众提供创造历史的基础，又使他们的活动受到约束。人民群众不断克服、冲破这种约束而使社会不断发展进步。每一个具体历史时代的人民群众创造历史的力量是有限的，但人民群众创造历史的世代延续活动是无限的。

（二）个人在历史发展中的作用

主张人民群众是历史的创造者，并不否认个人在历史上的作用。唯物史观从人民群众创造历史这一基本前提出发，科学地说明了个人在历史上的作用。个人在历史上的作用存在着差别。按照个人对社会历史影响作用的大小，可分为普通个人和历史人物。

历史人物是指在社会发展过程中起过重大作用的人物。历史人物按其发挥作用的性质可分为杰出人物和反面人物。杰出人物是指在一定历史阶段上对社会发展起促进作用或推动作用的伟大人物，包括杰出的政治家、思想家、军事家、科学家和文学艺术家等等。历史人物在历史上的作用主要表现在以下几个方面：由于他的知识理论和认识事物的能力突出，解决历史任务的愿望强烈，所以，首先将历史发展进程所造成的新的历史任务指出来，并提出解决任务的可行方案。正因为历史人物是历史事件的当事人，历史人物往往是重大历史事件的直接参与者、策划者和指挥者。所以，一方面，他们影响甚至决定历史事件，加速或延缓历史任务的解决，影响历史的进程；另一方面，他们总要在历史事件上打上自己的烙印。杰出的科学家、思想家、文学艺术家等对于人类科学文化的发展和社会物质文明与精神文明水平的提高起着重要的作用，有力地推动了历史的发展和社会的进步。

（三）个人和集体、群众和领袖之间的关系

唯物史观不仅揭示了群众、个人的历史作用，而且揭示了个人和集体、领袖和群众之间的相互关系。

个人和群众。二者的作用是一致的。一方面，群众是由众多个人结合而成的。人民群众创造历史作用的实现，离不开发挥群众中每个人的作用。另一方面，个人是群众的一员。脱离群众的个人是渺小的。个人和社会也是相互依赖、相互制约的。

个人与集体。二者之间互相依赖、互相作用，其中集体、社会对个人的作用是主要的、基本的。个人价值的实现，必须通过社会和集体的途径，需要一定的社会条件。社会主义制度的注入为个人才能的全面发展，为个人价值的实现提供了优越的条件。同时，个人也只有在社会和集体的帮助下，才能创造有意义的生活，实现个人的价值。因此，马克思主义者处理集体利益和个人利益的矛盾时，把集体的利益置于个人的利益之上。在社会主义社会，要发扬集体主义和革命英雄主义，克服个人主义和消极无为的思想。

无产阶级领袖与群众。一方面，群众需要自己的领袖，如果没有领袖的组织和领导，群众斗争就会陷于自发、摸索和涣散的状态之中。无产阶级领袖就是那些在革命斗争中发挥着巨大的作用，在人民群众中享有崇高的威望的人。工人阶级领袖对群众的作用主要有：预见作用、教育作用、团结作用、指挥作用。另一方面，领袖需要群众。领袖和群众关系的更为重要的方面是领袖必须依靠群众。如果脱离了群众，领袖的作用也就无从发挥。

三、正确评价历史创造者

唯物史观在考察历史创造者问题时，从整体的社会历史过程来考察和说明历史的创造者及其活动，从社会发展的必然性入手来考察和说明历史的创造者及其活动，从人与历史关系的不同层次上考察人们历史活动的作用及其性质。人民群众是历史的创造者，个人在社会发展中具有重要作用。其中，对历史人物的评价一直是唯心主义历史观的重要内容。

评价历史人物必须坚持科学方法。任何历史人物都有其历史的局限性。在阶级社会中，历史人物都具有阶级的制约性。因此，评价历史人物要坚持两条基本原则，即历史唯物主义的科学态度和阶级分析的方法。

一是历史唯物主义原则。历史人物作为历史的人，受历史的局限。马克思主义认为，在分析任何一个社会问题时，一定要把问题提到一定的历史范围之内。对历史人物的功过是非，要根据当时的历史条件加以具体的历史的全面考察，既不可把他们看得完美无缺，又不能过分苛求于前人。

二是阶级分析方法。历史人物作为阶级的人，受阶级的局限。阶级分析要求把人物同他所属的阶级联系起来加以评价，不仅要对人物的阶级归属做出一般的分析，而且要通过特定历史阶段复杂的阶级关系、阶级斗争环境对人物的特殊性格和特殊表现做出具体的说明。

总之，杰出人物的作用是同人民群众创造历史的活动紧密联系着的，而且体现在人民群众的斗争之中。杰出人物在历史上作用的大小，在客观上，取决于他们所处的历史条件和他们在社会发展中的地位；在主观上，则取决于他们反映人民意愿要求的程度。评价无产阶级领袖人物，同样应该坚持历史唯物主义原则和阶级分析方法。对于他们的功绩和失误，应放到特定的历史条件下来认识，做出实事求是的评价。在新的历史条件下，我们仍然需要尊敬领袖，发挥领袖的作用，但不要神化领袖，搞个人崇拜。

四、树立群众观点，坚持群众路线

唯物史观关于人民群众是历史的创造者的原理，是无产阶级政党的群众观点和群众路线的理论基础。

群众观点是无产阶级政党的基本观点，其基本内容有：相信人民群众自己解放自己的观点、全心全意为人民服务的观点、一切向人民群众负责的观点、向人民群众学习的观点。

群众路线是工人阶级政党一条根本的政治路线和组织路线，也是根本的领导方法和工作方法。其要旨是：从群众中来，到群众中去；集中起来，坚持下去。把群众观点和群众路线凝结在一起，这就是“一切为了群众，一切依靠群众，从群众中来，到群众中去”。这就是说，把群众的意见集中起来，化为系统的意见，又到群众中坚持下去，指导群众的行动，并在群众的行动中检验这些意见是否正确。中国革命和建设的经验证明，群众路线是唯一正确的路线。

坚持群众路线是我们党区别于其他政党的显著特征之一。中国共产党和毛泽东科学地概括和提出了中国共产党的群众路线，这是把辩证唯物主义的认识论与历史观运用于中国革命与建设的具体实践的产物，是对马克思主义的丰富和发展。邓小平认为，无产阶级政党要以人民为本，把群众满意不满意、拥护不拥护、支持不支持、答应不答应当做制定路线和方针政策的出发点和归宿。“三个代表”重要思想强调要代表最广大人民的根本利益，科学发展观主张以人为本，都进一步坚持和发展了人民群众创造历史的观点。

复习思考题

1. 简述马克思主义对人的本质的认识。
2. 人的价值的实现需要哪些条件？
3. 为什么说人民群众是历史的创造者？
4. 坚持群众路线的含义是什么？
5. 如何正确评价历史创造者？

活动建议

结合所学知识和自身的思想实际，谈谈新时期的大学生应该树立怎样的价值观。

原著导读

马克思的《人类学笔记》。1972 年美国人类学家劳伦斯·克拉德第一个以《卡尔·马克思的民族学笔记》为形式编纂了马克思晚年人类学笔记的核心部分，即马克思对摩尔根的《古代社会》、拉伯克的《文明的起源和人的原始状态》、菲尔的《印度和锡兰的雅利安人村社》、梅思的《古代法制史讲演录》的摘录，并作了长篇介绍。文化人类学进化论学派是活跃于 19 世纪 70～90 年代的人类学思潮，它以进化论的基本观念为基础，对原始民族的诸多文化现象，以及人类文化的发展阶段和过程，进行实证性的考察、分析和研究，借以认识和把握人类文化进步的一般规律，了解社会进化的基本趋势。文化人类学进化论者著作刚一问世，马克思就以宏伟的气魄觉察到它们的学术意义。因此，在 19 世纪 70 年代，他抱病坚持研究，以笔记的形式摘录了大量的人类学著作。总体上来说，包括对人类社会的原生形态的认识、反对西方中心论、超越资本主义制度的卡夫丁峡谷。总之，马克思晚年通过《人类学笔记》的探索，研究了东方社会及东西方文化的差异，实现了研究领域和视角的转换，由抽象转向具体，从特殊转向普遍，从西方而东方而全人类，真正清楚地说明了人类社会发展的一般过程及其规律。

参考文献

1. 马克思恩格斯选集. 北京：人民出版社，1995

2. 列宁全集. 北京：人民出版社，1984

3. 陈先达. 马克思主义哲学原理. 北京：中国人民大学出版社，2003

4. 张澍军，张慧君. 马克思主义哲学原理. 北京：高等教育出版社，2003

5. 赵静桂. 马克思主义原理. 成都：成都科技大学出版社，1988

6. 孙显元. 马克思主义原理. 北京：中国科学技术大学出版社，1995

7. 符丕大，朱奎保. 马克思主义基本原理. 南京：河海大学出版社，1996

8. 刘同航. 马克思主义基本原理. 北京：人民出版社，2006

9. 李鸿安，张泽. 马克思主义基本原理. 天津：天津人民出版社，1987

10. 崔绪治，滕俊伟. 马克思主义基本原理. 南京：南京大学出版社，1989

11. 许学圣，张伯良，赵明义. 马克思主义基本原理. 济南：山东大学出版社，1987

12. 鲍学根，柯子中. 马克思主义原理哲学篇. 北京：北京医科大学出版社，1991

13. 逄锦聚. 马克思主义基本原理概论. 北京：高等教育出版社，2007

14. 苏星. 马克思主义基本原理概述. 北京：中国青年出版社，1991

15. 夏同义. 马克思主义基本理论. 北京：中国人事出版社，1995

16. 李金根. 马克思主义基本原理教程. 上海：同济大学出版社，1993

17. 逄锦聚. 政治经济学. 北京：高等教育出版社，2002

18. 冯契. 马克思主义原理教程. 上海：上海人民出版社，1988

19. 余源培. 时代精神的精华：马克思主义哲学原著导读（上中下）. 上海：复旦大学出版社，1992

20. 石云霞. 普通高等学校马克思主义理论课原著导读. 武汉：武汉大学出版社，1999